我执着于教学与写作，
那是因为它可以给我带来安慰。

——

宁宗一 —— 著

教书人手记

天津出版传媒集团

天津教育出版社

**图书在版编目（CIP）数据**

教书人手记 / 宁宗一著. -- 天津 : 天津教育出版
社, 2025. 1. -- ISBN 978-7-5309-9295-1

Ⅰ. G4-53

中国国家版本馆CIP数据核字第2024KW2800号

**教书人手记**
JIAOSHUREN SHOUJI

| | |
|---|---|
| 出 版 人 | 黄　沛 |
| 作　　者 | 宁宗一 |
| 责任编辑 | 王　芳 |
| 装帧设计 | 编悦文化 |
| 出版发行 | 天津出版传媒集团<br>天津教育出版社<br>天津市和平区西康路35号　邮政编码　300051<br>http://www.tjeph.com.cn |
| 经　　销 | 新华书店 |
| 印　　刷 | 北京捷迅佳彩印刷有限公司 |
| 版　　次 | 2025年1月第1版 |
| 印　　次 | 2025年1月第1次印刷 |
| 规　　格 | 16开（787毫米×1092毫米） |
| 字　　数 | 280千字 |
| 印　　张 | 27 |
| 定　　价 | 88.00元 |

# 序一

刘泽华

    宁兄昵称他的少子曰"热闹"。其实他本身的经历才真正充满了"热闹"。何谓"热闹"？《现代汉语词典》有解：①（景象）繁盛活跃；②使场面活跃，精神愉快。简缩一下，"热闹"意味着繁盛、活跃、愉快。回首宁兄的"教学人生"，应该说有不少苦涩与尴尬，但与这些相伴的则是睿智、问题、思索和新视角。如果翻开他的履历表，其经历之简单让人有一种空旷之感，他的行踪除了课堂，还是课堂；身份一直是一位平民教师，最大的"官"也不过教研室副主任以及校、系学术委员之类的散差。他真像一头牛，在课堂上苦苦地耕耘了近五十年。聆听过他教诲的弟子何止三千！宁兄的教学与人有所不同，他把风和火带到了课堂，在传授知识的同时也把心灵、情感吐露无余。再加上他高八度带韵律的京腔，流畅而富有哲理的辩才，水乳交融式的引经据典，以及潇洒的风度，不知倾倒了多少少男少女！有人说老宁有"霸气"。孟子说过"以力服人者霸"，宁兄一没有权，二没有势，何来之霸？有点儿费解，既然有人这么说，我想一定事出有因。以我看大约与他好辩、好争、语言犀利有关。以温文尔雅的尺度去衡量，高嗓门再加犀利，的确与霸气有难分之处，由此而带来的误解也是可以理解的。就实而论，只要不用权力压人、整人，言词有点"霸气"，未见得是一件坏事。最讲中庸之道的孔孟，其言语中的霸气还少吗？墨子讲兼爱，孟老夫子就说人家无君、无父，是禽兽。我看宁宗一再霸气也没有到这一步吧！宁兄的霸气充其量不过是尖锐、明快和有针对性而已。文章不妨有点霸气，这比那些不露眉目、吞吞吐吐的文章要好得多！

宁兄是一位有棱、有角、有个性的人，因此所到之处都会带来话题、带来争论，有说不尽的热闹。有过教学经历的人都会知道能做到这一步谈何容易！这必须有才、情、真做底。我记得20世纪60年代初，他的一篇论戏曲史的巨文在《光明日报》以整版的篇幅刊出，且不说在文史界的影响，在南开大学足以使人翘首。在我的记忆中，南开人能在大报上整版刊文的是极罕见的，在青年中大约是从来没有过的事。这本身就会有极大的轰动效应。那时我辈对大刊物上的大块文章有一种"拜物"情结，自然对作者也会肃然起敬。那时我们还不相识，我请人指点，没有想到，人如其文一样地修长、洒脱、标致，以致使我这个乡巴佬不敢前趋。

我请他的数十年的同科同事（也是他的领导）概括一下宁兄的人生特点，这位先生脱口而出："两用人才。"何谓"两用"？即运动来了做"靶子"，搞业务时为骨干，而且是轮番不已。我们过来的人都知道，不是人人都能反复被"两用"的，只有那些有业务专长者才能受到"一批二用"；另一方面，打趴下后把棱角磨光了，失去了个性，很难不入平庸，一平庸，自然下一轮就不会当"靶子"了。"两用人才"也是"两难人才"，一是人才难得，二是个性难得。据说，宁兄在挨整时，他能做到只谈自己，从不"咬人"，也不诿过，所以运动过后他的人格并不臭。他也会检查自己，也要继续革命，因此，也写过以"小修"批"大修"的文章。现在说起来不免有点滑稽，但在当时是十分严肃的。我深信他写这类文章不是玩世，而是出自那时的理念。说到宁兄当靶子，原因可能多多，以我的观察总与他的"违时"与"狂"有关。

就实而论，宁兄说不上是大狂，在更大范围内还挂不上号，但在南开大学是有名的。"狂"这个词多为贬义，但如果说"狂生""狂直"，还有"狂言"，在很多场合可以做偏正词用，宁兄的狂大抵均在这些范围。不狂，何以敢说"《金瓶梅》代表着中国小说史的一半"？不狂，何以敢质疑大师？不狂，又何以敢任"中国武侠文学学会"的会长？武侠小说是不入学院派之文学史的！他还有许多狂事、狂言，不一一列举。其实，捋一下历史，再回头看，他的狂只不过比我这样的人快走了一步或半步而已。然而在"齐步走"的岁月里，谁敢先走一步或半步，就面临出列而被视为违规的危险。"枪打出头鸟"，宁兄被打无疑在情理之中！

说到学问，尽管我与他都在"史"的大范围内，但科系不同，故不能议一二。不过我有一点感觉，宁兄的学问重在回归文本，追寻心灵，因此于往学大抵是"学一半，撇一半"，剩下的则留给了自我，因此，他的文章决不落套，不泥古，心灵伴随着行文而跳跃。他爱写长句子，我想这可能有西语译文的影响，但更主要是刹不住思绪奔腾的激流，犹如"飞流直下三千尺"，势不可止所致。

宁兄如同一池清水，明澈见底。同他打交道无须打哑谜，最便当的是"一竿子到底"；而他坦白时也会把心亮出来，如他纪念李何林先生的文章《灵前的忏悔》，展现在读者面前的便是一颗颤抖的心。他对自己的言行之"混"和盘托出，把自己定在"混小子"之列。我们这些过来的人不是人人都有勇气敢面对往日之"混"的，相反，很多人常常用往时之"混势"来开脱自己的"混行""混言"。固然时势造就人，"混势"比"混从"更厉害，但"混从"者不知幡然自醒，在忆及往事时拍拍屁股就走，好像什么事都没有发生，这不能说是负责任的表现。可惜，这种拍拍屁股就走的人实在太多了。

让我们回归文本，来品味宁兄的《教书人手记》吧！

2001年6月28日


**附记：**

泽华兄已仙逝多年，今天重发他所赐大序，它的重要意义，既是对我的鼓励鞭策，也是为我辨诬，这种兄弟情我会永远牢记！泽华兄生于1935年，2018年病逝于美国，他是著名的史学家、中国思想史研究名家，曾任南开大学历史系主任。他开创了当代中国政治思想史研究的"王权主义反思学派"，亦即"刘泽华学派"，在海内外史学界及政治学界享有盛誉。

# 序二　我所认识的教书匠宁宗一

宋　杨

　　"人们给了我很多头衔，但是我不在乎那些。我呀，就是个教书匠，一辈子都是！"三年前文学院的学弟学妹们去采访时，宁先生这样说。

　　他是名师，像所有的好老师一样，出高徒，且桃李遍天下。在我大三那年，他走进了我的镜头，成为我的第一部也是唯一一部口述历史纪录片作品的主人公。于我而言，这个"一辈子的教书匠"和别的好老师总还是有些不一样——他是一部行走的院系史，是一位"尊老爱幼"的宝藏老师，也是一个真诚美好的大朋友。

## 一、一部行走的院系史

　　很多人说，宁宗一先生的一生充满传奇色彩。"传奇"背后有各式传说，我更看重我读到的"第一文本"。

　　他生于1931年的北京，1950年考入南开大学中文系，四年后的一张"书字第1号"毕业证书证明着他是中华人民共和国成立后南开大学培养的第一代大学生。1954年留校任教，算起来，到如今整七十年了。他理想的职业是新闻记者，却因"服从组织分配"，毕业后被留校，在中文系古典文学教研室任教。十八九岁入学，二十出头开始了教书生涯，之后几十年各种政治活动风起云涌，南开大学的校园里发生了翻天覆地的变化，他的工作和生活中也上演了一出出人间悲喜剧。

他曾意气风发，度过了愉快的教职工生活；也曾饱受打压，做了九年助教、十六年讲师、九年副教授，才成了教授；他曾被选作积极分子，作为"典型代表"在全体教职工面前发言，也曾在政治运动中被整，成为"反面教员"……

在他的口述中，我第一次知道1950年的中文系只有八位老师，这八位老师却有着巨大的能量，华粹深先生把梅兰芳、俞振飞、言慧珠请到课堂讲戏曲、做示范，又请相声创作与研究专家何迟先生一起讲人民口头创作；李何林先生请王瑶先生来讲现代文学史，请阿英先生讲文艺理论，阿英先生又转请芦甸先生讲文艺理论，还请来了阿垅先生、方纪先生；小说写作课有冯大海先生……也是在他的口述里，我第一次了解20世纪50年代在校生视角下的院系调整，校史展览中那些凝练的讲解词和模糊的照片变得具体。

这部"行走的院系史"像是为后来者开了一扇天窗，谈笑间，使我这样的小字辈得以窥见几十年前的美丽与忧伤。我在他的回忆里补课，触摸那些被尘封的院系记忆。


二、一位"尊老爱幼"的宝藏老师

2021年9月，因为想制作一条教师节视频，我回到大学，听宁先生讲他的教书人故事。他常引用德国浪漫主义诗人诺伐利斯名言："性格决定命运。"于是我问他，从教，是性格兴趣使然，还是命运安排？

他用了一连串"从没想到"作答——从没想到自己会做教师，从没想到自己会毕业留校，更是从没想到自己会教古典文学（那时他的兴趣是现当代文学）。在他看来，教书人的道路是一步一步走过来的，既有身后老师们的向前推动，又有学生们的接纳，再有自己信心的慢慢提升。

在南开，他是"尊老爱幼"的宝藏老师。"尊老"，是他始终不忘师恩，年轻时是老师们最信任的、和儿子没什么区别的"小宁"，年老后对恩师们的敬与爱历久弥新；"爱幼"，是他对年轻教师和小字辈的学生从不吝惜肯定和鼓励，把从恩师们那里学到的，毫无保留地教给学生。

从他的回忆里，我看到了文学院中文系群星闪耀的时代。他的老师，是彭仲铎、李何林、华粹深、许政扬、王达津、朱一玄、邢公畹、张清常、孟志孙、朱维之、李笠、陈介白、王玉章……他写《灵前的忏悔——我心中的李何林先生》，写《书生悲剧——长忆许政扬先生》，蘸泪成文，字里行间满是一个有良知的学人对特殊历史时期的反思与忏悔。他把自己的一生献给了文学的教学与研究事业，献给了他的学生们。他说："虽然我做得不太好，但是我一定努力去做。不管现在我多大岁数，我一定沿着我的恩师的脚步往前走，毫不犹豫。"他还说，是老师们的言传身教，使他逐步成为一个懂得尽职尽责的教师。

事实上，他用自己的言传身教教会我怎么做一个老师，也让我懂得什么叫师道传承。我在新疆支教的一年里，常常想起他的话，想起他常说的"无需共同理解，但求各有体验"，想起他曾反复提起的李何林先生弥留之际的嘱咐："无愧于心，无愧于人。"

宁先生九十岁的时候，还张罗着给授业恩师华粹深先生办逝世四十周年的追思会。追思会那天，我在现场看到好多白发苍苍的师兄师姐，他们追忆恩师，畅叙当年。有位师兄提起起士林，我忽然想起几年前第一次去起士林的场景，先生自问自答："为什么今天带你来这里呢？因为当时我的老师带我来起士林，打牙祭。"

### 三、一个真诚美好的大朋友

对于像我这样的小小小字辈来说，宁先生实在是一个真诚美好的大朋友——虽然他常常强调自己这个"90后"和我们这些"90后"有代沟。真诚源于真实，他在任何人面前都有且仅有最本真的一面；至于"美好"，这个词能不能用来形容老师呢？

我硕士毕业那年误打误撞成了毕业生代表，写完毕业典礼要用的讲稿，随手就发给了宁先生。十来分钟后，收到先生的消息："说老师似不应说'美好'而是应该说'亲切'！"——因为讲稿中有一句"很想道一声感谢，谢谢真诚美好的老师，你们讲授知识，传递爱与温暖……"我回复："不改。"又回："美好顺口，亲切别扭。"我是从现场表达的角度遣词，先生却认为美好指时日，亲切指人，学生更不能称老师为美好。可在我看来，我的老师们（宁先生、我的导师，还有其他我喜欢的老师）就是很美好啊！谁料先生请教了好多"专家"，半小时后发来一串消息："美好一般形容事物。""我觉得美好可以形容一切，包括人和物。""形容老师时，美好和亲切指的角度不一样。""这个词比较抽象。"最后又发来《现代汉语词典》里的解释，调侃道："我是词典'水平'。女孩儿喜欢用美好形容一切！咱俩打了个平手。"

看上去是在细微处较真儿，其实，还是因为先生对小字辈的点滴小事都很上心。他常说自己是"心里搁不住事儿"，事实也确实如此。如果有学生约好要来看他，他一定头一晚就睡不踏实。我对口述历史感兴趣，他就留心收集口述历史相关的书，偶然得知陈墨先生受邀要在中国音乐学院讲一次口述历史专题课，就带我从天津去北京听课。我这个小小小字辈的学生要在毕业典礼发言，他竟比平时早起了半个多小时，完整地看完了整个直播还认真写了一段观后感。他的回忆文章里写过20世纪60年代在李何林先生和华粹深先生的"工业券"赞助之下终于买上了竹篾暖瓶，在生活细节中领受恩师的温暖情意，重读这个故事的时候我不自觉想到2018年去新疆支教前收到他预备好的一包常用药品：清咽滴丸、胃肠安丸、京万红、藿香正气水……他说，"自助，助人。到那儿可能买不到隆顺榕的藿香正气"。

说起来，这个九十三岁的大朋友关心血型和星座，是"网感很好"的"鹤发青年"，也是个说一不二的孩子气的老先生。他喜欢巧克力和冰激凌，喜欢西南村的老陶包子，也喜欢有着家乡味道的茯苓饼。他总说，"要做复杂世界的明白人"，真乃至理名言，但又谈何容易！不过，面对"吹吹捧捧"的时候，他一定会自觉报以"否认三连"。师兄师姐们写过无数的文章赞美他的才华、学识和人品，而在我眼中他最具人格魅力的一点则是：关注当下，关注人本身。

他总说自己是"三不主义"：一不体检，二不过生日，三不养生。顺其自然是他一以贯之的理念。悄悄补一句：先生的话，不可不信，不可全信。就好像他总说自己不养生，可常用的方子和养生小技巧张口就来，在学生和朋友中还有着"宁大夫"的雅号。因此我总会带点小小的质疑精神翻他的书，听他的话，这点小小的质疑精神，也是从他身上学来的，分享给各位与我一样的"小字辈"读者。

在我将要离开校园的时候，宁先生写了这样一段话："我特欣赏柏拉图那句名言：'看一个人的真正价值，就看他在有能力时干些什么！'当你暂时结束大学生活走上另一种人生道路时，你追求的起点，你的理想，就看你在最美好的岁月中干了些什么了！"其实，在认识宁先生之前，他的好多书我都在新图（八里台校区的新图书馆）翻阅过。如今，书里的"小宁"成为"教书匠"已经七十年了，再次翻看这本《教书人手记》，品读那些"咀嚼不尽的人生况味"，我读到了一个知识人在教书生涯中留下的宝贵心灵文本，也终于体悟到他在最美好岁月中留下的真正价值。

2024年3月

# 目录

**教学手记**

**教学手记**

# 当代意识：一种学术立场

有人说，文学艺术都是主观化、个人化的，这其实并没有错，起码是"深刻的片面"。进一步说，文学的研究和文学史的建构又何尝不是极具主观化、个人化的呢？

和文学研究与文学史建构的主观化、个人化密切相关的是一个现代精神或曰当代意识的问题。1990年在桂林召开的"文学史观与文学史"学术研讨会上，《文学遗产》主编徐公持先生在同行专家研究的基础上，对"当代意识"作了一个概括性的界定：如果说历史意识是我们通常所说的尊重历史的真实和厚重的历史感的话，那么当代意识实质上是研究者主体的一种现实精神和科学性要求。强调历史意识不等于也不可能复原历史，事实上，提出"向历史本来面貌逼近"可能更显得明智。是的，当代意识乃是当代人的科学精神、科学的悟性和思辨力，也包含了对真理的信仰与追求，以及作为一名学者所应有的独立品格和学术尊严。我曾在一些场合和文章中不断强调过：重写文学史，绝非要写一部"修正史学"、一部"平反史学"，而是应当站在当代的文化立场上，提供一个重新认识文学历史现象的新范式。以当代意识重构文学史的提法是否成立，是一个可以进一步探讨的问题。然而一个不争的事实是：文学史研究与一般历史研究最大不同之处，是它不像历史事实那样具有相对的稳定性。在文学艺术领域，越是重要的文学现象、文学思潮和有代表性的作家作品，在不同的文学史家眼中就更仁智相异，而且进一步有了"说不尽"和"一百个观众就有一百个哈姆雷特"之说。因此，文学史家怎样客观、公允，他所描述出来的文学历史图像，必然带有强烈的个人色彩和学者的学术个性以及观照方式乃至独有的操作程序。许多学者都谈及这一问题。王晓明先生指出，假定有十位文学史家，同时写某一时期的文学史，我可以断言，他们越是富于才华，写出的文学史就会各不相同，如果他们生活在不同的历史时期，这十部文学史的差异还会大大增加。他还说：人们常用"公允""客观"这类字眼来称赞文学史著作，这其实是一种误解，文学史家并不能做到真正的公允和客观①。赵鑫珊先生也表明自己撰述艺术史的观点："再现历史，不可能重复历史。而任何历史著作都是当代人抱着当代意识写给当代人看的。"②对此，朱学勤先生说过一段很实在的话："一代人本身有怎样的历史，总是在影响这代人如何理解以往的历史。兰克和他的学派当然可以要求纯客观，但未必能够做到纯客观。人们走不出自己的历史，犹如走不出自己的皮肤。"也许朱先生同样担心别人对他的误解，所以他特意又补了一句话：对克罗齐的"一切历史都是当代史"的观点不能作实用主义解，"以此放言无忌，任意曲解历史。它只不过公开承认一切历史著作的局限，以及历史写作者走不出自己皮肤的一份无

①参见王晓明著《刺丛里的求索》，上海远东出版社，1995年3月，第237页。
②赵鑫珊著《希特勒与艺术——德国艺术史上最可耻的一章》，百花文艺出版社，1996年8月，第1页。

奈"①。而法国的一位专家雷蒙·阿隆则调侃地说："历史是由活着的人为活着的人重建的死者的生活。"我有意地从当代文学史研究家、艺术史研究家、外国历史研究家和一位外国史学家的言论中抽取了一些观点，但绝不敢断章取义，而是从其整体的理论中抽取其根本的理论观点，把他们作为一个参照系而已。既然其他领域可以作如是观，为什么中国文学史不可作如是观呢？在当代意识问题上，我的观念是始终如一的。在我看来，学人如果具备条件，每个人都有自己阐释文学史的观点、视点和操作程序。所以，文学史总是在不同的时代、不同人的笔下呈现不同的面貌、色彩。在最准确意义上阐释历史，都必然具有时代精神、历史个性、史学家的人文性格在。记得去年年初，我拜读北大林庚先生的《中国文学简史》，我就了解到，林老最初写文学史时，心里想的就是新文学的创作。所以在他的文学史当中，许多价值标尺都是根据五四精神判定的。所以评论界认为，他力图找到古代文学之生命动力，力求为新文学创作服务。这就是我们读林老文学史著作时首先感受到的那种消除今人和古人之间距离的取向。事实上你读林老著作中盛唐诗一章中的描述简直是一首抒情诗，作者把古人的诗心、自己的激情融为一体，于是读者的心随着作者一起激荡，一起进入盛唐诗那自由、开朗、奔放的意境中去，而文学史的本相全然未曾丢失。应该说这是真实的感受。

　　事实上，从某种意义上说，文学史家在还原历史时几乎都

---

　　① 朱学勤著《被遗忘与被批评的——朱学勤书话》，浙江人民出版社，1997年7月，第202页。

不可避免地融入了自己。近二十年来，学界越来越对"教科书模式"感到不满，而越来越强烈地对"一家言"的文学史充满渴望与追求，就证明了这一点。作为一个文学史教师，从反思历史角度来说，我认为越来越失去人文性，而日趋工具化，毕竟是文学史教学和文学史编写的败笔。

现在，我们不妨回过头来问一句，文学史是什么？我想，它不应该是一般文学事件和文学细节的单纯考证，不应只是对一位作家、一部作品的复述和描绘吧？按照我的经验，一部理想的文学史应当是文学史家的人格、文化良知、学识、审美力和价值观念的高度结合，应当是对文学历史和文坛巨擘的热情拥抱，应该是借社会历史、生活现实洗刷而变得无比深邃的目光，对文学历史过程和精英作家、民间艺人的人生扫描。没有社会给予的当代生命感悟和当代意识的深切而真诚的感受，也无所谓文学史家的深刻。正是基于这一点，不论我们眼下能否做到，文学史家在一定意义上应是思想家。思想家的历史感和现实感总是紧密糅合在一起的，他的历史思考总是和现实思考统一在一起。因为现实为思想提出问题，思想必与现实和历史结合。而思想又应"大于"历史和现实，因此治史者，其中包括治文学史者绝不能撇开社会现实。只有超越传统才能真正理解、阐释传统，文学史亦然。文学发展的全部历程都是一个被"当下"和"今人""化"了的过程。也只有如此，文学之生命乃得以延续。所以，我是把"当代意识"作为自己的一种学术立场，至于其他文学史家自有他们自己的学术立场。

2000年1月

# 关于"回归文本"的断想

说来惭愧，我教了大半辈子的书，在兜了一个大圈子后，又重新选择回归文本。其实细想起来，回归文本对于一个文学史教师来说本来是极自然的事。仅从传授已知知识的教学工作来说，读懂文本是最起码的基本功；至于说到进一步探求未知知识的科研工作，第一步也必须建立在细读文本的基础上，不然任何文学史的所谓规律性的探索，都会变成无源之水。从另一侧面来说，无论古今，作家得以表明自己对社会、人生、心灵和文学的理解的唯一手段就表现在文本之中；同时也是他们可以从社会、人生、心灵和文学中能够得到最高报偿的手段。所以一个写作者真正需要的，除了自身的人格与才情之外，那就是他们的文本本位（着重号为作者所加，后同）的信念。因此，对于一个真诚的研究者来说，尊重文本乃是第一要义。

然而对于我个人的又重归文本的策略，也许还有些可以说明的原因。

首先，这和我近二十年来对心史特别是知识分子心灵史抱有浓厚兴趣有关。我可以坦诚地告白：我从不满足"文学是人学"这一过分笼统的界定和命题，而更看重文学实质上是人的灵魂学、性格学，是人的精神活动的主体学。事实上，一切杰出作家最终关怀的恰恰也是人类的心灵自由。他们的自救往往也是回归心灵，走向清洁的、尽美尽善的心灵。所以对于一个真正有文化良知的作家来说，他都是用心来写作的。比如我较熟悉的小说戏剧领域，其中的杰作都是"我心的叙事"。时至今日，文学史研究界，逐步看到了文本乃是作家心灵独白的外化，是作家心路历程的印痕，因此多把研究重心置于"发皇心曲"之上。

其实，心灵史的被看重，我们可以一直追溯到庄周和屈原，他们的作品就是心灵史诗。而宋之遗民郑思肖索性把自己的著作称为《心史》，也是颇有意味的。文学史不断揭示，文本都是作家心灵的凝聚物。而我自己尤其偏爱与凝聚为文本的作家心灵进行对话和潜对话。因为这种对话，其实也是对自我魂魄的传达——对文学、对人生、对心灵、对历史的思考。

长期以来，我不断斟酌一件事：文化史曾被大师们称作心理史。所以作为文化，它无疑会散落在大量的典章制度中、历史著作中；但是，它是不是更深刻地沉淀在古代作家的活动环境中，沉淀在他们的身上，尤其是沉淀在他们的心灵中？因此，要寻找文化现场，我认为首先应到作家的心灵文本中去勘察。令我们最感痛心的具有永恒遗憾意味的是，历史就像流沙，很多好东西都被淹没了，心灵的文化现场也被乌云遮蔽得太久了！

其次，我的选择文本策略，绝无意排斥占有史料和必要的考据。过去在这个问题上我的一些言论曾招致某些误会，现在借此机会再加必要的说明。

文史之学是实学，不能离事言理。因此，充分占有史料，乃是从事研究的必要手段。一些文史家长于以检验师的敏锐目光与鉴别能力审视着历史上和古籍中的一些疑难之点，并以毕生之精力对此作精细入微的考证、去伪存真的清理，其"沉潜"之极致确有乾嘉学派大师们的余韵。但是，我也发现，个别研究者囿于识见，只见树木，不见森林，用力虽勤，其弊在琐屑苍白。无关宏旨的一事一考，一字之辨，尽管可以竭研究者之精思，但重大的文学现象往往被有意无意地置于脑后。比如被我的不少师友所诟病的《金瓶梅》作者和曹雪芹祖籍的考证和争辩，我就深切地感到，它们几乎都没有和小说文本挂上钩，更遑论有助于文本的阐释了。这说明，只凭对作家的一星半点的了解，类似查验户籍表册，那是无以提供对这些名著和经典文本作出整体性的全面公允的价值判断的。所以，我长期以来，宁肯从作家创造的艺术世界来认识作家；从作家对人类情感世界带来的艺术启示和贡献，评定作家的艺术地位。

如果进一步允许我直言不讳的话，我认为整天埋头在史料堆中钩稽并无实际意义的"史实"，对文学研究者来说，是最大的不幸。因为它最易湮灭和斫伤自己的性灵，使文笔不再富于敏感性和光泽。也许它仅有了"学术性"而全然失去了文学研究必须有的艺术性。如果真要到了不动情地整天审视着发黄发霉的旧纸堆，我想那就成了今日多病的学术的病症之一了。或者应了一位学者的明智之言，"学问家凸现，思想家淡出"。然而，学者的使命毕竟是在追求如王元化先生所说的有思想的学术和有学术的思想这一层次上的。

学术研究是个体生命活动，生命意志和文化精神是难以割裂的。学术研究中的"无我"讲究客观，"有我"则讲究积极投入，而我们的理想境界则在物我相融也。过去考据与理论研究往往相互隔阂，甚至相互排斥，结果二者均得不到很好的发展。我们的任务，是把二者都纳入历史与方法的体系之中并加以科学的审视，只有这样才能体现考据、理论与文本解读的互补相生、互渗相成的新的学术个性，如此，文学研究庶几可以得到健康发展。

1998年7月

# 透视心灵文本

读《道藏精华录》较容易理解"俗人以酒色杀身，商人以货财杀子孙"的内涵，唯独对下一句"文人以学术杀天下后世"难以认同和接受，认为言过其实，今天才另有所悟。我们得承认，像我这样的文学史教师，如果以"文化大革命"前后为界，那么在"文化大革命"之前，仅从课堂给予学生的，在最客观的意义上的评估也应说是正负效应都有，而其负面效应，摆在今日的文学史教学和学术发展的层次上去一一观照，就会发现，尽管还不曾发展到"以学术杀天下后世"的严重程度，但真的有诸多值得反思之处。

比如，过去我们在分析文学文本的社会价值和审美风韵时，基本上是把视点投注在两个方面：一是文本构成的形式，如从形象塑造、结构营造、语言技巧等因素入手；二是以作家的世界观，如社会观、政治观、人生观、文艺观等来观照文本内涵。无疑，这两种角度都没有错，而且很有必要，都有利于把握作家与文本同时代生活的关系（说句实话，真要把这两个方面说透说准也绝非易事）。但是也得承认，光凭这样的角度似难立体化地认识人间文学巨擘以及他们用生命创造的心灵文本，因为我们在很大程度上忽视了作家的个性、气质、性灵、心态和审美体验方式等等一些重要层面。用现代的文艺学术语来说，过去的文学史教学还是属于那种"外部"的研究。

令人感到欣慰的是，近年我毕竟看到了文史学界和文学史教学的精神同道们开始对人类心灵历史越来越大的关注，对一个时代的情感和思潮的关注。他们自觉地向我们打开了洞悉历史文化深层奥秘的新窗口。由此人们看到的是，往昔岁月中各种人的动机、欲望、性格、气质、情愫、智慧、才情、处世观、生死观等等精神状态，看到群体幻觉和重要历史人物和著名作家的各色心态。于是，文化人的研究视野开始拓展到内宇宙。这无疑是深化了对人的本体和人的实践的认识和感受。这一转变，是与国际文史学界对心智史、心态史的关注同步发展的。

在我看来，作为心灵的最细微处、最微妙处，即心灵的最敏感处，乃是心态的变迁史。如果说，思想与性格、人格与气质等等在成熟后，具有一定恒定性，而心态则是一种精神流动体，它更受时代精神、社会思潮、个人遭际乃至政局的影响，而不断变动游移。进一步说，作家之间最深层最重要的差别是心灵和心态，其他一切差别，几乎是外在的表层的。因此，在我们认真观照作家和知识阶层的心态时，我们往往发现，它不是在"过去"就已经凝结成型的。心态乃是"尚未"被规定的精神现象，它当然和思想、性格密切联系，然而它总是处在"制作"之中、"创造"之中。

长期以来，我们在教学和研究时，特别是在观照一个作家或一位历史人物时，往往看到的是链条的两端，而对整个链条，即整个心灵过程，却有意无意地忽略了，这几乎成了过去的一种研究的制作模式。正是这种模式往往窒息了教师和研究者的才智，挡住了我们的视界。读者企望于研究者的是，他们能注意并善于捕捉作家内心生活的多样性、迅速变化的心态，用敏锐的眼光、睿智的洞察力把握文人内心生活依稀可以捉摸的那一瞬间，使"过程"丰富多彩，并以细腻的、敏锐的、深刻的辨析力加以透视解剖，从而使"过程"显得具象化、明晰化。而读者将会跟着他们的观察得以心领神会，心悦诚服地认同他们对"过程"的理解。这种"过程"，就是注重心理运作的辩证法。

于是，我开始认识到：在文学史上称得上是杰出的作家，他们的精神产品，都是他的心灵阳光在文本中的透射和辉映。

1998年9月

# 重写文学史：从呼唤到实验

近二十年来，我国文学史的学术研究尽管还有不尽如人意的情况，但应承认，这个领域比中华人民共和国成立后的任何时候都有生气，研究成果虽非辉煌，也可谓蔚为大观了。三十年"一贯制"的文学史教材虽还在流行、参阅、再版，但院校自编、合编的教材无论是公开出版的，还是内部交流的，又出现了新一轮的繁荣。文学史教材的"各自为政"式的编写逐步在发生变化。这一切当然得益于改革开放的时代环境和学术文化环境，也得益于学科队伍建设的整体努力。然而，在我们与世界隔绝太久后，我们会愈益发现，中国文学研究特别是中国文学史研究面临着困境，面临着内部和外部的挑战。

迎接和响应这种挑战的就是20世纪80年代初的重写文学史的呼唤和各种设想以及实验。

改革开放以后，重写文学史是从现、当代文学研究发端的，因为他们直接面对的是故去不久和在世的作家与作品的再评价的问题。虽然重写文学史一度受到了诘难，但这是一个本无须质疑的提法。因为任何一个时代都会根据自己时代的需要而重写文学史，任何一个文学史家也都有权进行文学史的重写。而在古典文学史的研究领域，人们又很快发现，"文化大革命"时期"古为今用"一说提出后，又被实用主义和狭隘的功利主义加以利用、曲解和发挥，中国文学史的研究受到了意想不到的干扰，甚至在这个领域的部分"地区"几乎走上了歧途。于是，学者本人和读者都渴望重写文学史。另外，还由于读者大多认为在今日的学术文化环境中，再去用集体编写文学史的方式，会大大削弱学者的艺术个性、审美体验方式和独有的审美判断力。人们求之于文学史家的精彩之作，乃是"通古今之变，成一家之言"。正是在这个意义上，我也以为，集体编写文学史在学术空气越趋活跃，学术性格越趋成熟的今日，它可能并非理想之路。总之重写文学史乃是现实社会和文化建设之需要。

重写文学史还有一个更深层的意义，即文学史之重构与传统的文学史学的不同。我在前面已经阐发了我对当代意识的观点，那么重写文学史，正是要求我们在"当下"，即以当代意识反观历史，追溯其形成、发展的历史性过程，并从中发现文学在历史发展过程中那些恒常不变的基因。从对历史的观察视野说，如果传统的编年史注重的是通过过去认识现在的话，那么以当代意识重构中国文学史注重的则是通过现在来理解和把握过去。从这个意义上讲：历史研究并不等于研究历史。研究历史只是历史研究的一个领域，即只是历史研究的一个组成部分，它并不等于历史研究的全部内容。但是，在我们的文学史研究领域中，历史研究在相当程度上曾被认为就是研究历史，历史研究几乎被研究历史所占据。具体地说，就是单纯地去搜集史料、整理史料、分析史料而忽视了对历史与现实之间内在联系的研究。我对文学史研究之所以如此强调其建构的当代性，意在把历史研究仅仅从单纯的史料研究中解脱出来，还其文学历史研究的多重性格。

正是根据这一点，我认为以当代意识重构中国文学史，实际上有一个研究者思维空间拓展的问题，有一个重建阅读空间的问题，也就是说有一个提高思维境界的问题。学术思维不随时代更新，文学史无法重写，也绝对写不好！

以当代意识重构文学史，实质上是今日之社会提供了我们如何对待传统（传统文化和文化传统）的问题。传统体现着本体，本体永远包含正反矛盾两方面的统一，所以任何民族群体的传统中都包含了进展与消退两种因素。由于接受者主体条件不同，它可能接受（选择）进展着的方面，也可能接受（选择）消退着的方面。又由于其自身条件基因的不同，进展方面也可导致消退，消退方面反可以导致进展。因此，以当代意识观照传统不可笼统地肯定或否定，"作为艺术的文学，既有成为某种文化的载体而可以划分先进落后的一面，更有超越文化的功利意义而根本谈不上什么先进不先进的一面……"，"艺术发展不是一种取代关系……鲁迅不能取代施耐庵，毕加索也不能取代伦勃朗。不同时间的艺术之间最终不是一种时间的线性关系，而是一种空间并存的关系。最新的东西可能速朽，最古老的东西也可能长存。这里重要的是质量的区别而不是先后序列的区别"。① 因此，传统文化（其中当然包括文学遗产）作为自在之物时，无所谓优劣。其所带来的优与劣，主要取决于接受者主体的自身条件。因此，传统作为一种精神流动体，它对于优越者来说，就是优越的；反

---

① 王蒙著《风格散记》，人民文学出版社，1991年11月，第257页。

之，对于拙劣者来说，就是拙劣的。把传统理解为僵化封闭的人，他本身就是僵化封闭的；而把传统理解为发展开放的人，他本身就是发展开放的。事实是，文学发展的历史本应理解为本体作用下人类群体精神升华延续的滚滚洪流。这洪流是"流"在历史的纵向上的，它在历史上这样地流和那样地流，主要是由于历史的"地形"造成的。重构文学史的新框架是必然的。

重构文学史作为一种科学使命，在今天改革开放和多元并存的文化态势下，我们这一代人怎么搞，自然也取决于我们的社会的"地形"，取决于我们的文化积累、素养，特别是精神思维的境界和素质。我们既不必沮丧于过去文学史编得多么不成功，也无须陶醉于过去文学史写得多么好。重要的是社会和文化为我们文学发展历史的研究提供和开辟了何等的"地形"，甚至新的"源泉"。中国文学艺术的发展历史在我们身上"流"得如何，以及历史的正反面经验总结得如何，首先取决于我们心灵的"地形"。所以在研究文学史和考虑文学史编写及操作时，反思我们自身的精神境界和思维态势与学术思维的优势、劣势及其不断更新等问题，都是万万不可忽视的。作为人文知识分子，反思自己的魂魄，反思自己的学术历程和心态变迁必然是一致的。历史赋予我们人文知识分子在最起码意义上反思已成了我们不可推卸的历史使命。这才是我们的时代我们的社会现实决定的，也是这个社会的精神表征。

严格地说，每一部文学史著作都是一个过渡性文本。复杂多元的文学史格局要求与之相适应的研究视角与考察方式以及操作程序。这就决定了文学史的写法可以是各式各样的，它既不可能被定于一尊，更不会有整齐划一的标准。对于研究主体来说，文学史无疑具有广阔无垠的空间，或者说，它具有一种永恒的潜在张力。然而，要写出一部理想的文学史又是何等地困难啊！这就是我在写这篇文字时的绵长思绪和复杂感受。反思规范与挑战规范不正是一个文学史教师的天然使命吗？

2000年5月

# 世界文学史格局中的中国文学史

关于文学史的整体意识问题。恩格斯在《评亚历山大·荣克的〈德国现代文学讲义〉》时提到："任何一个人在文学上的价值都不是由他自己决定的，而只是同整体的比较当中决定的。"这提示我们，文学研究的视点，还要求研究者具备整体意识。

首先，它要求研究者把研究对象置于文学史的整体框架中来确认它的价值，辨识它的文学源流，并且在文学史的流变中探讨某些文学现象的规律和意义。这种史的研究把人们引向一个课题，即如何打通长期以来人为分割成几个文学发展的阶段。因为中国文学是一个整体，对它作史的研究也必须予以整体的观照。对此复旦大学陈思和先生已有所论述，而北京大学陈平原、钱理群、黄子平等先生更提出了"20世纪中国文学"的新观念，并受到广大文学研究者的认同。

其次，整体意识要求我们用广阔的眼界考察整个中国文学艺术发展史，把它作为世界文学史的一部分，而不应当把它孤立在世界文学史之外。真正的有洞察力的文学史家总是从不同角度来看问题。中国的文学史家把中国文学自身发展历史看成中国的文学史，但外国的文学史家却把中国文学史当作世界文学史来研究。中国文学史和世界文学史的这种错综复杂关系，恰恰要求我们从不同的角度进行研究。研究者常说，要有一个更广阔的视角，把自己民族的文学放到世界文学的格局中去考虑，在别一种文学体系的比照下，"用一种陌生化的非我的眼光，互为主观，从而完成自省、重建民族文学的重任"。对此比较的研究是会起到巨大的促进作用的。因为比较的研究是在开放的世界主义文学的觉醒中诞生的，所以，比较的文学和文学史研究最能够自觉地将民族文学史纳入世界文学的总体格局和发展倾向之中。为此，我们理所当然地把我国文学的发展过程视作世界文学发展过程中的一部分。事实也恰恰如此，19世纪以前，人们还可以孤立地谈论某一民族的文学而不致影响其论述的准确性；而在今天，世界文学的逐步形成，要求文学史研究者具有一种世界眼光，即把本民族的文学发展放在如鲁迅所说的"参与世界上的事业"这么一个参照系上来考虑。所以，文学史研究的整体意识也就是一种"强烈的世界意识、参与意识"，亦即现代意识、当代精神。

2000年9月

# 倾听民间回声

　　著名的人类学家李亦园先生在《中国文明的民间文化基础》一文中提到：一个庞大而历史悠久的文明如中国，向来存在有缙绅或官方文化与民间或民俗文化之别。他依据美国人类学家芮斐德《乡民社会与文化》中所说的"大传统"与"小传统"之别，指出了大传统是一个社会里上层的士绅、知识分子所代表的文化，这多半是经由思想家、宗教家反省深思所产生的精英文化；而相对的，小传统则是指一般社会大众，特别是乡民或俗民所代表的生活文化。这两个不同层次的传统虽各有不同，却是共同存在而相互影响的。李先生转引西方学者观点，认为古老文明的社会的研究，一向因为他们的上层士绅文化或经典文化较为突出，所以容易引起学者的注意，史学家、思想家以及古典学者的研究兴趣，大都集中在这些大传统文化方面而其成就向来也很高。只是较后来，人类学家与民俗学家才开始注意到代表大多数民众一般生活的小传统文化。李先生继而指出，在古典文明的研究中，小传统的研究仍然是较受忽视的，而在中国文化的研究领域中，小传统的民间文化的研究也同样是经常被忽视的，这实在是一件很遗憾的事，因为我国小传统的民间文化无论如何代表较大多数一般民众的文化，李先生在这方面还作了很多精彩的发挥，这里不一一征引。

有学者也指出过，史学在我国肩负的不是"穷探治乱之迹，上助圣明之鉴"的重任，就是寻找和论证"人类历史的发展规律"的伟业。结果一部无比丰富繁杂、生动多彩的"历史"不是被简化成几个帝王将相、英雄豪杰的"家谱"，就是被抽象成几条规律、几个公式的总结。而一代又一代人民大众在一场又一场历史风云变幻中的衣食住行、婚丧嫁娶、消闲娱乐等等则根本不被重视，因为普通人的日常生活和具体的生存方式是"不入流"的，是不能进入"历史"的。对此，虽早有史学家屡表不满，呼吁注重社会史、文化史、大众生活史的研究，但对生活、风俗史的具体研究委实过于繁难，因此一直"成效甚微"①。这就使我联想到了很多问题。

其实在中国文学史教学与研究中，在过去乃至现在缺乏的也正是这种民间的回声。不用说中华人民共和国成立前，中国文学史写到宋代部分就写不下去了，像李长之先生的大作，林庚先生早年写的文学史也是这样。而到了"重写文学史"的呼声一个接一个时，章培恒、骆玉明主编的《中国文学史》在1996年一出世，其影响甚巨。但能涵盖文学史一半的小说、戏曲、讲唱文学却只占三卷本中的一部，即下卷的元明清部分，而下卷又涵盖了诗、文、小说和戏剧，于是小说与戏剧也只是下卷的一部分。这正说明文学史家缺乏的正是对民间文化的重视，或者说传统、正统的文学观念还在束缚着研究者的头脑。严格地说，小说和戏剧

---

① 参见雷颐著《经典与人文》，百花文艺出版社，1999年3月，第172页。

这些叙事文学是具有大众性的东西，或可径直地说，小说和戏剧的本体特征就是世俗的，这不是贬低它，而是从文体意识观照的结果。它跟诗歌、散文不同，诗与散文讲究心灵的智慧、内心的体验和感受。而小说虽然同样要求心灵的智慧，但它首先要讲一个故事给你听，它要讲一些百姓爱听的故事。小说起码要好读，有人爱读，有更多的人去读。所以小说和戏剧都不可能在象牙塔内，而是要时刻走向民间。当然小说对民间有一种启蒙作用，但民间对小说又有支撑作用。如果民间失去了小说或者小说失去了大众，小说也就到了死亡的时刻了。这就如同戏剧，没了观众也就没有了戏剧一样。所以我常说，小说戏剧不能缺少烟火气、地气，小说戏剧永远不能是插花艺术，它的人民性和大众性是它的优势。然而中国文学史在观照这一部分民间文化时却有与史学相似之处，这是不能不加以反思的。作为一种取向，21世纪是不是在民间文化和社会史、民族风俗史等方面能够得到更多学者的关注呢？

是的，诗、词、文与小说、戏剧等叙事文体的审美功能当然不同，谁也不可能代替谁。然而我喜欢一个比喻：很多长篇小说和多本戏剧剧本往往就像是一个有许多窗口的房间。比如《三国演义》《水浒传》等史诗性作品就像有许多窗口的房间，读者从不同窗口望去，看到的是不同天地，有不同的人物在其中活动。这小天地又道路相通，于是读者面前出现了一个完整的世界，比如在《三国演义》这里一切可能出现的斗争方式都出现了，军事的、政治的、外交的、公开的、秘密的、合法的、非法的，而且所有这些斗争，都是在漫长的封建社会的斗争所积累起来的经验

　　　　　　　　　　　　　　　　　　教书人手记

的基础上进行的。基于长篇小说的这种多义性、多层次的题旨与思想内涵，我们的文学史研究著作应该看到这些传世之作那超越题材、超越时空的特征。因为从审美结构来看，可以称之为不朽之作的都包含着三个层次：表层是各种形式美因素及其唤起的意象；中间层次是意象所指示的历史的、社会的内容；它的深层结构则是超越时空的具有象征意味的深层意蕴。也就是说，当作家在作品中超越了题材自身的特定时空意义，揭示出某种普遍性的社会的哲理的内涵和心理内涵时，这个作品就获得了题材之外的某种象征意味。它的意味或典型形象就在世世代代读者心目中成为某种象征的形式而被吸收和改造，读者以自己不同的心境而带入不同的经验内容，这就是人们常提及的"象征意蕴"。中国文学史中叙事文体中这种文化意蕴又是很多诗文难以涵盖的。

从世界文学史的角度来观照，叙事文体的作品在文学发展过程中是很被看重的。不是文学史家而只是一位著名作家的巴尔扎克就看到了："文学就像所代表的社会一样，具有不同年龄，沸腾的童年是歌行，史诗是茁壮的青年，戏剧和小说是强大的成年。"[①]对于高级形态的成年时代的戏剧、小说，我想不应和童年歌行、青年史诗受到过于悬殊的待遇吧？何况，小说、戏剧从民间文化角度来看，也许更具有文学史意义。

2000年7月

---

① 王秋荣编《巴尔扎克论文学》，中国社会科学出版社，1986年7月，第255页。

# 关注夹缝时代

在中国文学史的建构中，我更看重文学发展过程的一个重要契机，即"夹缝时代"。

时贤曾经精辟地指出：在一段时间内，以几位大作家为代表，一批优秀作家集中出现，形成文学创作的高潮；若干年后，又有一批作家同时涌现，形成另一个高潮，这是文学史上经常出现的带有规律性的现象。一部文学史，大体上就是由许多这样的高潮汇合而成的。然而，大作家的出现往往不是孤立的，在他的同时，或稍前，或稍后，总有一批才华横溢的作家围绕着他，宛若群星之与北斗，相互辉映着，布成灿烂的星空。翻开元人钟嗣成著《录鬼簿》，我们可以看到，在元大都围绕着关汉卿、马致远、王实甫、白朴，集中了郑廷玉、杨显之、纪君祥、康进之、高文秀等许多才情豪健的剧作家，他们一时并出，掀起了中国戏剧的高潮。

此外，文学的繁荣，要有一个能够激励作家从事创作的艺术氛围。思想要砥砺，艺术要切磋，没有同时的、同辈的作家的互相启发、交流和竞赛，大作家的文思之泉也会枯竭。作家之间相互促进的关系，史不绝书。李白性格傲岸，但对比他年长十二岁的孟浩然却十分钦佩；杜甫对比他年长十一岁的李白也极其倾慕，和李白的交往，是珍藏在杜甫心底最美好的回忆。此外苏轼对黄庭坚、秦观的培养和奖掖，也繁荣了北宋的诗坛。而元代戏剧家杨显之，其外号"补丁"，就是因为他常常对关汉卿剧作提出切中肯綮的意见。从《录鬼簿》中我们还会发现很多剧作家之间都是好友、知音。这说明文学的繁荣是多么需要一种宽松、和谐的艺术氛围和学术文化环境啊！

然而窃以为这只是中国文学发展历程的一个侧面，文学的发展过程和文学史实还有另一种更值得关注的情势、形态。纵观中国文学史，文学最繁荣之日，恰恰在意识形态重建之时，这往往与一定时期经济的发展不成正比。由此我想到了美国的奈斯比特的《大趋势》一书中的一个说法。他认为，夹缝时代是夹在两个时代之间的时代，这个时代是摇摆不定的，但这是一个伟大的时代、一个发酵的时代，它里面充满了各种生机和可能性。把此说作为参照，我们发现文学的发展过程也不断证明，在历史风云急遽变化的时代，在旧的意识形态大厦倾斜之际，或新的意识形态体系正在重建之时，作家的感情和思想往往发现了新大陆。作家对生活的理解，对感情的驾驭，都获得了更大的内在自由，形象构成的机遇就空前地增加了，形式流派就纷呈起来了。

在中国古代文学发展过程中，确实有一种特异现象，即文学创作往往是"生于压抑，死于自由"。它也许和"文穷而后工"有相似之处，而又迥不相同。"生于压抑"必有忧患意识，过于"自由"则会丧失使命感，消解创作中必要的激情。事实是，伟大作家往往是在社会危机尖锐化的时代产生的，这个时代，照卢那卡尔斯基的说法，就是俗语叫作"灵魂"的那个东西分裂成为两半或好几部分的时代。当一个民族面临着激烈的矛盾冲突的时候，必然会在这个民族的儿女身上，必然在觉醒了的成员身上，必然在知识精英的伟大作家身上，激起罕见的热情和勇气，必然会涌现出成千上万的民族英雄和先进战士，此刻也正是伟大的作家出现的时刻。因为凡是真正伟大的作家必定是群众的喉舌，他们必然是把人民的爱和恨、人民的愿望和理想最彻底地表现出来的人。就以关汉卿和汤显祖来说，这两位剧坛巨擘之所以能成为中国古代最伟大的剧作家，就在于他们一个是生活在中国社会矛盾最激烈的时代，一个是在中国社会转型期，即处在所谓"资本主义萌芽"开始冲击古老的自然经济的时代。这时，整个社会、整个民族都分裂为互相对立的两部分或几部分。敏感的、天才的作家们的灵魂似乎也感到了被撕裂的痛苦，使他们不得不提起笔来写出他们的也是民族和人民的爱和憎、苦难与希望。关汉卿和汤显祖，一个是黑暗社会的揭露者和批判者，一个是人性的解剖者和灵魂的拷问者。但是，在他们的作品里，既有神圣的东西，也有渺小庸俗的东西，而本质上则是神圣的东西，而正是从这神圣的东西出发，他们共同对渺小庸俗的罪恶的东西发起了猛烈地进攻和无情地抨击。当然他们有时对自己心头的这种神圣的东西也产生过怀疑，因而有时也不免起来"反对"自己，这就是他们也是其他许多大作家的世界观的矛盾和精神悲剧。但是，他们心头上的神圣的东西是压不倒的，即对人的信念，对人民的关怀和爱，对停滞的社会的忧患意识。一部中国文学史，对于我们今天的人来说，一直处在这种"惊人的一致，深刻的矛盾"的运动中。而究其多种原因，其中之一则是作家生成于夹缝时代，而这个时代往往造就了他们的天才、敏感、灵性和特殊感悟时代的能力，当然也让他们始终处于极度痛苦中。也许可以这样做一简明的概括：每一个伟大辉煌的人生都伴随着艰苦、曲折、磨难才得以完成。每一部名著的背后都隐藏着一个艺术家多难的生活经历，历史的磨难孕育着艺术家的大作品。

2000年8月

# 宏观与微观：合则兼美

　　文学史的教学与研究者，一般应具备独立而深刻的思想，应该如同普列汉诺夫所说，是"那种兼备极为发达的思想能力跟同样极为发达的美学感觉的人"。即他的议论不是凭空而发，泛泛而谈，而是有深厚的学术根底，对研究对象占有扎实的第一手材料以及与之相联系的社会历史材料，并且通晓以往的各种研究方法。王国维对中国戏曲史的研究，鲁迅对中国小说史的研究，不仅是开创性的工作，而且熔广事搜辑的功夫与真知灼见的眼光于一炉，史识卓见，体系井然，显示出一种文史大家的权威性和力量。他们所著的《宋元戏曲史》和《中国小说史略》，就是他们建立起的两座不朽的大厦。

　　通过王国维、鲁迅等前辈治史经验的总结，我们可以看到一个文学史家应具备的史识、今识和诗识。史识即历史透视力，今识即现实洞察力，诗识即艺术感受力。而我们当代的文学史家又应显示出新时期的审美和历史的眼光。所谓文学史研究的理论发现，就是以敏锐的哲学思辨和美学眼光，透视复杂的文艺现象和文艺发展的历程，见前人所未见，道前人所未道。因为任何科学意义上的研究与教学，其成果都应成为指引受众进入新的境界的明灯。

事实上任何历史的描述都要依据一定的历史哲学、一定的参照系和一定的价值标准，都要采取一定的方法，这里首先就有一个宏观与微观的关系问题。

中国旧话中有所谓"高明"和"沉潜"两路人。这体现在学术研究家身上，便有姚黄魏紫各擅胜场的两家之长。有的人长于从宏观角度研究历史，他们用哲人的睿智目光与思辨能力，对历史发展进行逻辑的总结、规律的探求。早在两千年前，司马迁就提出了"究天人之际，通古今之变，成一家之言"的主张；清人章学诚认为，治文史贵在"能得其所以然，因而上阐古人精微，下启后人津逮"①，这些见解都曾对中国文史学的发展起着积极的影响。自从有了马恩科学学说指导之后，就逐步地做到科学地阐释历史现象的内部实质，揭示出历史发展的客观现象了，这是此前不少识见高明的学者还未完全达到的。

还有的文史家长于从微观的角度研究文史，他们以检验师的敏锐目光与鉴别能力，审视着历史上和古籍中的一切疑难之点，并以毕生之精力对此作精细入微的考证、汰伪存真的清理。他们"论一事必举证，尤不以孤证自足，必取之甚博，证备然后自表其所信"②。其"沉潜"之极致，乃有乾嘉学派的大师们。这些学者的精耕细作的收获，同样不容忽视。

宏观研究与微观研究二者相需若左右手。一方面，宏观研究可以带活微观研究，因为文学史研究的最终目的在于证明"为

---

① （清）章学诚撰《章学诚遗书》，文物出版社，1985年8月，第337页。
② 梁启超撰《清代学术概论》，上海古籍出版社，2019年5月，第19页。

什么"，这就要甩掉许多无关宏旨的细枝末节的东西；另一方面，也要充分认识到微观研究对宏观研究的制约意义，因为历史上的正确结论不能仅仅靠推理得出来，而是要根据大量资料进行分析、研究之后归纳出来。因此，微观和宏观合则兼美，离则两伤，正如戴震提倡的"巨细必究，本末兼察"。

不容否认，在文学史教学与研究领域，有些学者用力虽勤，其弊在琐屑苍白。琐细冷僻、无关宏旨的一事之考、一字之辨，尽管可以竭研究者之精思，但重大的文学现象往往被置之脑后，这无疑也是一种偏颇。正如著名文艺理论家韦勒克在《比较文学的危机》中所指出的，这种搜求材料、考据事实的方法并非毫无所用，关键是它不能揭示文学的根本问题，因为"真正的文学研究关注的不是惰性的事实，而是价值和质量"。他还在《反实证主义的潮流》中认为，文学研究是一种系统的知识体系，它有自己独特的方法和目的，它的核心问题是要把"文学既作为艺术，又作为人类文明的一种表达"来研究。韦勒克的这种看法是中肯的，也是重要的。因为在当代文艺研究和文学史教学中，这种惰性的僵硬的"实证主义"的倾向并没有消退，仍然有着相当的影响。

因此，有识之士针对目前文学史研究的一些问题提出宏观的重要性。因为，从一定意义上说，"见林"有时比"见树"更重要。人们普遍感到研究中国文学史，有必要对其历史进行全局性的整体性的宏观考察。当然，文学史的发展过程和其他艺术形态的历史一样是多层次的。所谓全局、整体只能是相对意义上的。如果说观照全部艺术史是宏观范畴，那么文学史则是微观；如果观照整个文学史是宏观的，那么诗歌史、散文史、小说史、戏剧史等则是中观的了，而对一位作家一部作品的观照又成了微观。其实，我们可以把文学史上的宏观和微观所包含的范围扩展得更加广泛，包括空间和时间、抽象和具体等方面。探索文学固有规律的过程，乃是一个在历史事实基础上进行宏观考察的过程。由于考察的目的在于发掘文学史的内在联系，就必须把视野放开，综观全局，透过繁复的文学现象，认识文学历史的本质，揭示其固有的规律。因此，研究文学史有必要对那些与文学史有关的政治史、思想史、经济史、宗教史、哲学、民俗学、文化史等有所研究，从而在比较广阔的时空背景中，去考察文学发展的现象。这表现为"纵观"和"横观"两种形态。"纵观"是时间观，它要探讨文学的发展过程，认识和评述每个发展阶段的特点，各种艺术因素之间的联系、影响、转化和演变的具体环节、中介与特点，从而可以比较准确地探索和总结文学艺术的基本规律。"横观"是空间观，它要探索各个时期作家的创作思想、文学环境、作家群之间的相互关系及特点、流派在文学发展史上的意义，等等。

　　总之，宏观研究是为了更好地解决文学发展史上带有全面性、根本性的问题。事实上，关于文学规律的审美思辨和理论判断，大多是宏观研究的结果。这说明，文学的宏观研究要求研究者具有高屋建瓴的壮阔胸襟和居高临下的宽广视野。它使得研究者必须在更高的水平上掌握科学理论和方法，具有较高的审美修养。而总结中国文学史的经验，发展宏观文学研究，必将为我们开辟新的领域，提出新的课题，指出研究的新途径，使我们在浩瀚的文学大海中探骊得珠。

为了避免误解，不妨再重申，史实是治史的基础，一部文学史著，不管其规模何等宏阔，也只有在具体可靠的史料的基础上才能构筑成功。历史的真实性，无疑是任何文学艺术史著的第一个价值尺度。从这个角度看，一切以忠于史实为原则的文学史研究工作，都离不开微观研究，也就是说，都必须从小的角度去观察与考索历史的局部、细部。这种考察进行得越细致、准确，那么由此构成的历史大厦就越有可靠的根据。我们之所以提出宏观尺度的重要性，也正是为了促进微观研究，即使作家作品研究，我们也主张从宏观角度去考察微观对象，因为这样才能跳出一般作家作品论的窠臼。

2001年3月

# 观念与方法的更新

　　从一定意义上说，文学发展过程中的历史变迁，总是和文学观念的不断更新有着密切关系，有了观念的更新，文学才会有所突破、有所前进。于是我们很容易就从这里引出了鲁迅先生那句名言："自有《红楼梦》出来以后，传统的思想和写法都打破了。"对文学的解读和研究，其实也有一个不断拓宽思维空间、更新观念更新方法的问题。然而，我也深知，在文史学界的一部分人中，对方法论的更新、引进、创制是持异议乃至排斥态度的，对于这一点只能求同存异，不可勉强，也不可代替。不过我觉得王元化先生在《学术集林》第六卷的"编余杂谈"中倒也说出了一个平实的真理："研究中国文化不能以西学为坐标，但必须以西学为参照系。中国文化不是一个封闭系统。不同的文化是应该互相开放，互相影响，互相吸取的。"王先生说的极是。鲁迅生前不仅提出过"拿来主义"，而且多次阐述为什么文化研究要"求新声于异邦"的意义。十几年来文艺理论界和翻译界不断引进西方诸多文艺与美学方法论，如神话原型批评、接受美学、现象学美学、英美新批评、结构主义、符号学、后结构主义、美国的解构主义、阐释学、读者反映批评、女权主义批评、西方马克思主义批评理论、文艺精神分析学，等等。对于这些理论与方法，我们可能知之不多、不深，但也并不就像有人斥之为"乌七八糟的垃圾"。我倒觉得应有更多的人去做各种各样的尝试。这不光是痛感于眼下文学研究的不尽如人意的单调和困窘以及缺乏艺术魅力，也因为这本来就不可避免不同的研究者有着不同的思维方式（其中也应包括不同的审美体验方式），不同的思维方式又各有自己的手段、方法。围绕一面旗帜，一份美学纲领，一种文艺观念转变的局面今后似难以再存在了；"舆论一律"、方法一律的时代已悄然隐去，我们迎来的必然是多元共存的时代，这不是某一个人意志所能扭转的。

文学研究需要创造、更新和引进新的思维方式、方法，还因为文学研究乃是一种"补偿"——如同文学与生活、文学与生命、文学与心灵的关系一样。而优秀的文学文本比生活更有才情、气韵和魅力，为了揭示这种神韵——文学的价值和意味，在传统的有效的研究武器之外，未尝不可继续做一些创新和借鉴的尝试和实践（我们最怕的就是不去尝试，只简单地排斥或诘难）。钱锺书先生曾明快地道出一个真理："东海西海，心理攸同；南学北学，道术未裂。"[1]这乃是钱公的超拔的思想境界，其根本精神，我们是要深入领会的。

进一步说，正如对不同的文学类型和文学文本应采取不同的评价标准一样，从中国文学的学术研究实际情况出发，在运用新的研究方法时也应考虑一下对象的选择，或谓对不同的文本考虑采用不同的研究方法。我服膺德国物理学大师海森伯在说明不确

---

[1]钱锺书著《谈艺录》，商务印书馆，2011年12月，第3页。

定性原理时的那段名言：世界不是一种哲学可以完全解释的，在描述一种现象时，需要一种理论，在测定另一种现象时，则需要另一种理论和方法，没有放之四海而皆准的真理。是的，我们可以说，就每一种方法本身来说，它们都可以"以不变应万变"，把全部文学作为自己的对象。但是，在事实上，每一种新的批评和研究方法的出现无不以它的对象——文学过程、作家、文本的更新和发展为原因。用当代意识去阐释中国古代的和近现代的文学现象也不能不有所选择。根据对象的不同而使用不同的理论方法，并不会削弱批评家的学术个性。我们自己的和国外有成就的研究家的例子表明，显示研究者个性的，主要的不仅是所用的方法，而是评论文字的学术见地、文化焦虑、现实关怀的程度和语言风格等，而内在的深层的人文性格和文化蕴涵又是不可忽视的重要内容。

总之，对文学的解读和学术研究，在具体方法上，应主张多侧面、多层次、多角度、多途径、多目标、多问题、多要求、多方法，互相补充、互相完善，而这个过程，也就体现了学术上的自由竞争的精神。事实是，一部文化底蕴深厚的文学文本是经得起各种批评方法的轮番解剖的。

1998年12月

# 分化与深化

　　反映人类心灵的文学是沟通各种文化的很重要的渠道，而文学自身也需要来自各方面的营养，诸如历史学的、哲学的、社会学的、经济学的、政治学的、心理学的……而文学的阅读与研究同样需要吸收思想文化界变革中新的理论思维成果，而哲学的历史的营养常常是人文科学内蕴深度的一个重要因素。那种缺乏历史的、哲学意识的文学解读者和文学研究者，是很难使自己的解读和研究升值的。

　　然而，说到底，任何一种文学的解读和文学的理论批评，哪怕是真理的含金量较高的理论模式，都难以对一部辉煌的文学文本具有全面有效的涵盖性，其实也不必具有这种涵盖性。那种"一方面如何，另一方面如何"式的全面，其价值不大。人们总是试图建立一种能穷尽万象的文艺美学体系，其实这种理想属于亚里士多德时代的遗产。因为人们相信一种理论就能把握复杂的整体的思想朴素时代早已宣告终结了。人们清醒地认识到任何一种文学的解读都无法达到对文学及其运动在真正意义上的全方位的把握，而只能在文学本体的某一层次、某一侧面进行"横看成岭侧成峰"的分化研究。荷兰文艺理论家佛克马、易布思合著的《二十世纪文学理论》一书中就说得很实在："文学研究的方面是如此之多，致使一个学者不可能再顾及这一学科的全部领域。面对浩瀚繁杂的文学问题，我们的出路只有通过分工合作来进行研究。"①无疑这一意见同样适用于我们的研究。

如果说我国文学的研究从整体上需要多种研究的综合—互补的话，那么对每一个研究个体来说，就需要一种分化—深化的自觉意识。我们似乎应摒弃那种无论是作家研究或文本解读都能十八般武器样样精通的"全能冠军"式的良好感觉，甚至面对任何一部作品，抑或任何一种文学现象，都能高谈阔论一番。这种"通论家"并非我们本应赞扬的"通才"，反而很容易令人联想到卖包治百病的狗皮膏药者。事实是，有分化才能有深化，文学研究学科的建构只有在分化研究的基础上，具有各个击破式的研究深化才能在整体上加以把握。这种分化既包括职能的分化，也包括研究视野的分化，即从多学科的视角对文学进行多层次多侧面的深化研究。在这种分化—深化的研究趋势中，每一个有志于文学研究的人，都应依据自身的素质和志趣，选择属于自己的研究世界，并作深入的开掘和独到的把握。因此文学解读学的建构应以当代的科学精神、当代的审美悟性开创文学研究的多元化格局。

实事求是地说，既然任何一种研究只能从某种特定的视角对文学进行有限的探索与概括，那么这种概括即使准确，也只能在它所对应的领域实现其价值。所以对古代的、近现代的文学研究

---

① 〔荷兰〕佛克马，易布思著《二十世纪文学理论》，生活·读书·新知三联书店，1988年1月，第201页。

来说，寻找对应性就是文学解读和研究学科价值实现优化的重要
条件。这种选择意识，对文学研究来说是有必要健全地建立的。

其实，对文学的解读和研究，选择意识的健全对文学研究将是一
种有力的"制约"和"调节"。文学研究为了更加注重其科学的
当代性，似不宜一窝蜂地挤在一两个命题上（而"一窝蜂"现象
由来已久，值得我们深刻反思）。我们的文学解读学和科学的研
究，应当建立自己的文化品格，即把解读和研究文学文本及文学
发展过程自身作为目的，从而超越其他外在功利性的东西。

1998年10月

# 且说概念与术语的更新

　　因为备课与教学的需要，手边总有几部工具书备用，又因专业关系，翻阅最多的却是鲍昌、姜东赋、夏康达三位先生分任正副主编的《文学艺术新术语词典》。该书于1987年10月由百花文艺出版社出版。据鲍昌在该书前言中交代编书之缘起，那是因为"外国的文艺思潮、文艺理论、文艺技巧的引进，同时带来了许多文艺方面的生僻的名词、新鲜的术语。它们使中国的广大读者感到陌生，感到困惑。在此同时，有些学者、批评家、文艺工作者在文章中引用它们，也出现了未经消化、生搬硬套的弊病。有鉴于此，我在1984年冬萌生了编一部《文学艺术新术语词典》的念头"。现在虽然已时过境迁，但每当检索一些自己把握不住的新概念新术语时，首选的工具书仍然是三位先生的这部新术语词典。而每当翻阅时又总是思绪万千。想当初，在鲍昌等三位先生领衔编写这部词典时，正是新概念新术语遭到最大挖苦和诘难的时候，流行的调侃话就是"新名词轰炸"。我记得分明，当时一位教戏剧的老师在《戏剧报》上发表了一篇探讨"审美戏剧"的文章，仅仅用了一个"戏剧本体"的术语，竟受到一位批评者无端的揶揄："为什么放着现成的、明白的字眼不用，偏要用玄而又玄的本体呢？"这真是有点"秀才见了兵，有理说不清"的味道。那时间，仅仅"本体"二字都会被打入"新名词轰炸"之列，都可以被斥为"玄而又玄"的异端。

其实，对新概念新术语持反对态度的人，却忘记了马克思的这句名言："每个原理都有其出现的世纪。"可以说，无论观念、原理，抑或范畴、概念与术语，既有其自身统一、连贯、不可分割的继承性和持续性，也有其产生、发展过程中的时代性、阶段性和变异性。说句实在话，时至今日，马克思的这句至理名言也不能被所有人理解。不少研究者仍过分习惯于文章借以立论的概念与术语的彼此重复，好像作文者手里只有数目固定而且形状颜色又相当单调的积木，虽颠之倒之，力求诸般变化，都无论如何逃不开千篇一律。其实，概念与术语的贫困同样反映思想的贫困，特别是哲学意识的贫困。常识说明，概念以至于术语，是人们进行思维特别是逻辑思维的基本材料，又是一切科学理论最基本的知识单元。自然科学与文艺科学理论价值都要以若干精确的概念与术语为其"核心概念"才能成立。试看中国传统文化中的"意境""传神""气韵""风骨""性灵"等等都是古代诗学家们创制的富有诗意而又很精当的艺术概念和术语，至于那些已被世界文艺史认同的"形象""典型""象征""现实主义""浪漫主义"等等同样具有普遍意义和生命力。古往今来，无论哲学、经济学、历史学、心理学、伦理学、政治学、文艺学以及其他各个领域，各种思潮起伏，有如大江东去，人们不仅仅在其中对人和社会作着无休止的探索，而且为使这些探索不断地升华而创造了不计其数的概念与术语。一部思想文化史，从一定意义上说也可以看作是人类创造概念、术语与论证这些概念和术语的历史。反过来，无数概念、术语的生生灭灭而形成的运动，又反映着人类思维的进展以及无限进展的可能。我们不难发现那些凡是为人类精神发展做出贡献的思想家、文论家，无一不是创造和发明新概念与新术语的能手。马克思的《资本论》以及其他经典之作中的新概念正是他研究"资本"新成果的结果。爱因斯坦的"相对论"是他的全部学说的"核心概念"。至于诗学中的"意境"概念的出现，曾使诗歌创作手段层出不穷，创获颇丰。最近笔者读到波兰美学史家符·塔达基维奇所著之《西方美学概念史》，极受启发。他正是围绕美学概念与具体术语的衍化而勾勒了美学发展史。还有一个更重要的不争的事实是：自然科学发展史上里程碑式的进步，我们应有所认识。因为它们每一次进步都刷新了整个人文学科。从进化论到相对论、耗散结构论、系统论等，都以其特有的功能改变着人们的思维方式和思想观念。20世纪后半期，系统论、信息论、控制论、热力学第二定律对人文科学的影响更不亚于进化论之于19世纪和20世纪初的人文科学。从热力学第二定律所引出的熵的概念已逐渐渗透到社会科学与文学研究领域之中，其中当然包括很多新术语，且被人文各学科所借用，其中也包括中国文学史教学与编写所借用。写到这儿，我又想到那位调侃别人运用新术语的批评家的一些话，他说："戏是戏，不是其他。"真是，话说得多"现成"，字眼又多"明白"，但令人困惑的是，这到底对文艺科学的发展有何裨益？如果总是在"小说是小说"，"戏剧是戏剧"……这些概念与术语模式中打圈圈，我们的人文社会科学会是怎样一种景象呢？文学史的建构又会是怎样一种景象呢？于是我也就想到了鲍昌等三位先生主编的《文学艺术新术语词典》的生命力，它的可贵的应用价值。我想随着思想文化的发展，随着文学艺术的发展，一定还会有这类辞书的续编和新的创制。因为概念和术语一定会不断更新。我企盼那时我们不会再对它们大惊小怪，只要那些概念与术语是精当的、明晰的和富有科学性的。文学史的建构需要吸纳新鲜血液，文学史教学不应排斥文艺思维的一切新成果。

2000年12月

# 文学史家的风度

　　每位文学史研究者对一部作品和一种文学现象的解读总是从一个角度和一种策略出发。研究者不能不受研究者自身的主客观条件的影响。不同的人由于不相同的生活经历和审美经验而形成互相差异的思维定式，这就是本不该忽视而恰恰被长期忽视了的理性的个性——虽然理性恰恰是重在共性的发现。一般说来，认识总是一种主观活动，人的知觉总是有选择性。这种选择性在人的经验和习惯的层次上被固定下来，更多地处于潜意识状态，因此人的认识总会自觉不自觉地受到主观因素的作用和个性特征的影响。特殊说来，对文艺现象的认识，更是掺杂着审美体验的影响和审美情趣的制约，更容易形成个性化的倾向，更容易发生歧见和争执。因为对美的判断包含着比对真与善的判断更复杂的心理因素。当丰富多彩的审美意识直接或间接与物质生活联系在一起时，人们之间的争执一时可能难分难解。在此情况下，对于同一作品同一作家形成背反之争是常见之事。鉴于多年的经验教训，对于已经开展起来的关于文学史的争鸣，最好不要简单下结论，不要忙于"一锤定音"。非此即彼的选择很容易使我们的美学思维方式走回头路。

　　"二律背反"并非理性的不幸，而研究的一律化才真正是理性的不幸。争执越充分，越是能深入挖掘文学形象和文学现象所固有的而未必全部为作者所觉察到的文化蕴涵，越是能深入揭示原作者固有的创作心态上和思想倾向上的矛盾性。文艺美学的生命正是借助创作实践的发展而突破自身的某种僵化，用实践的事实材料丰富、充实、发展自身，在更加深入思考的基础上发挥自己对艺术的感知，并重建自己审美思想的思辨体系。

有鉴于此，窃以为，要建立中国文学史研究科学的学科，就应经常进行对话和潜对话，就要创建一个和谐的学术文化氛围。一位勇于开拓的研究者不是在自我封闭的心态中进行思维的，而是在与外界对话的过程中不断摄取新的信息并调整自己的理论意识中进行思维的。我常觉得对文学史研究实事求是之心难求。而批评家及研究者的思维方式中某种单一的要求则往往给作品和别人的理论文字带来过多的损伤。其实对峙是一种必然，但不一定必然转化为对立，这里就需要一种现实的宽容。宽容当然不意味掩饰意见分歧，而是体现在彼此都在坚持从自己的思维角度、学术立场发表见解时，努力倾听对方的声音，并从中汲取对自身有益的东西。认识彼此的局限是一种明智，而故意把自己表现得毫无局限，这才是真正的局限。

文学史研究学科的科学建构需要宽容，还表现在文学史研究的可错性和探索的变易性。文学研究是对文学现象的一种感悟、追求、理解、体认和探索。这种努力和探索既负荷着多重制约，又需不断突破这些制约。所以，文学史研究就某种意义上讲，属于对文化现象的一种"瞎子摸象"，它既有对本体贴近真实形貌的猜测，又有相当荒谬的可错性。这就决定了文学史研究只能永远处于"夸父逐日"的过程中，因为真理的太阳既是遥远的，又每一天都是新的，这导致其很难是凝固而完美的模态。

文学史研究的可错性是无需嘲笑的。一个好的文学研究理论和方法是一个对对象世界提出涵盖面较广的看法，人们对此常常抱有这样和那样的期望。但实际上，一个研究者断言越多而潜在的可错性就会越多。为此，我们迄今还未曾看到过一种全面正确的文学研究辉煌地战胜所有的对手而一霸天下的情况。

不可否认，在过去，文学史研究文字一经出现失误常为人们所不容，然而，应该想到，思考力一旦进入到某种复杂状态时，失误是难免的，可错性是经常出现的。可以说，失误与误读以及可错性现象的存在就应视为一种逻辑发展的定律。在这里，批评的态度不应是金刚怒目式，而是应当选择善意探讨之法。思想交锋和精神交流只有在深切理解和可以分析的基点上才能得到深化。说理和说教其分界线常在于有无这种胸怀和精神状态，文学史家应具有的风度应是那种新型的风度，中国文学史研究学科的建构正需要这种风度。

2000年11月

# 为"学院派"一辩

为什么文学史教学与研究竟天然地落在高等院校的教学体系和文学教师身上呢？这里我们不能不调转笔头谈谈"学院派"和"学院派批评"的问题。"学院派"和"学院派批评"在一个相当长的时间里，名声并不佳。似乎一提到"学院派"就与"经院派"混同而含有某些贬义，而一提到"学院派批评"似乎就是僵化、学究气的同义词，即使一些著名的批评家也未能免俗。比如法国文学批评家阿尔贝·蒂博代（1874—1936）在他的批评学代表作《六说文学批评》中，在对三种文学批评模式进行评估时，对以大学教授为主的"职业的批评"，甚多揶揄之词。他认为"职业的批评"死守规则，多老生常谈，缺乏敏锐的艺术感觉，有迟疑症和沉闷的学究气等等。当然蒂博代也承认，教授专家们具有学养良好、知识系统化、深厚的历史感和视野开阔、持论通达平正等长处。但是，蒂氏恰恰没看到"职业的批评"最大的优势是文学史研究。也就是说讲授文学史的教师，恰恰是最主要的承担着文学史、历史学建构的主力。事实是，作家或编辑记者偶尔也涉足文学史这一领域，那也只是因为他们其中的一些人经常游弋于作家、编辑与学者、教授之间，但文学史研究的主要成果无疑仍出于大学的专家学者和教授之手。而当你面对学界和出版界时，你更会发现，中国现代文学史上的批评家、小说家、诗人如鲁迅、闻一多、俞平伯、钱基博、钱锺书、刘大杰诸先生，以及游国恩、王季思、林庚、李长之、萧涤非、余冠英、季镇淮、谭丕模诸先生，在一定意义上说都是"学院派"和"学院派批评"家。他们都有文学史和文学史论著作传世。这说明，仅就古典文学研究的生命内核来说，它的创造性价值，它的系统化、理论化、知识系统和科学精神以及积极追求新知的品格，主要是或恰恰是通过职业的、理性批评体现和实现的。而在今天，"新学院派批评"已经在建构中。几年前我有幸参加这一问题的讨论，我更加深信"学院派"的生命力和它的不断更新给予它的动力。为此，"新学院派批评"必定在文学史建构中发挥以下优长：

一、在批判地继承中国传统朴学的基础上，集其大成创立文学史研究的新历史主义方法。它的特色是：以真实为基础，以考证为先行，联系和扣紧文本的外在因素（时代、环境、影响、作家生平等），同时保留对文本本身的审美品位和艺术的敏感与直觉。这是一种智性和灵性结合的新实证主义。

二、决然排斥用凝固的理论模式或死板的知识，先验地框住鲜活的艺术生命，而是将自己关注的对象置于广阔的文化背景上，进行严谨而有序的历史的美学的透视，努力从本学科与相关学科的互补中，发现和阐释文学史发展过程的诸多问题。

三、将思想家的冷静和艺术家的感悟以及解剖家的精心结合起来，用清爽的知性滤选阅读行为，进而转化为一种形而上的思考与明晰的表述。

四、始终保持学者型的求真求实的态度，不玩五花八门的

"流行色"，而是贯注以科学的实证性，同时又熟练地把传统的重意会和现代的阐释学、重言传有机地结合起来。

五、对关注的文学现象不作居高临下的裁决，将重心放在建设上，以立为中心。在与作家与文本进行对话和潜对话时，处于平等地位，同时又保持适当的审美心理和理性情感距离。以自如而又清醒的态度面对对象，为读者建造一条心灵通道，即文学史对象——→文学史家的话语——→读者的感悟。

六、无史之论乃无源之水，无论之史只能是一盘散沙。坚持论从史出，史论结合，互相印证，相得益彰。

我认为"学院派"，特别是"新学院派批评"正应建立这种文学史的学术价值、科学态度、理论意识、革新精神和主体特征。这是一种既不谋求史论的话语专制，又力戒专横学阀作风的态度，是一种真诚、豁达的力求知识广博，且志在不断探索新知的新的文学史建构的风度，又是一种将历史的、审美的、哲学的、心理的、道德的诸多因素融合，并激活当代人新鲜智性、灵性和创造力的建构。

2000年10月

# 重读名著实验（一）

## ——《汉宫秋》第四折心解

从《汉宫秋》第三折中我们已经领略了马致远剧诗的美学风韵。诗人写剧，剧中有诗，诗中有剧，此已高常人一筹。但出自诗人之手的剧诗还有别具一格的特质，即他的剧诗是内在生命与气韵的和谐一致：他发自内心，顺乎天籁，是美的追寻者，梦的呼唤者。因此，《汉宫秋》一线贯穿，充满着智性与玄思，在冰山表层下潜沉着厚重的文化底蕴，但跳跃出来的已经是满载着历史郁结、忧国忧民和上下求索的不倦航渡。把握到这一点就不会感到第三折已经完成了剧诗的主旨，把第四折看成多余的赘疣了。恰恰相反，只要我们深一层次地探寻第四折荡漾其中的心灵旋律，即不难发现，它不仅仅是主人公悲剧情愫的表象展现，而且是面对郁结与焦虑的心灵突围。作为形象符号的汉元帝的悲情，实质上正是马致远的历史的反思和心灵的叩问。

在这一折中，描述性意象是剧诗作家带着强烈的情感，对物与景进行描绘、摹写而成的。这些意象都是主体情思与客观外景的结合物，即"因心造境"。因为主人公内心的积存首先表现在记忆的积存上，而这种内心积存又表现为多重性积存，那些生活场景的、人物命运的、形象记忆的、心理刻痕的、心灵体验的，它们拂之不去，自然流露。结果，一个触媒，就是一次震动；一个闪念，就是一个启示；一句词语，也能引发心灵的悸动。试想，在六宫人静之时，悲情与愁绪油然而生，难以排遣，挂起了昭君的图像，观望良久，感受的是更深切的刻骨铭心的悔恨和悲怆。炉香燃尽而思绪难尽，进入梦境后又是昭君仓皇出逃和番卒紧追不舍的惨景和苦况。梦的飘忽不定，短暂虚幻，模糊无序，又一次印证了它的因情而生。这真符合了荀子所说的，梦是想象的方式，也倒符合《淮南子》所言，梦是记忆的方式。

当然，第四折点题的核心手段，乃是马致远的拟情性意象的出色运用。所谓拟情性意象，就是用托物、拟物、比兴等手法将抽象的、不可见的情感具象化而产生的意象。孤雁长鸣在《汉宫秋》中的运用正是托物寄情的典范。请听：

> ［白鹤子］多管是春秋高，筋力短；莫不是食水少，骨毛轻？待去后，愁江南网罗宽；待向前，怕塞北雕弓硬。

孤雁无力，南归愁罗网，北去惧雕弓，只落得在宫门外上空不住啼鸣：

> ［上小楼］他叫得慢一会儿，紧一声儿，和尽寒更。不争你打盘旋，这搭里同声相应，可差讹了四时节令？

在这里，你不得不惊诧马致远剧诗艺术中的多向度的运用：昭君图像、惊心梦境和孤雁长鸣与人物悲情融合为一。它质朴而又明晰，平易而又亲切，流露出令人心悸的单纯和生动。它把人类对情感的咀嚼、体验、感悟、喟叹提升到了一种诗意境界，而又不使其陷入狂热的情感漩涡中。他的忧伤、郁结是有距离感的，这是一种从从容容的痛苦和淡淡的哀愁。人物与飞禽，声音与画面，视觉与听觉都进入了更高层次的混合交响。这一交响的基本张力与成为戏剧性高潮后的尾声的张力交汇成第四折的心灵绝唱。

谈到绝唱，那是因为在《汉宫秋》中就包孕着主人公蚀骨销魂与肝胆俱裂这两种相系又相悖的感受。如果说，前两折有"发现美"的意味，那么第三折就是美的毁灭，而第四折则是对美毁灭后的深深失落感。这种写法在修辞学中被称为"矛盾形容法"。它形成了整部作品的总体张力，并散布到构成文本的各个重要因素上。

更体现气韵生动的是，马致远又把笔锋一转，写出了汉元帝，由己及人，发出了心灵深处的颤音：

[幺篇] 你却待寻子卿，觅李陵。对着银台，叫醒咱家，对影生情。则俺那远乡的汉明妃虽然薄命，不见你个泼毛团，也耳根清净。

[十二月] ……汉昭君离乡背井，知他在何处愁听。

在悲凉的情调上，或回肠荡气，或高入云霄，都体现了哀歌的魅力。回顾第三折，主人公在对尸位素餐的文武群臣的谴责批判后，这一折真不能不看作是激情哀极的哭灵了：其声呜咽，其情苦涩，是典型的灵魂绝叫。

摆脱痛苦，倾诉往往是最有效的解决方式。可怜的男人需要慰藉，也就是需要倾诉的空间。正是在这里，我们读出了汉元帝的当然更是马致远心灵的那份幽深的孤独。也是通过这一折，我们才更完整地领略到全剧呈现出的诗人更完整的生命与更深切的形象。

总之，《汉宫秋》对汉元帝这个形象符号的重点式的抒情处理，这就在感情上最大限度地贴近了普通人的生活状态，使观众和读者在体验亲情的同时感受到由此而带来的撕心裂肺的悲情。当然，它同时又令人获得一次感情上的审美化升华。

马致远的剧诗和他的散曲一样，出语天然，风致嫣然。他的作品以丰美的意象和优美的旋律著称，究其原因，原来马致远像以他那颗真诚的心感受世界那样，始终以一种孜孜矻矻的态度撷取外部世界的光影、声音、色彩、旋律、质感来酿造诗化世界的多彩意象，以博得读者对自己诗心的共鸣。

马致远这位用生命写诗和把诗视为生命的伟大诗人，无论是他的散曲还是剧曲，无论是内容还是形式，都极具磁性。它使人在心灵悸动时，感受到了诗和生命的交响。于是，我们再一次领悟到，《汉宫秋》既是一部历史故事剧，更是一部带有强烈个人化色彩的情感戏。

2001年6月

# 重读名著实验（二）

## ——《高祖还乡》心解

　　文学作品具有两重性，这就是，一方面它是一种具体的意识形态，另一方面它又是超意识形态的抽象形式，即一种符号。文艺作品的艺术魅力之生成，其秘密正在于审美欣赏过程中作出的观念性向符号性转化的运动。睢景臣《高祖还乡》中的刘邦是一个艺术典型。作者通过这个艺术典型，调侃、讽刺了汉代的刘邦，又鞭挞了元代的皇帝们。但在我们欣赏这意象过程中，它又一步步激发我们展开经验的联想，从而，"这一个"刘邦形象，或借助"这一个"刘邦形象，我们开始了悟到一种情感表现的符号。正是这种符号的媒介重新创造我们观念中的新的审美意象，于是"刘邦"的形象的"这一个"，成了历代累朝帝王的象征，它不再简单地是哪一个皇帝。于是，睢氏蔑视皇权主义的思想就渗透于具体意象之中，具有了超越时空的不朽的生命力，即进入了"象征意蕴"的境界。"他所讽刺的是社会，社会不变，这讽刺就跟着存在"①。《高祖还乡》的永恒正在这里，它的象征意蕴也正在这里。

　　说《高祖还乡》所讽刺的是社会，社会不变，这讽刺就跟着

------------------------------------------------

　　① 鲁迅著《伪自由书》，人民文学出版社，1973年5月，第34页。

存在，还有另一层的意思。因为睢氏在作品中接触到了一个古代普遍存在而又十分敏感的问题：皇权主义或是忠君思想。

在数千年的中国宗法社会中，"吾皇圣明"，这是一条公理。秦王言法，于是天下人皆言法；汉帝言孝，于是天下人皆言孝；梁武帝言佛，于是国人皆言佛；唐天子好言道，于是天下人就拜老子李耳。正是这种帝王思维，曾以"奉天承运"的至尊意识，带着至高无上的神圣灵光，封闭了全社会的思维天地，以其特有的"子民"观念否定了臣民的主体意识，使他们普遍失落了自我；以其"中央大国"的一统观念，封锁了全社会的视野，使全社会的思维在一潭死水中迅速沉淀而凝固。正是这种帝王思维，以"天子"的角色实行着对"天"的最高模拟。这种原始的愚昧的直觉，完全钝化了国人的思维的锋芒，梦幻般地皈依于富于神秘色彩的"天子"的思维。正是这种帝王思维，以帝王的意志否定了天下人的意志，以帝王的独断取代了天下人的思考。于是所有的臣民都做了"愚民"。当然，中国人也有骂皇帝的，抑或也有一两个揭竿而起，取而代之者，然而，"昏"了一个又一个，便企盼着下一个又下一个。圣明和权威永远属于那一个。这便是历史上中国人思维的悲剧之所在，也是中国人思维的痛苦之所在①。

好了，现在竟有一位出身底层的书会才人，他却通过"这一个"刘邦，蔑视了传统的皇权主义，否定了忠君思想，把由于被剥夺了受教育的权利而缺乏文化知识的村民作为正面人物，让

---

① 参见周毅之等著《帝王思维》，上海人民出版社，1993年3月。

他出面来剥掉皇帝的神圣外衣，于是，整个散套闪现出锋利的政治讽刺的锋芒，而且潜台词丰富。你读睢氏的这篇杰作，你会有一种看冰山在海面上稳稳浮动的感觉，借用美国作家海明威的比喻：这是因为它只有八分之一露在水面上，"八分之七是在水面以下的"①。

像一切事物的发展都有其内在和外在的原因一样，睢氏的带有启蒙意义的反皇权思想也自有其内在和外在的原因。

在元朝特定的政治氛围中，士阶层尤其是江南文人普遍存在着一种心理上的压抑感和失落感，而进取无门的文士尤易滋生厌世和逃世的情绪，比如以周德清为例，他的散曲凡言"志情"，大都回旋着一种压抑的心理情绪，而较少有超旷豪放的逸兴，这与元后期很多南籍曲家的情调基本一致。然而在政治和思想的高压下，知识分子也不会是铁板一块，而是在不断分化：一类投靠权贵，进入庙堂；一类消极颓废，高蹈出世；一类则不屑仕进，自觉或被迫地参加了各式各样的反抗斗争。"义愤出诗人。"生于压抑必有忧患意识，过于"自由"则反而会丧失使命感，消解创作中必要的激情。作家的感受，一般都很敏锐。而在元代，由于人生道路的险巇，更增加了作家们的敏感而沉浸于国家兴衰以及民族命运的思索中去，这也助长了他们思辨的深邃。而民族的矛盾、社会冲突的激化，必然会在觉醒了的成员身上，必然在知识精英的伟大作家身上，激起罕见的热情和勇气，必然会涌现出

---

① 崔道怡、朱伟、王青风、王勇军编《"冰山"理论：对话与潜对话》上册，中国工人出版社，1987年4月，第79页。

成百上千的群众喉舌，他们必然把人民之爱与恨、愿望与理想最鲜明地表现出来，因此在元曲杰作的纸底，大多蕴含着人民群众的郁勃的心灵，蕴藏着他们对于极端专制主义暴政的反抗之音，表现出他们对于当权者摧残文化、压抑人才、颠倒善恶美丑的深沉愤慨，并进而发出某些离经叛道的呼声。因此人们在综观有元一代的文学艺术的杰作时，几乎都感受到了作家们感情的喷薄和气质的涵茹。当然这一切又都是时代狂飙带来的社会意识在杰出作家身上的结晶。彭·琼生曾精辟地称莎士比亚的作品为"本世纪的灵魂"。那么我们也完全可以说关汉卿、马致远、纪君祥、康进之、睢景臣等等也是他们所处时代的灵魂。

事实是，睢氏既未高蹈出世，更没有同流合污，作为时代感应的神经，他以一个诗人的心灵良知和文化良知，以文学为武器，对元朝统治集团予以狠狠的一击，而且以离经叛道的无畏精神对皇权主义进行了挑战。睢氏没有辜负他的时代，而时代也没有遗忘睢景臣，他的作品所发出的回声，一直响彻至今。一曲《高祖还乡》是留给后人的禹鼎，使后期的魑魅在它面前而无所逃其形。

2000年1月

# 考据，不应遮蔽审美视线

## ——读陈寅恪《读〈莺莺传〉》

陈寅恪先生是中国现代最重要的史家之一。1950年他的文集《元白诗笺证稿》问世，此书首倡"诗文证史"。由此陈氏从偏重制度文化史等议题，转向以研究社会风习和时代情感、社会转变中的价值变迁为重点。他的"证史笺诗"以及融文史为一体的新体例史学，被认为是"学术上的又一个里程碑"。而书中的《读〈莺莺传〉》则公认是以诗证史的代表作。文中对元稹及有关人的诗文、背景、古典、今典一一考订，精细入微，是一篇影响甚巨的考证之作。

陈氏从《莺莺传》世称《会真记》谈起，认为真字即与仙字同义，而"会真"即遇仙或游仙之谓也，而"仙"之名既多用于妖艳妇人，又有以之目娼妓的。继而考订元稹乃是"袭用文成旧本，以作传文"；再有，《莺莺传》"假托为崔者，盖由崔氏为北朝隋唐之第一高门，故崔娘之称实与其他文学作品所谓萧娘者相同"。据此，陈氏所得结论已明，即《莺莺传》和张文成之《游仙窟》、蒋防之《霍小玉传》、白行简之《李娃传》一样，都是写唐代进士贡举与娼妓之密切关系的小说。

陈氏此说一出，就我所知，可能是刘开荣先生最先依从附和之，在1950年商务印书馆再版的《唐代小说研究》第四章第四节中就明确地表示：《霍小玉传》与《莺莺传》同是写进士与娼妓的恋情小说，而且着重指出"此谜已被陈寅恪先生《读〈莺莺传〉》所揭穿"。

从20世纪60年代初游国恩等先生主编的文学史，一直到20世纪90年代社科院文研所的"通史系列"皆未采用陈说，而是径直肯定了它的爱情小说的意义。只是20世纪90年代中期章培恒、骆玉明主编《中国文学史》依从陈说，书中几乎不顾小说的具体叙写，认为崔氏非名门闺秀，"其原型家庭地位较低"，并说它"其实很难简单地指为'爱情小说'"。这一论断不仅突兀，而且从文本解读来说，此一看法难以被众多读者接受。因为每一个读者都可以较为明晰地从莺莺富于感情的行为中感受到爱情的音乐和爱情的诗。莺莺致张生的信，正是从莺莺内心深处所颤动出来的爱情旋律，它令读者看到了莺莺的纯真和热切，也看到了中国古代妇女表达爱情的方式。

进一步说，如果我们不拘泥于远离文本内蕴的考据，仅从小说的诸多用语也可看出《莺莺传》并非叙写进士贡举狎妓之作。比如小说中的关键语"始乱终弃"，就不能用之于狎妓行为。记得我早年初读《莺莺传》，对"始乱之，终弃之"这句直接出于莺莺之口的话，就径直地理解为：曾是被热烈追求的和以后又被狠心抛弃的情人的无奈之语。这个问题一放几十年，巧得很，2000年5月20日《文汇读书周报》有朱正先生大作发表，文中涉及对"始乱终弃"这一词语的释义。他说："始乱之，终弃之，固其宜矣。"这是指开始挑逗她，玩弄她，最终是遗弃她，这才叫始乱终弃。古人用"乱"字表示性行为，有一个适用范围，上限是不能包括妻妾，下限是不能包括娼妓，在这两者之间，还不包括强暴。朱氏之辨析对我的启示是：始乱终弃只能是指对曾经爱过并发生性关系的情人的抛弃。

至于《莺莺传》的另一关键语是"为善补过"。一般论者大都从小说假托舆论为男主人公伪善行为辩护这一角度进行批判。其实为了证实小说非进士贡举狎妓之作，倒也不难说明，在大多数传奇中，任何狎妓行为既不存在自我忏悔，也未见"为善补过"的舆论支撑。张文成的《游仙窟》没有这种补过的忏悔，蒋防的《霍小玉传》中仅有对负情者李益的谴责，而并未对其狎妓本身进行否定，至于《李娃传》则更是对妓女的颂歌了。郑生的堕落虽与狎妓有关，但他的成就事业恰恰是与李娃的"呵护"有关，因此也不可能说"为善补过"。只有《莺莺传》因其面对的不是娼妓，而是一个多情的、过分漂亮的少女，所以他才能假托舆论为男主人公的负义行为辩护。

这一切不外是说，即使是信史，对小说研究来说也只能是一种参照。为此，窃以为以史证文要小心，同样以文证史也要小心。

陈氏的弟子周一良先生认为陈氏学术博大精深，但归根结底是史家。他用了十二个字来概括先生，即儒生思想，诗人气质，史家学术。我想，陈氏既然是史家学术，所以他的学术眼光大抵还是史家之眼光。他的"亦文亦史"、文史交融的实践，只能是陈氏史学发展到一个新阶段的标志，而不是文学性的研究和审美批评。文学的研究忧虑的恰恰是取消"文学"，因为任何对文学的消解，都是对文学的研究的致命戕害。

2001年4月20日

# 进行一次考据的实验

## ——给钱锺书先生《管锥编》挑一个小错

中国社会科学院文学研究所钱锺书先生的大作《管锥编》（全四册）的出版，已为中外学术界所瞩目。读后，深感这部巨著既有历史的广度，又有相当的理论深度。它蕴含着作者渊博的知识、精深的学问和学术上的真知灼见。特别是有关文学、修辞、语言、思想、哲学等方面的问题，引证上下古今中外的名著加以阐发，学有独到，多发人所未发，分析精当，说理透辟，称得起珠玉生辉，精彩异常。对于我们这些后学者来说，需要的是认真地学习和相当一段时间的咀嚼和消化。

但是像一切名著一样，钱锺书先生的个别考订和论证，似亦有讹误，比如，本书第四册，《全晋文》卷一一三，关于"中人"的释义，钱先生引鲁褒《钱神论》《全宋文》卷五六檀珪《与王僧虔书》、曹植《当墙所高行》《韩非子·八奸》以及现行谚语，对"中人"的第一义，作了缜密的阐释和精确的考订，实无可争议之处。但是，钱先生进而谈到"中人"的第二义时，却认为清人翟灏的《通俗编》"未察"，近人张相《诗词曲语辞汇释》"亦失收"。指出"中人"的第二义，在元曲中"乃谓勾栏中人，即妓也"①。按，钱先生所引元杂剧《还牢末》第一折李荣祖："二嫂萧娥，他原是个中人，我替他礼案上除了名字（此句钱先生未引，亦未用省略号，今据原剧台词补全——引者），弃贱从良"，又李孔目："第二个浑家萧娥，他是个中人"；《灰阑记》第二折大浑家："是员外娶的个不中人"，只从："嗯！敢是个中人？"大浑家："正是个中人。"除了钱先生征引的材料以外，我们进一步翻检杂剧和散曲亦多有此例证，如《盆儿鬼》第一折有："我撇枝秀原不是良家，是个中人。"另外元散曲家张可久《小山乐府》散套中亦有"料应他必是个中人"的语句。

从以上各条来看，这里所用之"中人"前面都有"个"字，比如《灰阑记》中大浑家所说"正是个中人"，《还牢末》中李孔目说萧娥，"他是个中人"。如果"中人"就是"妓女"完全可以不用加一"个"字，实际上，这里所用之"个中人"并非钱先生前引《钱神论》等文中之"中人"，而应为"个中人"，即通常我们所说的"此中人"之意。根据元杂剧中的通例，"个中人"的用法，多为把他人出身于勾栏中之妻妾，称为"个中人"，《还牢末》《灰阑记》中即是。另外，妓女从良后，把自己原来的妓女身份也称为"个中人"，《盆儿鬼》即是。这种用法与"个中甘苦"即"此中甘苦"，"个中缘故"即"此中缘故"，"个中秘密"即"此中秘密"的语言相同，此类用语还在今天口语中流行。因此，单独的"中人"在元曲中并不作"妓女"解，亦未见把妓女称为中人者，而"个中人"即"此中人"

① 钱锺书著《管锥编》（第四册），中华书局，1979年10月，第1232页。

才是元人讳指勾栏中人，"即妓也"。

正因为如此，我认为在读这些曲文时，不应将"个"字属上读，而应读作"……是：个中人"。如"我撇枝秀原不是良家，是：个中人"。"他原是：个中人，我替他礼案上除了名字，弃贱从良。""料应他必是：个中人。"……如果这样的看法可以成立的话，那么就不能说翟灏"未察"，张相"亦失收"了，也许正是他们把握不住词的准确意义，才采用了慎重的处理办法。

笔者由于读书不多，以上只就"中人"一例，谈了一些异议，当否？敬请钱先生和读者教正。

1981年10月

# 21世纪：以东方文化为主流？

## ——质疑季老

时下文化人似乎都有一点世纪之交的"情结"和对21世纪的激情。对此季羡林先生于前年撰文解嘲式地说："所谓'世纪'是人为地创造出来的。如果没有一个耶稣，也就不会有什么世纪，大自然并没有这样的划分。"①真的，如果国人仍按干支纪年，是不是就减弱了这份激情，或松弛了这份情结，这就真不好说了。

解嘲也好消解也罢，一旦面对即将来到的21世纪，人们似乎就有了几分严肃，有了几分使命感。季羡林先生就把这严肃的使命感归结为一点：21世纪将是东方文化占统治地位的世纪。在他所写的专著中，主编的丛书的序言中，随笔论文和各种座谈会上，我们几乎都听到和看到了这份感言和预言，季老厚重的学术功底，深邃而又广阔的文化视界，乃至他经常引用的警世格言"三十年河东三十年河西"，就使人不能不对他的预言有了几分信任感，而私心也觉得有几分道理。

可是到了1994年底，季老也许感到这种对世界文化走势的先期预言有些太绝对了，或曰太超前了，所以他在当年《北京大学

---

① 《跨世纪中国人该读什么书》，原文载于《中华读书报》1995年5月17日。

学报》上又一次为自己的预言作了解嘲。他给我们讲了大家熟悉的一则笑话，他说几个近视眼，猜匾上写的是什么什么字，但是此时匾还没挂出来。所以季老坦言："现在我的看法变了"，"21世纪是一块还没挂出来的匾，匾上的字是什么，谁也说不准。"看了这段文字，我心中多了几分安慰和宽松：季老智者也。因为他不再仅仅用激情来预测世界文化的走向，而是用理性来思考世界文化走向的复杂性和某些不可预测性了。

季老的话还在我们耳边回荡，《光明日报》忽地又披露了季老的预言，而且更多了几分自信，语气也变得更强直。他说："有人提出，世界文化终究要融合的，我很赞同。但是世界文化到底是以西方文化为主还是以东方文化为主，这是不能含糊的，我认为21世纪世界文化应以东方文化为主流。"看了这段文字，我终于明白季老只是遛了一个弯儿，最后又转回到自己东方文化中心论的情结圈中了。

似乎没有人想追问季老是不是已经依稀看到了21世纪那块匾上的文字，我们更无须刻意挑剔季老用语的武断，仅就季老一两年之间观点的反复或曰出尔反尔，就令我们不得不思考一些问题了。当然在交流意见之前，有一点要说明的是，个人的学术观点"出尔反尔"是无可非议的。一个严肃的学者为了尊重事实，在观点上发生变异乃属正常现象，绝不属学术"失范"。然而值得我们思索的倒是季老的主导思想，那解不开的东方文化的"情结"，是不是很容易搅乱诸多属于文化性质和走向的问题，以及那"情结"背后有没有几分媚俗的地方？

如做世纪回眸，明眼人一看便知的是，20世纪文化走势已突出多元共存的态势，可谓异彩纷呈也。从文化主体的创造者来说，中西皆有俊杰精英之士出现。仅中西方知识分子的人文思想就是对人类精神发展的一份独特贡献，从地域上来说也难分轩轾。至于以强大科技为后盾的电脑文化，我们又不能不承认，从总体上我们还是比较落后的，要想迎头赶上乃至发扬光大也需积蓄力量，有待时日。这本是事实，应不属于文化上的民族虚无主义。

从地域上已约定成俗，把地球切割成为东西半球，而沿袭下来的东西文化也被世人所公认。按毛泽东1920年给周世钊的信中所言："东方文明在世界文明内要占半壁的地位，然东方文明可以说就是中国文明。"这和黑格尔在《历史哲学》一书中所说的"中国是特别东方的"异曲同工。不过，时至今日，要说东方文化，多少还应作些具体分析，不能再简单地把中国之文明就径直代替东方文明。当然，无须回避的事实是，东方有些国家，经济上堪称大国，而其文化，特别是文化一角之文史哲还未见其世纪性的突破，其中所谓实证之学又多撷拾汉学的某些余沫，还难彪炳于世。至于有些尚属第三世界的不发达的国家，在经济落后的同时，也制约了文化的发展，短期内仍亦难有太大起色。那些传统意义上的东方文明古国，从几世纪前就显示出式微之势，新的文化复兴也需等待时日。其原因多多，难以一言蔽之。说到作为东方半壁江山的中国文化，实兼有辉煌和衰败的两重特征，因之，人们在敬仰中也掺有几许悚然。从历史上追寻，多少也和国人科学精神、民主传统较薄弱有关。而现代科学把客观世界及其规律视为"上帝"，但对大多数国人来说，恰正是缺乏对这一

"上帝"的敬畏之心。总之，世界文化的走向是不可能以个人意志为转移的。因此要想使中国文化再度辉煌靠的是国人的自强不息，特别是民众素质的不断提高。

同样，西方国家中经济上的巨人，文化上的矮子也似乎可以列举数国。这就应了马克思的话：文化艺术的繁荣绝不是同社会经济发展成正比的。如果推进一步说，西方的一些文化发达的国家，那"文化中的文化"，也是不平衡地发展的。所以西方文化界中的有识之士也极力想融合东西方之长，来发展自身之文化。"西方文化中心论"的市场在他们那儿也逐渐地缩小。

以科学眼光来观照，文化虽有地域之别，但文化在其最深层的本性上是互相沟通的。比如东方之艺术与西方之艺术的差异只不过是人类精神在不同方位展现的不同侧面罢了，没有必要争个你短我长。历史早已证明，任何一个国家所创造的具有生命力的文化艺术都是属于世界的。更进一步说，人类精神现象史，需要从东西南北各个方位来观照，只有如此，庶几可以看到人类文化创造的价值和创造文化价值的伟大成果。世界文化历史一再证明只要是先进的、科学的、优秀的，一句话，只要是有益于人类社会发展的文化，人们就不会问国别而接受之，反之，则会被拒之于国门之外。我想，鲁迅先生倡言"拿来主义"和"求新声于异邦"应是建立在这样的基础上而提出的吧！

巧得很，在我想写中西文化这则随笔时，我读到了我的一位求学于加拿大的年轻朋友的一篇随笔小文，题目就叫《我看东西方》（见《环球文萃》1996年8月18日）。我很同意她的意见，另外我也欣赏她引用的吉卜林那首名诗《东西方歌谣》，现不妨转引以飨读者：

> 噢，东方是东方，西方是西方，
>
> 它们永远不能会见，
>
> 除非天空和大地同时站在
>
> 上帝的裁判席前；
>
> 但是，世界本来不存在东方
>
> 和西方，也不存在边界，不必分
>
> 人种与血缘
>
> 当两个巨人面对面站在一起，
>
> 尽管他们来自地球的两端。

　　贺兵小姐引用的诗，其实是西方有识之士的明智之见。历史发展到了今天，特别是发展着的历史，全靠着人类不断总结，不断交流，东方吸取西方的，西方吸取东方的。当今这个一切都在变化或可能变化的时代，东方人尤其是东方的知识分子，千万不要因为西方文明的某些危机和东方的某些成就而沾沾自喜。世界不是西方为中心，但也不是东方为中心，未来的世界是多元的，绝不应是文明与愚昧并存的多元，该消亡的，谁也无法挽留，不该消亡的，自会生存下去。

　　21世纪将是什么文化的世纪这类的独断命题是一种过时的思维模式所导致的自大的也是无的放矢的结论。由文化差异趋向文化认同，需要文化沟通，刻意鄙薄哪一种文化都不利于展望21世纪的文化走向。

季老早已年逾古稀，敝人也年逾花甲，但我想，我们都有一个不争的心愿，即企盼着看到21世纪挂出来的匾是色彩斑斓的、辉煌的。

1996年8月29日

# 《名著重读》跋语

人们常说，知识分子安身立命的人生关怀不外乎三个方面，即社会（政治）关怀、文化（价值）关怀，再有就是知识（专业）关怀。后二者常常使学人对自己对他人的学术成果看得很重。买书看是看别人如何思考，想出版自己的书，则是想把自己的思考传达给别人。但而今学术著作出版难于蜀道，学人又多碍于面子不愿托钵募化筹措巨资。所以时下有一些学人写作的心竟也渐渐地冷了下来，想出书的心更冷了下来。记得1994年我在一位出版界的老同学的帮助下出了一本小说戏剧研究自选集，后来尝到的苦果则难以言说，所以曾发誓不再写作。可是，在旧轨道上跑惯了，痼疾又难医，在读书后每有意见要说，而有些老朋友不时约稿，也觉得盛情难却，更不用说为生存计，所以还是抽空写点极不系统的东西。令我惶遽不安而又喜出望外的是，河北教育出版社负责人责成刘辉小姐向我约稿，对他们的信任我是难以用一两句话谈清的。作为一种真诚的回报，我将不忘记费希特在其《论学者的使命》中的警告："基督教创始人对他的门徒的嘱咐实际上也完全适用于学者。你们都是最优秀的分子，如果最优秀的分子丧失了自己的力量，那又用什么去感召呢？如果出类拔萃的人都腐化了，那还到哪里去寻找道德善良呢？"我当然不是优秀分子和出类拔萃的人物，但我不敢忘记作为一个知识分子应有的立场：不带任何功利目的和职业因素，而只是从学人的使命、良知与感悟出发，去审视精神同道的历史命运，去寻找文化人格的理想境界。我也不会忘记我的一位年轻朋友的话：对于知识分子而言，没有比满足于现状更让人忧虑的事了。是的，我们再不能满足现状了。对于我来说，虽依然难以宁静致远，心浮气躁的毛病也很重，但作为一个学人，我深知自己需要见贤思齐，反躬自问并奋起直追。

最后要说明的是，本书收入了三篇怀念我的几位恩师的文章，其意甚明，就是宁愿舍近而求远，仍希望问道于灵界，问道于我所敬重的导师。他们生前或是勤于修身，或慎于立言，所以我清醒地知道，即使到了我这个岁数，要真的寻得真传，只能不断地细细地品味他们的整个生命。

1998年3月

# "随笔热"中试随笔

出版社邀我加盟，也来自选一本文史随笔集，这使我有些惶遽。因为我已度过六十六个寒暑，除在学校学习外，我一直没离开过教书这一行，实在没有用心写过随笔。我虽然喜爱随物赋形的散文佳作，还曾研究过随笔体的历史沿革和当下之态势，但是却没写过像样的、"规范化"的随笔。近年又发现，随着随笔热潮的涌动，舆论界颇多微词。仅就视界所及，就有两篇态度率直的文字让我动容。一篇径直题为《世无大家遂使小品流行》，一篇则是借用名家论文中的话，题为《说了四十年的散文》。两篇杂感，虽有偏激之词，但语多深中肯綮，即使后一篇还引用了我们熟悉的而又有"深刻的片面"意味的名言"散文是一种糟糕的必需品"①用来调侃。我认为也属清醒剂一类，极有利于明智的随笔作者增强自审意识。至于"世无大家"云云，也无须多作议论，历朝历代辉煌史册上又有几多"大家"？其实，在当时可称为作家的也许上百乃至上千，然而一经历史的淘洗，就变得屈指可数了，而载入文艺史著者，就只是那凤毛麟角的几位，这也

---

① 1987年诺贝尔文学奖获得者约瑟夫·布罗茨基在《诗歌是历经坎坷的女性》的访谈录中所说。

算是不争之事实。话又说回来，红花也须绿叶扶，凡能衬托"大家"者其功亦不可没。从微观上说，历史上每一位真正的作家都是文学史的一部分。即使影响很小的作家也如丹纳在《艺术哲学》中的比喻，是属于"一片低沉的嗡嗡声一样"的齐声合唱。更何况，不经过几轮比较，"大家"者也还真的难以拈出来。像我这样不在作家圈的人，虽偶尔通过杂感一类倾吐一丝心绪、一缕情愫，却绝不认为随笔易写，更遑论写好了。所以宁肯花费大量时间且明知稿酬菲薄而去写长文厚书以藏拙。

窃以为真正值得探究的，应是随笔为何如此热起来。仅从表面看，也许随笔比之于文学中的其他文体似更可以明快地直抒胸臆，而状物叙事也更显便当。举凡记人生旅迹之坎坷，游思之断想，描山绣水以记异域之风光，品艺衡文和序跋书简等等，几乎无一不可入随笔之中，所谓腕底波澜，纸上烟云也。如果把话再说白一点，随笔只须从一点一面切入，无须建构庞大之学理体系，而读者正是从吉光片羽中见真情见精神见韵致。当然，随笔之佳处与败笔也最易显露，且掺不得水分，更掺不得假。作为随笔的爱好者，我的感觉就是，诸多写家常常成于斯亦败于斯。

如果把"随笔热"再往更现实性方面推想，就会发现又一个普通的道理，即你写任何形式的作品，只要想面世，并进一步想同他人对话，就得需要一个"载体"或是一个"媒体"。而恰恰于今日，虽报纸杂志如林，令人目不暇接，不管是雅的俗的，严肃的流行的，精英的大众的各类刊物，只要想销路好，几乎都拒绝长文（专门的学术性刊物除外），成本大套的再也不吃香了。而刊物几乎都是旗帜鲜明地表态，文章越短越好，比如一张报纸的副刊绝不允许被两三篇作品占据，而必须在四五篇以上才算合格。这当然是为版面的活泼、增多信息量和适应读者的各种口味以及快捷的阅读方式而考虑的。所以，仅从需要两字就可看出，随笔小品就有了得天独厚的优势，于此也恰好为随笔的写作者提供了广阔驰骋的空间。事实正是如此，若把写与读两个角度综合起来看，仅文学中的随笔一角，作家写、学者写，连文学爱好者也愿在这个领域试笔。至于随笔所拥有的读者群更是大矣哉，切不可低估。

我对随笔还处在学习与观察的阶段，事情却又如此蹊跷，由来公新夏先生积极推荐，我这个绝非专攻写作的教书匠，竟也忝列文史随笔丛书的作者之一，在惶恐之余，却也被调动起了几许热情，并忙不迭地搜检历年积存和部分新作，抽取尚有可读性者七十余篇，共得二十余万字。它可算作随笔热中，一个圈外人对随笔进行试笔的汇报，更准确地说，它是我企望敲开随笔写作大门之砖。尽管我深知随笔极讲究文笔的风韵和诗意，然而要达到这一境界又岂是一朝一夕就能练就的呢？而来公新夏先生为扶植晚生，特为拙稿赐序一篇，这才为我平淡的卷帙平添了几许厚度和亮色，我的感与愧绝非一两句话能说尽的。

至于现在的书名，那确实是我面对人生与学术的一种真切感受。我早发现，"四十而不惑"乃虚妄之语也。人生与学术并非和年龄同步，更往往不成正比。事情的另一面是，年龄一旦趋于老化，思维定式、思维惰性几乎是不可避免的。远的不说，仅就我十几年来对《金瓶梅词话》《儒林外史》的研读，就觉得越来越困惑了，特别是想深一层次地把握它的文化底蕴和叙事模式的转变，就几乎难以命笔了。扩而大之，在文学艺术研究领域，我的困惑多于明晰和洞观。在心态上，我既不安于自己的研究现状，而又不善于变革更新；既想追求开拓，又深感惰力的沉重。总之，矛盾的文艺世界，矛盾的我，以致使我深切地体味到客体的无奈与自身的无奈……

至于面对复杂的人生，现今不存在困惑的人，可能不太多了，尤其是富有良知的人文知识分子，特别是到了我们这把年岁的人，困惑几乎是命定的必然。所以，"走进困惑"既然是我一个相当时间里的心态，那么把书名径自题为《走进困惑》，也算是真诚地向读我这本小册子的朋友袒露自己的一种心绪吧！

1997年3月6日

# 结束教书生涯前的自白

## 一

在一个不算短的时间里，我也没能弄清自己为什么会这样急匆匆地想编一本自选集！因为既没有哪家出版社的热情约稿，也没有亲朋至好的极力敦促，既不存在学界的好意嘘拂，更不是自己觉得有什么可以自鸣得意的力作，想再度公之于众……我几乎只是在检点文稿、拉出细目，想写一篇编后记时，才静坐窗前，凝神沉思，想回答自己略带点荒唐意味的"举措"。好像想了一大阵子，自己才恍有所悟：人寿几何？现在华发频添，已皤然一老叟矣！所以自然地想到了那不久的将来！

虽然我一直在努力克服那自作多情的痼疾，可是每想到在我困顿时给我以帮助，在绝望时给我以慰藉的男男女女老老少少的朋友们，我总以为，我无以报答他们给我的情意于万一。一介书生，一个名副其实的"教书匠"，又能给他们留下什么"念想"呢？环顾斗室，除了必要时可分赠给他们一些我的并不值钱的藏书以外，又还能有什么呢？编本自己的书送给朋友是不是一种方式？

坦诚地说，我也想过，在我的四十一年大学教书生涯中，其冷清、苦寂和单调，又非专操此业者所能全然了解。我当然并不排除有很多优秀的杰出的教师为自己能执教一生而感到幸福和骄傲，但教书生涯之于我，我得承认，我确实缺乏那亮色的一面。因为这也许不是唱高调能说得清楚的。所以在我即将结束教师生活时，我是想到过用某一种形式给自己漫长的也是极端清贫的生活画上一个句号。极而言之，在我内心深处，不乏一种对我那苦涩一生的"自祭"，为自己当一辈子教师，在心灵上留下一点点抚慰。

## 二

现在有一句时髦的话，叫作"寻找自己的位置"。这话端的不错。在人生的坐标上，每个人都有一个点，即自己的位置。有的占天时地利人和，不费吹灰之力就到了自己的那个点；有的徘徊不定，不知往何处去；有的充满幻想，总以为等待他的会是鲜花簇拥的芳草地；有的历尽艰难困苦，走了很多弯路，付出很大的代价，最后也未必能如愿以偿。但不管怎么说，寻寻觅觅的过程会给人丰富宝贵的经验，在以后寻求中不断校正方向，从而找到自己的立身之地。

在"寻找自己的位置"上，我也不能例外，尽管那"寻找"是极模糊的。虽然我有自己政治生活的经验（当然不是做过官），社会生活的经验，私生活的经验，可是我早就有一种精神准备，我一生都不会成为一个特别有造就的人，那也是因为我从来没有刻意追求过什么。在进入"知天命"的年龄时，我就较为清晰地感到了自己诸多的困惑、迷茫和无奈。我也曾有过梦醒后的振作、憧憬和追求。我似乎较少沉湎于梦幻之中。因为从表面上看，我似乎过分感性，其实在我寻找人生位置上，却始终理性地摆脱各种虚幻的干扰与束缚，因为过去了的生活告知我，它从来就不实际。不过我又从不颓唐，我信奉普希金的箴言："厄运的姊妹是希望。"

这一切可能和我们这一代人的人生际遇有关。自打上大学那一天，我就开始了"风雨人生"。几多洗礼，几多磨难，使我既看准了人生的方向，但不时地又缺乏必要的信念，尽管我也懂：信念是人的灵魂。

不过，我很快发生了一个大转变。我突然觉得我的人生道路和我的性格有着太多关系，由此千百倍地欣赏德国浪漫主义诗人诺伐利斯的名言："性格就是命运。"尽管后来我知道他的话只是哲人赫拉克利特说的"一个人的性格就是他的命运"的缩写，但我仍喜欢老诺说得明快。真的，我终于发现，我的个性，注定了我的悲剧性的命运。我真应了凡·高的"痛苦便是人生"的谶语。

我自认为我真诚，少面具，然而我常不为人所理解，且得罪了人而无所知，这是不是就是所谓言辞无锋亦伤人？我办事不算不认真，但常因判断不清而误陷泥淖；我不时拍案而起，但又常常自责：充什么英雄好汉？我一旦胆大妄为，即刻受到无情的棒喝；我热爱自己的事业，想有所奉献，但"个人主义"的判词，往往使我无地自容；我缺乏对物质享受的追求，希望能不时得到些微的精神慰藉，但我的潦倒使我曾有过难于糊口的岁月，而不得不为生存而卖掉部分灵魂；我不乏幽默，也常为人们带来欢笑，但独处一室时，悲凉之雾立即遍披于心；我热爱质朴与自然，追求本色，而得来的是花花哨哨的訾议；我自知才识平平，心虚得很，但往往无端招来嫉恨；我不乏宽容，但常不懂制怒，而埋下了不和谐的种子；我常为情爱而不能自拔，而美丽的光环常使我毁于一旦……这矛盾的性格，这尴尬的人生，几乎贯穿于我的大半辈子。我对自己的这番鉴定，目的在于说明：我的一颗不安定的灵魂，我的永难成熟的禀性，使我很难安下心来，进行孜孜不倦的学习和对学术的韧性的探索。仅就读书一道来说，时贤有所谓三境界一说，即吞、啃、品。我的读书一般只是在有限的书籍中生吞活剥、囫囵吞枣一番，既不可能咀嚼消化，更不能完成将死的知识化为活的血肉过程。至于焚香沐浴，如饮醍醐的品味，就全然不能做到了。因此，有人批评我做学问不扎实，我总能恝然置之，因为这大半是事实。

我本不懂"沉默是金"的真谛，但隽思妙语和议论风生又与我绝缘，然而今日所谓的"侃"，却对我具有极大的诱惑力。一经"侃"起，即往往忘倦，为此也曾引来有洁癖的人的秽词恶语的诅咒。然而，我不敢对朋友隐瞒，"侃大山"也好，"聊闲天"也好，它无疑是对我学习上的不足给予了必要的营养补充。它不仅扩大了我的人生视野，还激活了我的艺术心灵。所以侃友之于我不啻为导师，是生活教科书。

以上说的是自己内在人文素质的欠缺，算是内因吧！再说外因。

我想我们这一代人没有谁能摆脱得了时代和政治的影响。法国结构主义和符号学家罗兰·巴特一篇《法兰西学院符号学讲座就职演讲》，就把高等院校看作世外桃源，他认为"在这里除了研究和谈话别无他务"，"在这里干脆是权势的消除，是权势鞭长莫及之处"。可是在中国，其实大学里的教师可没那样潇洒又轻松，即使在今天，学校"是权势鞭长莫及之处"也大半是一种不太容易实现的"梦想"。

这里，我突然想到一则历史故事。有一次拿破仑跟歌德谈到悲剧的问题，他说，古代"命运"这一概念，现在要由"政治"来代替了。他的意思不外是说现代支配人们命运的东西，主要就是政治。我认为拿破仑的话讲得很深刻。当然不能由此就说人的命运完全是政治来决定的，文艺或学术就完全从属于政治。这里的问题是怎样看待政治。

社会上有为数不少的人厌倦政治，有人甚至服膺那种笼统地把政治说成是"肮脏的手"的说法。其实这是未能分清好的政治和坏的政治。我想较为准确的说法应当是：政治从来有好有坏，坏的政治是最大的恶，而好的政治则是最大的善。前者当然是最不道德的，所以它最龌龊；后者是最道德的，所以光明正大。坏的政治可以谋杀千百万人；而好的政治，却足以使千家万户安居乐业，丰衣足食。

几千年来我们一直生存在文化中心主义的历史语境中，可是曾经有段时间教师不仅失去了万人景仰的辉煌，他们创造的价值也不再是社会至高无上的价值。所以绝大多数的教师面临着严峻的考验，也面临着内心的焦虑和精神的失调。我想走过这条路的人都能记忆一二。其实学人的使命，正就是要通过平等自由的对话，争取心的理解、同情和升华。而这是需要一个过程的，也是需要时间的！普希金说过："谁在生活中没有忧郁和愤怒，谁也就不会热爱自己的祖国。"

历史中荒谬错乱的一页已经翻过，缓和的曙光初露人间。对于一个教师来说确有劫波度尽、梦回酒醒的感觉。我默祷着：往者不谏，来者可追。相信改革开放的社会总有一天会比今天和过去更强有力地要求文化、渴望文化、创造文化，现代社会必定会掌握在有理想有道德的知识分子手里，人文精神必定得到重建。

## 三

文字生涯伴随教书生涯，冷暖酸甜自知。我清楚了解自己的大部分文章，多是信口吹来，随风逝去，因此从不珍惜。个别文章偶有知音，肯加倾听，自然也会高兴一大阵子，但那不过是满足一时的虚荣心，以后很快忘却。至于像《说不尽的金瓶梅》那本小册子所挨的批评，它使我感到和对手没有对话的起码基础。我只在为小说的研究上的僵化感到万分悲哀和无奈时，浏览一过，就把它束之高阁了。

然而今日把有些文字掇拾排比、编成目录以后，却真的有点爽然若失了。我发现自己认为可以凑合入选的文字，几乎都是近十六七年写就的。也就是说1978年以前写的，今日一观，立即汗颜。这说明，我的真正的文字生涯实际上和我的教龄不成比例。按一般情况来说，在大学任教，多半兼搞科研，科研有了些许成绩，就会促使教学质量的提高。我在教师中是属于手勤的一个，偶有所得，必定命笔，有时为了糊口，还尽快把它推向社会。可是用现在的眼光一加审视，才发现可以称之为学术性的文章真是寥寥无几。即使发表在学术刊物和所谓国家级报纸上的文章，当时似乎还产生过一点点影响，今天一看，大半充满了教条和僵化的气味。这次索性全部删去，无一篇入选。它们都缺乏我这个年龄应具备的水平。这倒也好，它可以用文字证明，我的严肃的科研工作不过只有十几年的历史。因此，我只能属于学术研究的新手，我的不成熟也是必然的。

一般来说，从事古典文学教学的人，大多对诗词曲文小说戏剧都应有所研究。我也因教学的需要写过一些解读古典诗词曲和散文的所谓赏析之作。但由于工作的需要，当时南开大学中文系成立了古典小说戏曲研究室，我就开始专门从事小说戏曲同步发展的研究，而很少涉足诗词曲文的学习、讲授和研究了。另外，我也不否认我对中国小说戏曲的情有独钟。因为作为叙事文类的小说戏曲多是人的内心潜层的风景线，是灵魂的地理学，我乐意探索小说家和戏曲家们的"心史"，所以我在对自己的科研工作画上一个小小的句号时，我只想把自己对小说戏曲的体悟奉献给关心我的朋友和读者。

这本小书很快就要敬呈于朋友面前了，我真有点思绪万千。我陡然想起了席勒在《强盗》第一版序言里的一段对他的读者所说的话："谁要是肯这样公正地对待我，为了我，为了了解我，而把这部书读下去，那么，我就可以如此地要求他，他不必把我作为一个诗人来赞赏，而是把我作为一个正直的人来尊重。"在这里我想移来用以请求我的朋友，您是不是能了解我？当然这段文字用之于我，其中称谓和某些用语定要改变一下，即把"诗人"先改成"学人"，再把"赞赏"和"尊重"改为"理解"，这就是我的衷心愿望。

司汤达在给自己写的墓志铭上说：

　　写过，爱过，活过。

我想我们都是这样的。

1994年4月8日

我和老师

# 灵前的忏悔

## ——我心中的李何林先生

灵堂，恩师安详地睡在松柏花丛之中。

被泪水模糊了的眼睛，凝视着我永难忘怀的面孔。但沉痛的人流不允许我再停留片刻，然而就在那极短暂的一瞬，我真想匍匐在他的躯体前，向我的恩师作最后一次的忏悔。

我像很多南开人一样，承受过李何林先生的恩泽，或者在一些人眼中我还曾是他众多的宠儿之一。可是再没有比我自己更清楚，我恰恰是先生的不肖弟子，也再没有此时此刻我感受着的那种撕心的愧疚和负罪感。

往事如烟。但是刻在心灵上的往事却永不会淡忘。

1954年我刚刚毕业留系工作，就碰上了全国性的批判胡适唯心主义思想的运动。当时系里教师还不多，开会总是把各组合在一起。李先生的习惯是既主持会议又总是第一个重点发言者。那天的会是第一次批判胡适的文学思想。先生开宗明义地说：胡适有功也有过，今天主要是批判他的过，但也不能就说他在五四时期什么贡献也没有。比如他提倡白话文，比如他承认文学是表现人的思想感情的。当时，凭着我在四年大学政治运动中培养的嗅觉，我立即觉察出先生的发言"不对味"，觉得必须反驳。我抓住先生肯定胡适"文学是表现人的思想感情的"一句话，大做文章。我凭着自己那点可怜而又浅薄的文学理论知识唱起了"反映论"的高调，论证起文学是社会生活的反映，用以批驳文学是表现人的思想感情的"错误"说法。一场争论就由我挑起了。先生凭着他的认真、执着的态度，我则依赖着少年气盛，争得两个人都面红耳赤，而且各不相让，弄得在座的教师都很紧张，几乎没有一位老师发言。整整一个下午的会就被我这个浑小子冲散了。事有凑巧，当晚我因急性扁桃体发炎而发起了高烧，第二天的会我没有参加。黄昏时分，先生推门而入，从兜中掏出一支体温计而且摸了摸我的头，给我试起了体温，嘱咐我好好休息两天。他走后不久，二先生（我们都亲切地称李先生的胞弟为二先生）提着饭盒给我送来了热乎乎的白米稀饭和小菜（当时我们住的集体宿舍离李先生家有四五十米），并说李先生的意思是这两天先不要到职工食堂吃饭，每天会给我送稀饭来的。听到这话，看到那盛得满满的白米稀饭，我的眼睛湿润了。由衷的悔愧使我在二先生刚刚走后就爬起来给先生写了一封信。信中检讨了自己不应自以为是，在会上大吵大闹，惹先生生气，并表示愿意在一定场合向先生公开道歉。第二天清晨二先生来送早点，我把信恭恭敬敬交给二先生，求他转呈先生。刚到中午二先生又来送饭并带着先生的一纸手书，信上说：他根本没有为会上的争论而生气，争论是正常的事，无须向他道歉。信的最后有一句最使我震惊的话："我从你身上看到我年轻时的影子。"这是我第一次感受到先生的博大磊落的胸怀，他的心真如大海！他并不以我在众多教师面前给他难堪而介意，而且以理解年轻人的态度看待我的缺点，他的温和的批评又带着某些自谦，他没有以一系之长的姿态来压制我那幼稚的积极性，他是用真正平等的态度来看待我的，而且是那么亲切，我油然产生一个念头：这就是我寻找的父亲般的导师！1983年鲁迅博物馆为先生八十大寿举行庆祝会时，我代表当时我所在的中文系在会上做了发言，我脸朝先生，重提此事，先生面带笑容，点了点头，似还记得这件在他看来只是有趣的小事，然而对于我，这却是一件大事。从这件事开始我才逐渐学会怎样对待我的学生：要有一颗爱心。

批胡适与批俞平伯先生的《红楼梦》研究的资产阶级学术思想是同步进行的。一次文科几个系在图书馆开批判会，我记得非常清楚，当时第一个发言的是郑天挺先生，他拿着卡片做了一次非常精彩的学术性发言。紧接着，我不知道自己是出于历史使命感还是想出风头，竟然面对一百多位文科教师，做了一篇关于《红楼梦》的世界观与创作方法的大"文章"。开始自我感觉颇好，但很快发现与会者似都陷入茫然的境地，发言结束，我确实有点尴尬。在场的李先生好像发现了什么，在我刚发完言，就说："刚才小宁发言的中心意思就是《红楼梦》的作者的世界观是矛盾的，有进步的一面，也有落后的一面，这就决定了他的创作也是矛盾的。"不仅几句话就把我要说的意思交代清楚了，而且给了我一个台阶，没让我在广大教师面前过分出丑。当时我就深切地感到了这是老师对自己的学生的另一种爱。

后来市里准备召开一次批俞大会，点名让俞先生的得意弟子华粹深先生参加。华先生显得有些紧张，先是找我谈，问怎么"批"法。我当时顺口说了一句：让您参加市里的这个会，就是让您和俞先生划清界限。言下之意是希望华先生顺应一下"潮流"。华先生当时面有难色，我出主意说，到李先生家问问。当华先生请李先生"定调"时，李先生头一扬，不加犹豫地说了几句："批俞先生是批他的学术思想和研究方法，也不是让你交代和俞平伯的师生关系。"第二天我同华先生到市里开会，华先生果然是按先生的意思发了言。一位市领导在总结时不指名地批评了华先生，意思是华先生没能从思想感情上和俞先生划清界限。然而事实证明，当时我以我所领会的领导精神，给华先生出的是个馊主意，而先生却出于中正，保护了华先生的一颗忠诚的心和高贵的学术品格。

过分地认真，在先生的性格里构成一种强烈的色彩，那就是耿直、中正、磊落，而因此带来的缺点则是执拗。在鲁迅小说《药》的结尾的寓意的争论上和众多学术问题上，多少体现了他的这个特点。然而学术可以如此，政治却是无情的。你要公正吗？那你迟早就要受到惩罚。"反胡风"开始时，我们几个小青年觉得大有用武之地了，写批判文章，做巡回辅导，还有各种大会的发言，当时风头出尽，颇为得意了一番。一天中文系散会后，有先生、有华先生和许政扬先生，我们一路往家走。先生突然带点激动的口气说：胡风和周扬积怨太深，周扬的宗派情绪一直很强，鲁迅如在世，日子怕也不好过。我听了真是陡然一惊：先生，这不是您在《近二十年文艺思潮论》中阐发的观点吗？可是今天的气候，您怎么也给抖了出来？在当时的政治气氛下，我们几个人的态度只有沉默，谁也没说什么。然而我私心却隐隐感到先生的这些话是不是在有意提醒我一些什么？

然而历史总是捉弄人，甚至叫你哭笑不得。先生为了"一个小问题"招来了大麻烦，全国展开了批李运动，中文系首当其冲。真不知当时系里的某些领导出于什么样的考虑，找我谈话，命我执笔写批判先生"修正主义"文艺思想的文章。我受宠若惊，废寝忘食，整整干了两天两夜，一篇"洋洋洒洒"的大文章炮制出来了——《批判李何林同志修正主义文艺思想》。文章写就，我却有点良心发现，我自问：我是在干什么啊！我现在要点名批自己的老师？一点点可怜的良知驱使我在当天晚上带着文稿悄悄地到先生家，我请他过目这篇"奇文"。有趣的是，先生仍像修改自己学生的作业那样严肃认真地看了一个多小时，沉思半晌才对我说："文章写得太长，句子仍然是那么欧化，有的地方批我批得不是地方，有些地方你根本没理解我的意思。"这真是一出含泪的闹剧。我不知道我当时为什么会鬼使神差地要找我"批判"的对象去看批他的稿子，我更不理解先生又为什么能用他那凝重、严肃、认真的态度去看他的一个"背叛者"写的稿子。后来批判文章以南开大学中文系古典文学教研室的署名在《河北日报》上用两天两版的篇幅发表了，而且《文艺哨兵》杂志当期加以全文转载。我记不起我当时是什么滋味，我只知道，未动笔而署名者觉得算是认真地参加了这场捍卫马克思主义文艺理论纯洁性的斗争。事情过后我曾暗自高兴，当时幸亏没署执笔者的名字，不然我将无地自容。然而历史的反思就是如此残酷：白纸黑字是抹不掉的。这篇混账文章毕竟是出于我之手啊！这良心的谴责，这沉重的包袱，这欠下的债，何时才能从我的心灵上抹掉啊！我负恩师！

对我更富有讽刺意味的是1963年又搞了一次晋升。当时的系领导并未因我写过"批修"的文章而否定我是"小修"，问题既然如此多，当然不予考虑晋升讲师。事后我听知情者说，在校务委员会上（当时晋升讲师也是要经过校务委员会讨论通过的），先生拍案而起，明确地说："只讲过两节课的人都升讲师了，宁宗一讲了整整九年的课，学生都一大帮了，还不是讲师，说得过去吗？"由于先生的力争、李霁野先生和许多爱护青年人的师长的支持，我才结束了九年的助教生涯。不过后来总支一位副书记通知我："你这次只升官不加钱。"我知道他在利用他的权力捣鬼，而我对先生的知遇之恩却倍加感愧了。

1985年3月，完全出于我性格的原因，在失去理智的情况下，我做了一件让亲者痛仇者快的事。事情过去了一段时间后，听我的一位朋友说，先生在听到我的这件事时只是沉默。后来的事实也证明，他不再提起我，即使在我卧床养病时期的1985年和1986年，他几次来南开开会讲学，我则因羞于见他，他也从来没看过我一眼。我知道，我在他老人家的记忆中已经消失。我算是伤透了他的心。

1987年先生卧病在301医院治疗。第一次是黄克陪我去看他老人家的。我因心情沉重，再加上那抹不掉的心病，所以表情尴尬。而先生当时精神尚好，对我似不生任何芥蒂，问了我很多事，我告诉他，我已经调离中文系到东方艺术系工作了。临别时我握住先生的手，他也用力地握了我的手。我觉得先生的宽容，又使我回到了他的身边。但是还不到两个月，我突然收到黄克和本相捎来的信，他们告知我：他们在看望先生时，提到了"宁宗一还要来看您"，先生听后感情激动，全身颤抖，似有许多话要说！我得知这个消息后，立即约上我同班挚友潘克明一道到北京看望先生。当时胡昭衡也在场，等他走后，我们围坐在先生的身边，先生不停地流泪，我们却无言劝慰，只能用眼泪来诉说心中的悲痛。第三次探望先生时，先生两眼只能呆呆地望着我，我朦胧地感到先生的时日不多了，我忍不住地脱口而出："先生我真对不住您，我辜负了您对我的期望。"我抑制不住自己的感情，伏在先生瘦弱的身上大哭。再也没有这个时候我更感到悔愧的滋味是多么让人难以承受。第四次看望先生时，我和家鸣都觉得和先生失去了感情交流的渠道了，他身体侧卧，双眼紧闭，只是透过那微弱的呼吸声，我们才感觉到他似乎知道我们又去看望他老人家了，而对于我来说，我充分觉察到我再不可能让他亲耳听到我要向他忏悔的一切。

先生给予人的东西太多太多了，以至于一种奇异的现象摆在我的面前：你和他相处的时间越长，你就会觉得有愧于他的东西越多；你和他打交道的事情越多，你就会觉得欠他的账越多。而正是这一点，我总觉得有负于先生的东西是太多太多了。

先生已离开了他执教三十多年的南开中文系，而我也调离中文系到东方艺术系工作了。先生以八十五岁的高龄离开了这喧嚣的尘世，而我却碌碌无为走过了五十八个年头而开始进入老年人的行列。然而时至今日，在我眼前不时地出现先生坚强的项背，他仿佛始终在我前面走着、引领着。而他留给我的是我所永远珍惜的记忆，我已经意识到，它对我是一个沉重的包袱，以致时时感到不安。但我却实心实意愿意永远背着它，让我在今后人生艰阻的道路上时刻不忘记所应吸取的一切教训。

先生，在您灵前的真诚忏悔，是我在梦醒后对道路的寻找，是您最终让我认识到对自我人格的确定是我们知识分子也是我个人自省自悟的表现过程和奔赴的目标。您的人格和文格表现了一个大写的人的良心和良知。在您的灵魂的光照下，但愿我们和我们的知识分子也像您那样活得无愧于心，也无愧于人。

何林先生永远在我心中！

1989年3月26日谨蘸泪成文，

以献于何林先生在天之灵

# 附：买竹筚暖瓶始末

　　"三年自然灾害"时期，中国的普通百姓在吃的使的用的几方面，首先都是把吃的摆在第一位。而在"穷过渡"的革命精神的激励下，人们似乎也都学会了调配饮食结构，所谓"忙时吃干，闲时喝稀"也。而当时我们这一代青年教师在"整风整社"运动中又有"瓜菜代"的锻炼经历，回到城里，吃上个六成饱就算满足了：只要保证讲课时少出点虚汗，更别晕在三尺讲台上就成！至于使的用的，人人都是能凑合就凑合。

　　偏巧，在1962年数九寒冬的一个晚上，我把烧开了的水，往一把竹筚的暖瓶中灌时，不知是瓶胆质量差，还是暖瓶中没留下温水底儿，开水还没灌满，只听"砰"的一声，我家的这唯一的暖瓶顷刻间即报废了。在笤帚簸箕忙乎了一阵以后，孩子的妈开始犯了愁："夜里这奶粉怎么冲？"是啊，儿子吃了56天的母乳就送到了托儿所，他妈上了班后也就没了奶，全靠定量配给、凭票购买的奶粉维持。由于奶粉量少要搭浓米汤，留下一部分夜里给孩子吃上一顿。可是当时的"海河"奶粉却没有今日"即冲即饮"的质量。一旦用了稍温一点的水冲就会出现上下两层：上面是清水，下面是黏黏糊糊的奶羹。有一次儿子吃了就碰巧拉了肚子，于是我们就再不敢用温一点的开水冲那质量低劣的奶粉了。

我们当然想了不少补救的办法，比如把开水壶坐在蜂窝炉上，但是凡用过老式蜂窝炉子的人都有个印象，炉子一旦封上火，一壶滚开的水压在上面，到了夜里也变成温暾水。我们也曾想硬着头皮向邻居借一把暖瓶暂用一时，可是我记得分明，南开大学九宿舍筒子楼中的青年教师家庭真的绝少有两把暖瓶者。而要拿钱买一把暖瓶，在我的记忆中那是起码要凑足一年发下的全部"工业券"的。而那时谁又好意思向人启口要"工业券"呢？因为谁都明白，"工业券"在民生中的价值。

一把暖瓶真的让我中了病，所谓朝思暮想，魂牵梦绕。日有所思，夜里睡觉都变成了大喜、大悲和大惊的梦。不是今天从商店抱回个特大暖瓶，就是明天梦见手里的暖瓶被强人夺走，或是不小心跌了跤，把个暖瓶摔个粉碎……虽然苏东坡有诗曰"事如春梦了无痕"，所谓恍恍惚惚，做过就忘，但是对我来说，连日的梦决然没有在我的记忆中匆促消失。按我的一位先生的说法，这留下的不是梦象，而是梦的性质。这也就是说，同一个主题的梦经常重复，所以好多天不想它，也会有模模糊糊的印象晃过脑子。

不记得当时是怎样坚持了一个多礼拜。一天，我们的系主任李何林先生路过九宿舍，到我家歇脚，当然也就变成了一次"访贫问苦"。我无意中提起了暖瓶爆破之事，由于都是闲聊，李先生也没说什么。过了几天，系里教师开会，李先生顺手交给我一个小信封，我当即打开，一看竟然是数张"工业券"（记不准几张了），我睁大了有点潮湿的眼看着先生，他只是向我微微点了一下头。一两天后，我的另一位授业恩师华粹深先生也赞助了我两三张"工业券"，于是我终于买上了一把崭新的天津生产的"飞马牌"还带提梁的竹箅暖瓶！是啊，在生活"细节"中，我只是遇到了这么一点点雪上加霜的事，却又一次领受到恩师们给予的温暖情意。为了纪念这一有特殊意味的"事件"，在我油印自家讲义时，顺手用油墨在竹箅壳上重重地写上了两个大字："梦壶。"

"梦壶"一直为我服务到"文化大革命"后期，由于竹箅底部腐朽变黑，总觉得缺乏安全感，所以咬牙把它淘汰了，后来换上了两把塑料壳的，一红一绿，使用至今。尽管有时到百货大楼，看到琳琅满目且颇富艺术情趣的各色暖瓶，不时还怦然心动，也时有购回的强烈欲望。但过去了的那些咀嚼不尽的人生况味，总使我有一种不忍之情。我是不是在等待这两个塑料壳暖瓶服役期满，才会有心思把好看的耐用的各式各样品种的暖壶随时抱回家来用呢？

时过境迁，往事如烟。纠缠我的再不是那"工业券"情结，而是那挥之不去的一丝丝情愫，它至今仍萦绕在我的心头。

1998年6月28日

# 书生悲剧

## ——长忆许政扬先生

作家常喜欢用诗意的语言说，时间如水。它可以冲淡历史曾经镌刻下的痕迹，哪怕那痕迹曾经是殷红的血迹。有时也爱用富有哲理意味的话说，时间帮助人养成了健忘的毛病，这说出了人生的部分真实。但我的人生经验却是该忘却的早就忘却了，而不该忘却的却永难忘却。三十年来，我正是未曾忘却过我的授业恩师许政扬先生。他是我大半生中给我影响最大的一个人。我早就想提笔写写他了，因为我如果不写他，我就越难释精神之重负。也许他在我心目中所占的地位太重要了，也许他是书生的一面镜子，也许真是那"殷红的血迹"使我不能不照实记述人们知道和不知道的事实。

回忆许政扬先生要从1952年全国高等院校调整（简称"院系调整"）说起。

1950年我入南开大学中文系学习，当时的系主任是由西南联大转来的彭仲铎先生，讲授古典文学的有华粹深、孟志孙和朱一玄三位先生，语言学和文字学的老师是邢公畹、张清常和杨佩铭三位先生，助教只有张怀瑾先生一人。由于很多课程开不出，所以采用了"就地取材"的办法，聘请了阿英、芦甸二位先生讲授文艺学，方纪虽然担任政府部门工作，还是长年给我们讲俄苏文学，阿垅则开了诗歌讲座课，何迟先生在创作相声改编戏曲之余，应华先生之约给我们讲"人民口头创作"一课，至于中国现代文学史则是请了北师大的李何林先生和北大的王瑶先生讲授。1952年院系调整对南开大学来说不啻为一次"盛大节日"。在我看来，具体到南大中文系，它后来能跻身于全国高等院校中的中文系的前列，是和开国后的这第一次教育改革分不开的。当时我们迎来了希伯来文学研究专家朱维之先生，吴梅的大弟子、曲学专家王玉章先生，中国诗史研究专家李笠先生，中国文学史和修辞学专家王达津和陈介白先生，还有文艺理论家顾牧丁先生。教育部为了加强南开中文系的领导力量，特别派了李何林先生担任系主任。与众多著名专家学者一道来的是刚刚从燕京大学研究院毕业的许政扬先生和清华大学毕业的陈安湖先生。不久以后又从北京马列学院调来了古汉语专家马汉麟先生。这是一个相当强大的师资阵容，各个学科也为之完善，中文系出现了前所未有的兴旺和朝气。

我记得分明，院系调整后新学期开学第一次师生大会上，李何林先生自我介绍后，一一介绍了各位新旧中文系教师。而在介绍许政扬先生和陈安湖先生时，李先生特意点明陈、许两位是清华和燕大的高才生，是作为何林先生调入南大的一个条件，特请部里分配给我们的。这颇有文字下加着重点的意味，所以同学们都有很深的印象。如果说到印象，对我个人来说，可能还和二位青年教师的风度有关。他们不仅来自名牌大学，而且都具有典型的南方学子的文秀儒雅的风采，所谓文质彬彬也。特别是许先生的中式对襟蓝布外罩和中分式背头，瘦弱的外形却蕴含一股灵秀之气，都令我在直觉上感到，这位孙楷第先生的亲传弟子，必定是个俊杰之士。实至名归，许先生后来逐步显示的学术研究实绩，完全证实了我们的第一次直觉的正确。

新学期开始，许先生到历史系为二年级同学讲一个学年的中国文学通史，要从先秦讲到"五四"前，共一百零八节课。直到1953年第一学期才给我们本科生讲文学史中的元曲部分。他总共讲了二十四节课，四周的课让我们三、四两个年级的同学充分领略了许先生的博学多才和个性魅力。这首先是一种崭新的感觉：用练习本写就的密密匝匝的讲稿；讲课时舒缓的语气中具有颇强的节奏感；用词用字和论析充满了书卷气；逻辑性极强，没有任何拖泥带水的枝蔓和影响主要论点的阐释；板书更极有特色，一色的瘦金体，结体修长，笔姿瘦硬挺拔，竖着写，从右到左，近看远看都是一黑板的漂亮的书法。如果说这是"形式"的话，那么他的讲授内容更令我们感到深刻和精辟。比如在讲《西厢记》时，首先是顺向考察，这样我们就把握了王剧创造性改编的关键。而在横向比较中，许先生从俄译本直接引用《家庭、私有制和国家的起源》中的话："结婚是一种政治行为，是一种借新的联姻来扩大自己势力的机会，起决定作用的是家世的利益，而绝不是个人的意愿。在这种条件下，关于婚姻问题的最后决定权怎能属于爱情呢？"这真是画龙点睛的一笔，使我们对《西厢记》爱情和婚姻的意义，有了一种豁然开朗、茅塞顿开的感觉。我敢说，在那个时代，我还真没有看到，哪本专著哪篇论文从如此深刻的理论层次上去观照《西厢记》的社会—文化蕴含的。

上大学期间，我对自己所崇拜的老师的讲课，一律采取"有闻必录"的方式。缺点是不能及时领会、消化课程内容，并在追踪其观点时展开独立思考；但好处是，有了完整的记录可以慢慢消化老师的授课内容。许先生的课，最大特色是，只要你能"跟得上"，记录下来一看，就是一篇完整的绝妙的论文。我的办法虽属笨法之一种，但我觉得获益匪浅。四十三个春秋，经过了风风雨雨，许先生讲的宋元文学史元曲部分和选修课元曲的笔记我至今保存完好。这对我来说都是个奇迹，因为我自己的藏书已更迭多次，讲稿也大多散佚，独独地却保存着许先生的讲课笔记，这也算是我对许先生的一点真诚的纪念了，如果哪位读者关心我所叙述的这个细节的真实程度，我已准备好了我的这几本笔记备查。

　　一晃到了1954年6月，我毕业了。由于我从性格上考虑，渴望当个记者。但分配名单下来时，却让我留系任教，而且分到了古典文学教研室，我愣了也傻了，我无法拒绝当教师，但我怕自己教不了深奥的中国古典文学。我提出的唯一理由是，我的毕业论文是李何林先生指导的《论解放四年来的长篇小说》，所以请求从事现当代文学教学任务。当时担任系助理的朱一玄先生找我谈话，第一条是服从组织的安排；第二条是跟许先生学，一年后担起历史系的文学史教课任务，以便尽快请许先生转回本系任教。"跟着许先生学"，这一句话使我安下了心，并于当天下午拜见许先生。

　　许先生仔细听了我的自我介绍——忠诚老实地交底——沉吟片刻后说："我先给你开个书单，你从现在起就边讲课边读这些书。"两三天后我就收到了许先生给我的一篇三十本书目单。

这是一个既"简明"而又沉重的书目，从朱熹的《诗集传》，王逸章句、洪兴祖补注的《楚辞》，一直到龚自珍的诗。三十部书中竟包括大部头的郭茂倩编的《乐府诗集》和《昭明文选》以及仇注杜诗和王注李诗。许先生看我面有难色，于是作了如下的说明：一、这些书都要一页一页地翻，一篇一篇地看，但可以"不求甚解"；二、这些注本都是最基本的也是最具"权威性"的，注文要读，目的是"滚雪球"，你可以了解更多的书，包括散佚的书；三、把有心得的意见不妨记下几条，备用备查。一纸书目，三点意见，对我一生教学治学真是受用无穷。我就凭着这三十本书为基础，教了三年历史系的文学通史和三年外文系的古典文学名著选读，应当说基本上没出现大的纰漏，而且随着时间的推移，我一步步明辨出许先生的一片苦心：第一，我的国学底子太薄，必须先打基础；第二，让我硬着头皮苦读几部较大部头的原著，如郭编《乐府诗集》和《昭明文选》，而不让我先看各种流行的选本，目的就是让我避免某名牌大学出来的毕业生竟不知"古诗十九首"出自何书，乐府诗又是怎样分类的。在这里我还要重重地提一笔，20世纪50年代的南大中文系由李何林先生定了一个规矩，青年助教上课前必先在教研室试讲，正式上课时，导师要进行抽查，我在给历史系讲文学史课时，李先生共听了三次课，而许先生竟然随堂听了六周课。李先生一般多从技术上和仪表上提出意见，比如板书太草，写完挡住了学生视线以及说话尾音太轻，后面学生听不清楚，以及中山服要系好风纪扣和皮鞋要擦干净等等。而许先生则着眼于讲授内容的准确性，分析阐释上的科学性等等。对读错的字，也一一指出，即所谓匡正悖谬，补苴罅漏。而我也要在下一次上课开始时，向同学正式纠正自己讲错了的地方。这样从对青年教师的严格要求开始，就奠定了南开大学中文系严谨的学风和科学的教学规范。这一点应当说是和李何林先生的严格治系分不开的，也是和系中像许先生这样认真负责的课徒态度分不开的。

我一边给同学上课，一边听许先生为五四级讲的专题课——元曲。应该说我是一个好学生，不缺一节课，同样像学生时代一样做了完整的听课笔记。二十几年后我成了硕士生导师，在讲元曲诸课时能得到些许好评，其实都是许先生原先给我打下的坚实基础。但是，如从讲学艺术来说，我太缺乏许先生那种娓娓道来的风度和令听者强烈感受到的一丝丝飘逸的气息。我虽时时刻刻也想克服我讲学时的那种匠气、呆板和矫情，但却难以做到像许先生那样对博大的艺术世界的向往和追求。我想，这可能就是素质、学养和文化底蕴的差异所造成的距离吧！

许先生性格沉静，甚至总带有一丝丝忧郁，他几乎没有任何嗜好，只以书和清茶为伴。我和华粹深先生是他家的常客，但他只是听我们说话。即使在教研室会上，也难以听到他讲话，几乎是无一例外地沉默地坐在众人之间，听别人侃侃而谈。在业务学习会上虽略显活跃，而一旦转入政治生活上的问题，他就有了一种茫茫然的眼光，乃至读报纸、读经典著作，他也以学术著作对之，想从中发现学术启示录。从当时的习用语来说，就是"不关心政治"。而此时政治也确实没工夫找上他的门来。

在我看来，许先生对政治不是有意回避，三缄其口，只是他从来没接触过政治。为了他的学术研究和教学，他似乎无暇顾及任何政治生活中的问题，而从时间段来说，1955年到1956年对他来说又是相对平静的时期，反胡风运动以及后来的肃反运动好像跟他沾不上一点边。而1956年的"向科学进军"，落实知识分子政策，正给他驰骋学术思维提供了大好契机。纵观许先生短暂一生的学术生涯，他的辉煌期丰收期正是在这三五年。其中值得大书特书的是他精心校注《古今小说》一事了。

约在1955年年底，人民文学出版社为系统整理中国优秀的古典小说，在四大小说经典出版的同时，又重点抓了"三言"的整理工作。结果是冯梦龙选编的第一部也是最精彩的一部"古今小说一刻"（即《喻世明言》），就委托给了许政扬先生。那时许先生整三十岁。

小说研究行家多清楚，"三言"如中国众多小说名著一样，由于版本不同，刊刻不精，文字上多有歧异和讹误，许先生在考订版本源流的基础上，选择善本、足本为底本，以有价值的参校本比勘对校。他倾其心血，发挥其学识之优长，在训诂、校勘中，做到了精勤与博洽的统一，且细密与敏锐相得益彰。而细琐与难考之事，亦以求实之精神，不妄下一语。另外，细心的读者会发现，许先生常于校注中开掘前人未发之意，修正前人的某些谬误，此锲而不舍的探寻文本真诠之精神，实堪敬佩。当然任何出色的校注都不是最终的判定，而是像一切科学研究一样，是在不断地否定中向真理靠近的过程。也就是说，知识是流动的，是动态的，它永无止境，在这个意义上说，古代小说的研究和整理必定会有新的突破。然而一个不争的事实是，许先生校注的《古今小说》影响极大，且已经受住了时间的检验。无疑，历史上的

《古今小说》是与冯梦龙的名字连在一起的；而在今天，《古今小说》还同许政扬的名字连在了一起，这似乎也是事实。所以我认为许先生校注的《古今小说》具有里程碑式的意义，这绝非言过其实。旁证有二：1977年我在人民文学出版社修改南大中文系部分教师编写的《中国小说史简编》，当时古编室的负责同志曾拿出一份材料，上面提到了许先生校注的《古今小说》，有社长和编辑室主任的评语，认为它是众多古典小说校注本中功力最深也是最严谨的一部，此其一。其二，1979年人民文学出版社再版《古今小说》（后径改为《喻世明言》）时，一仍其旧，未作任何修正，这也说明，在一个时期之内，许注《喻世明言》已成为人文社许多定本书中之一种。我想这也应算作国家出版社给予许先生的一种殊荣吧！他虽已长眠地下，这一点正是对他的灵魂的些许安慰。

许先生正是从自己的切身体会中深知学问来之不易，因此对别人的研究成果一贯尊重，决不自以为是，即使提出意见进行商榷也极注意分寸，所以在学术上从不采取对抗姿态，也从不与学术对手"据理力争"，他完全以一介书生面目出现，似缓解了人世间的很多矛盾。于是学术上的诚实，不偏不倚，稳重谨慎就成了他全部研究工作的重要特点。这一点也有现存档案作证：

大约是1956年以后，人文社约请王利器先生评注《水浒》一书，六回样稿排出后，曾征求许先生的意见，许先生虽在疗养中，仍很认真地阅读了样稿，并提出了自己的意见，在他给编辑部的信中说：

……愚以为采取传统的评点形式，逐回逐事进行分析批判，以区分书中的精华和糟粕，帮助人们正确地阅读古典小说，诚为一项极有意义的工作。已读到的虽只六回，却已受益不少，启发颇多。如勉强要说点感想，则鄙意有些地方的评论似乎还可以深入一步……此言不省亦有当否？也有一些评语，似对读者用处不大……有些不够明确，有些稍显勉强……

这些都是吹毛求疵，一孔之见。因住在疗养院中，收到样本较迟，且只断断续续读过一遍，认识极为肤浅，辱承下问，故直述其点滴体会如此……


我想这就是学者的风度、平等对话的态度和书生的话语吧！

许先生在20世纪50年代的中国古典文学研究界已具有很高的声名。除《古今小说》校注本外还有两篇极重要的高水平的学术论文引起学术界的重视。一篇是论睢景臣《高祖还乡》，一篇是论《老残游记》。

当时的文坛学界，不像今日的各树旗帜，主义林立，其看问题的视域也颇有限。所以当时有这样一种现象：不用说一部难以见到的学理较深的专著出版会引起轰动，就是一篇把思路推进到一个更深的层面，又能在历史性阐释中重构学术规范，挣脱了僵化的庸俗社会学模式的论文，一旦发表，就真如"一石激起千层浪"。我说的许先生的两篇具有代表性的论文，其实并未发表在什么显赫的权威性的刊物上，但其影响却极为深远。

通常对睢氏散套《高祖还乡》的解读，无论是中学语文参考资料还是单篇论文，不过是称道睢氏出色地拍摄了一张哈哈镜中的刘邦形象，颇有意味地描绘出怪诞离奇而又效果强烈的漫画式的图景，从而对刘邦进行了调侃和鞭挞。然而许先生则把睢氏的这篇套数的研究推进到一个新的层次。许先生认为：作品本身说明，作者并不企图把他的作品的重心安放在历史上。从作品总的精神来看，它事实上是面对着作者自己的时代的。即主要是现实的生活，而不是简单的历史重复。许先生进行了大量的考证，从"社长"的"排门告示"到仪仗队的排场设置，他都从《元典章》中的"户部""吏部"、《元史》中的"仪卫志"和"舆服志"及宋元大量笔记中找到了有力的根据，证明睢氏的一切描写完全是根据元制，亦即作者生活着的当时的制度。故事虽在外表上悬挂着一个历史的幌子，而骨子里整个的精神，则是直接面向活生生的现实的。代替汉代的沛都，作者描绘了一个当时的农村，在刘邦的名义下，作者刻画了一个元代统治者出行的场面。许先生在这里，以充分的材料为根据，准确地把握住了触发睢氏创作构思的关键。在20世纪50年代，许先生能够如此深刻地认识到古代题材如没有现实的触发，作家的艺术构思是不可思议的问题，这不能不说是文学研究中社会的、哲学意识渗透的结果。根据我的了解，一个时期以来，《高祖还乡》的研究者多认同许说，即散套虽写汉高祖，但真实意图却是针对作者生活时代的元代统治者。

值得特别一提的是，许先生在论文中考据和释义的文字，似指间抽丝慢慢展开，有时剥皮去核，清清爽爽摆在读者面前，有时又在隔雾看花中拈出神来之笔。比如《高祖还乡》中的一个

"骉"字的研究，通常在古典小说戏曲中，往往把"一骉人马"误印为"一彪人马"。从此以后，就以讹传讹。许先生为说明宋元时代仅有"一骉人马"而无"一彪人马"，乃进行了反复考证，明确指出"'骉'字字书不载，或以为是'彪'字的形误，其实并非。《元曲选》'谢金莲诗酒红梨花'第四折音释'骉音磋'。周密《癸辛杂识》别集下：'一骉'条云：'虏中谓一聚马为骉或三百匹，或五百匹'。可见'一骉'就是一大队的意思，原系北方的方言。"这种做学问的精神，真是一丝不苟。我亲眼看过何其芳先生给许先生的一封亲笔信，说他读此篇论文的感想。中心的意思是，论文不是为考据而考据，而是为揭橥作品的真实的社会思想底蕴，所以是古典文学研究的正确途径。如果让我斗胆地概括一下许先生研究古典文学的方法的话，那么我认为许先生最大的研究特点在于批判地继承中国传统的朴学，集其大成而创立了文学研究的历史主义方法，即以真实为基础，以考证为先行，联系和扣紧文本的外在因素（时代、环境、影响、作家生平等），同时保留对作品本身的审美意趣和艺术的敏感与直觉。这无疑是一种灵性和智性高度结合的新实证主义的批评方法。

《向盘与红顶子——读〈老残游记〉》一文本来只是应北京《文艺学习》杂志社之约，为青年读者写的一篇带有导读性的文章。许先生一反当时相当流行的庸俗社会学的方法，站在一定的理性高度，以富于个性的情感方式，在对历史生活的检视和剖析中，对刘鹗情感世界的矛盾和小说艺术构思的两重性作了相当深刻的阐释。他最后指出，在《老残游记》一书中，真正激动人心的，不是作者的说教，而是体现在形象中的生活真实；并不是老残心爱的那个"外国向盘"，而是那些引起他无穷憎恨和不断地抗议的站笼，夹棍、拶子……一句话，那个血染的红顶子。写于1956年，又仅仅是一篇六千来字的文章，却道出了一个今天仍站得住脚的理论观点，即从作家所创造的艺术世界中认识作家，从作家对人类情感世界带来的艺术启示和贡献中给作家以艺术的地位，这真是很了不起的事。

笔者在写作这篇纪念许先生的文字过程中，为了忠实于史实和正确地把握许先生的学术个性，曾拜见了我的授业恩师朱一玄先生。朱师说："政扬先生做学问的态度是，材料必须是自己占有的才去运用，观点必须是自己的认识才去写。他在1956年交到系里的科研规划就是如此明白表示的。"作为1957年以前南大中文系助理的朱师所提供的这个材料无疑是准确的。这一点不仅可以从燕京大学研究院中文系研究生的毕业论文残稿中看到许先生是这样做的，我们还可以从发表在1953年6月3日《光明日报》上的《评新出〈水浒〉的注释》得到充分的证实。

他就1952年10月人民文学出版社的七十回本《水浒》中的注释，以求实求是的精神，修正了注释者的讹误。特别是对长期被误解的"行院""孤老""虫蚁""樊楼"等作了准确的释义。比如，把"行院"解作妓院，是历来人们的误解，许先生征引了大量资料，说明"行院"乃是同业的一种组织，各行皆有，艺人自然也有。走江湖的艺人，到一个地方演出，就有当地的"行院"，帮助他们安排演出或居住的地方和用具，于是许先生引用车若水的《脚气集》的记载推而论之，凡伎艺人等所谓的"行院"，都是这个意思。许先生进而论证，用团体会社的名称来称团体会社中的人，"是元明之间常见的一种语言习惯"，在这个意义上，把"行院"中人即妓女也称之为"行院"，这才成了最有说服力的、最完善的、最正确的解释。

以上诸例说明，许先生涉题广泛，思想丰阔，富有时代精神。进一步说，在中国学术史上，考据和理论研究往往相互隔阂，甚至相互排斥，结果二者均得不到很好的发展，许先生却把二者纳入历史和方法的体系之中，加以审视，从而体现了考据和理论的互补相生，互渗相成的学术个性。像《话本征时》这样专门考证一篇篇小说产生时代的论文，也显得血肉丰满、有理有据，无枯燥乏味之弊，而是灵气十足，真正达到了学识与才情的结合，广博与精深，新颖与通达等的平衡与调适。

从以上我对许先生学术成果的粗线条勾勒，细心的读者稍加注意，就会发现，这不过是短暂的五年的时间，即从1953年在《光明日报》发表的评论文章时开始计算，到1958年人民文学出版社正式出版他校注的《古今小说》终止，从年龄段上说，也就是他从二十八岁到三十三岁，即获得了如此可观的也可称之为辉煌的成就。而就直接受益最大的我来说，起码有两点对我的学术生涯有着决定性的影响：一、凭借研究对象以寻求文化灵魂和人生秘谛，探索中国文化的历史命运和中国人文知识分子的人格构成；二、把握中国小说戏曲这同一叙事文类在我国民族文化发展史上相互参订、相互作用、同步发展的特点，并在此基础上建构属于自己的古典小说戏曲艺术的研究整体世界。

写到这儿，我认为有极大的必要插进一笔，这就是许先生的得意弟子、我的挚友黄克用时两载余整理编辑的《许政扬文存》（中华书局1984年11月版）。实事求是地说，如果没有黄克编的许先生的文存，即使我数年在许先生身边，也难以像今日了解许先生几年中的著述的准确情况。黄克编辑、整理、校核真可以说是"广搜博采，网罗散佚"，虽残篇佚句，无不甄录，甚至远在厦门执教的周祖譔先生得悉要出版许先生文存，也寄来了许先生在燕京大学研究院撰写的毕业论文残稿（即《文存》中的《宋元小说戏曲语释：一》）。而黄克本人又把自己听许先生讲课的笔记进行了精心的整理，并写出一篇满怀激情的真诚文字，这就是《元曲语释研究参考书目》前的按语。另外黄克编许先生文存时的严谨态度更令我感动，他完全做到了鉴裁必审，力求不误收，不滥收，如许先生与同窗好友周汝昌先生合作的《〈水浒传〉简注》《〈清明上河图〉画的是哪座桥》，据说是由师母抄录后直接转给黄克后才收进《文存》的。至于作为后话的许先生的数万张卡片，在"兵火"中亡佚之甚，乃至湮灭无存真令人扼腕。也许正是在这个意义上，我们不能不以最诚挚的感情，感谢黄克所做的这件功德无量的大好事。当然事情总有遗憾的一面。据我的较为准确的记忆，许先生在1958年病中，曾撰有论《杨思温燕山逢故人》的长篇论文，我曾仔细地拜读过，并向李何林先生提起过这篇论文。何林先生立即找许先生谈，愿意推荐给当时的《新建设》杂志。后来听说《新建设》认为论文太长，请求作者略作删节或由编辑部径直删改，可是不知为什么，该文一直未得发表。是"学术思想"的问题，还是许先生不希望改动？这就不是我所能知道的了。而今原稿已不翼而飞，是不是也毁于"兵火"，还是易手多次而遗失，我都未得到准确的证据，数日前我为核实这件事，曾与黄克通话，他的回答同样是"不了解"。

我又用了几百字的篇幅叙写《许政扬文存》一书出版前后的点点滴滴，目的也许不仅是表彰黄克先生的尊师重道和编辑整理《许政扬文存》的功不可没，也许更重要的是《许政扬文存》成了一种确证，它证明许先生的真正属于高层次的学术研究已于1958年终止。《许政扬文存》正是一个节奏感很清晰后的"休止符"。不，是一个辉煌乐章的终结。

学术活动的终结，正是政治侵入的开始，而后者是不以许先生主观意志为转移的。梁漱溟先生曾把知识分子分为两种人，一种是学术中人，一种是问题中人。如果我们在某种意义上能认同梁先生这一划分，那么，在20世纪50年代，你怎样划分，许政扬先生也得归入学术中人，或按通俗说法是纯学者型的人。在他短暂的一生中，历史可以作证，他是当时我们系里教师中把生命与学术融合得最紧密的一个青年书生。

实事求是地说，由于学习、工作和平时的情感交流，我应是属于比较了解许先生1958年以后心绪变化和心态流程的一个人。许先生在其年之后再也没能"振作"起来，最核心的问题是他的自尊心受到了致命的伤害。他最看重的本是文人的人格精神，或者说，他一生所追求的就是人格精神的完善。然而无端的毁谤，不是如人们常说的"丢了面子"，而是使他失去了生命与精神支点。他有着太多的知识分子的脆弱和那浓重的挥之难去的忧郁。所以那突然袭来的打击，在他心中产生的不仅仅是一腔愤懑、一曲哀歌、一缕缕飘忽的情绪，而是一个活跃的悲剧性的灵魂在流动。本是极为执着却又软弱的追求，突然失去了根基，于是悲凉之雾遍披全身，这就构成了他永难自拔的痛苦、辛酸、苦涩。当你面对他的表情、声调、眼神时，你就会印证上述那种感觉是确凿的。

感觉也许仅仅是感觉。更为实在的原因，我认为是许先生停止了他的学术活动。许先生唯一的嗜好是看书。所以他在想避开污浊的环境时，就越来越自觉地沉迷于文史世界中。当外界的压力一天天加重时，他只有在病榻上静静读书，才获得片刻的松弛和些许的欢愉。按现在的年龄划分，他还是一位地地道道的青年学者，但是从治学上来说，我认为他已进入"自适其适"的境界。这种圆融无碍的愉悦是不关乎功利欲望的，但又是道德精神的最好体现，对学术的不可解脱的责任感正蕴积在充满圆融的体验中，关于这一点，黄克兄在《许政扬文存》中有一段精彩而传神的叙述：

> 1961年考上研究生的时候，我的导师本是华粹深先生。而华先生和许先生乃忘年交。是受华先生之托，许先生才为我开这门课的（指"元曲语释"一课——引者）。但很快我就感到这对许先生的身体来说是多么沉重的负担。当时，他正患严重的肝病，卧床已有数载。给我讲课时，也只能坐卧在床上。望着他那浮肿的脸庞，我真不知道他能坚持多久。

> 但是一步入正题，憔悴的目光立即显出异彩，思路是那样缜密，语言是那样富于机趣，旁征博引有如历数家珍，侃侃而谈真是满腹珠玑，在小小的一张卡片之上，在寥寥的几

条提纲之间，竟如无垠的知识空间，任其恣意游衍。我坐在对面也随之神往，以致忘记折磨着他的病，以至停下记录的笔。直到师母下班回来，劝他休息，他才又回到病魔的纠缠之中，颓丧了下来。此后，隔周一次，从1962年4月一直进行到8月，虽因其病情变化，时有间断，但只要略有好转，他都极力把课补上，在我的笔记本上就有"7月31日""8月1日"接连两天讲课的记录。为我的启蒙，许先生是倾注了心血的。也正是这种谆谆的教诲，眷眷的期望，激励着我，整理笔记、补充材料，认真读了几本书。短短的五个月，成了学生时代最有收获也是最值得回忆的黄金时刻。

但是，仅仅这一点自由，这一点慰藉也未能维持多久，他最终被剥夺了做学问的权利。

另外，许先生的耿介自守，不肯同流合污，学术上不肯与人争胜的飘然不群的气貌也是公认的。然而那过分的认真、执拗和孤傲在其性格里也确实构成了一种强烈的色彩。长期的书斋生活和病魔缠身，又使他相当严重地脱离了现实生活。他给人一种极深极重的印象，他仿佛是一只昂首天外的仙鹤，从不低头看一眼脚下的泥淖。记得系里考虑他的经济情况，特意给他一些补助，可是他几乎都拒绝了。有一次由何林先生给捎来的六十元补助金就是通过我又交回了系里的负责人的。许先生这种狷介的性格最能体现出他那一代人文知识分子的人格精神和风骨操守的力度。

许先生八年卧床，也给我提供了了解他身世经历的机会。

在闲聊中，我知道许先生生于1925年，浙江海宁硖石人，这可能是他非常敬仰王国维先生和喜爱徐志摩的诗的一点点内因。自幼慈母就教他吟诵古诗，五六岁时已能背诵近千首名作。华粹深先生在指导黄克学习期间，让黄克练习写作古文，曾征求过许先生意见。许先生曾对我说，不一定要学写骈文，但要读骈文。他顺手就从枕边拿了一本1962年中华书局的排印本《六朝文絜》给我看，并说，许梿已经明确指出六朝骈文的缺点是烦冗，所以他的选文标准是要求构思精练和修辞简洁，只有这样的作品才能入选，所以《六朝文絜》多为小品、书札尺牍，突出大家，颇收名篇。那些眉批和少量题解、笺注也不妨参看，有助于赏鉴和习作。这番话我至今记忆犹新，把先前对骈文打成唯美主义的文体，"不屑一读"的偏见，算是得到了某些纠正。从许先生家中出来后，华先生对我说："许梿是政扬的上世，道光进士，精研《说文》及金石文字。他选《六朝文絜》历时二十载……"我这才恍然大悟，原来许先生是在这样的知识背景、学术传统和学术规范下熏陶成长的。

许先生入燕大学习，后作为燕大中文系研究院第一届研究生，以研究古代小说戏曲为主，师从著名学者孙楷第先生。中学和大学期间就熟练地掌握了英、法、日三国语言，后又自学了俄语。前面提到的恩格斯的著作，他就是从俄译本中读到的。所谓"别、杜、车"的文学评论著作，虽然有满涛、缪灵珠、辛未艾诸先生的译本先后面世，但许先生开始时是看的俄文原著。他谦虚地说："对俄语，只能读，不会说。"他对中国传统绘画有独到识见，一部《宋人画册》反复赏鉴，讲宋诗时，经常以宋元绘画参证。他对西洋油画也有研究，他钟情于安格尔和伦勃朗的画，对俄国大画家列宾的作品也极为欣赏。开始谈及油画的构图、色彩及"质感"时，我也从全然的陌生到了解了一点点绘画艺术的皮毛。他对南宋画家张择端的《清明上河图》这幅稀世珍宝有深刻的认识和独到的研究。当故宫博物院印制的《清明上河图》出版后，他敦促我买一卷，并给几位年轻朋友单独作了一次辅导。收入《许政扬文存》的《〈清明上河图〉画的是哪座桥》一文中的观点（即图中通常所说的"虹桥"实为"下土桥"）和考订文字，他早已成竹在胸了。

他特别看重孟元老《东京梦华录》的文献价值。他不十分满意原有的那个注本，希望自己能搞一本切实详密的笺注本。正如周汝昌先生在《许政扬文存》序言中所说，这样"可以将北宋的文学家们的很多活动贯穿在里面"，而不仅仅把这部书看做是"一部历史地理城市社会的记录"。他举"樊楼"对我说，《梦华录》中描写得很详细，是座著名的酒楼，可不像有的学者说是当时东京（今开封）方言。提起"太平车"，他说应是载货之大车，由于车行滞笨，只能用于太平无事之时，战争时期是不能用的，故名太平车。其他像宋代的"交椅"的形状，民俗中的"摇装"，他都有准确的解释。他在燕大与周先生每日品书谈艺，考字征文，获得了很大乐趣，而十年后在跟我们讲起这些时，仍是兴致勃勃，忘记病痛。而我们则因先天不足，后天失调，几乎没有步入许先生学术境界的可能，所幸，我们还有了这段师生的缘分，还未至于失之交臂，历史还算给了我"景行行止"的机会。

纸张寿于金石。《古今小说》校注和《许政扬文存》在读者中间仍然广泛流传，倘许先生地下有知，当亦欣然瞑目矣。

古希腊先哲赫拉克利特曾有言，我们的思想往往"由死人点燃"。是的，我们不能不从许先生的坚辞人世的事件中进行深刻的反思。在那场浩劫中，在社会动荡不宁和纲纪隳坏的年代里，人们呈现的生命状态各有不同。从人文知识分子的特性来说，有淡泊名利、不随流俗者，也有洁身自爱、无为空寂者，当然也有桀骜不驯者。然而在绝大多数知识分子灵魂深处，都由于情感的过分丰富，致使感觉敏锐，因此自尊心不时受到煎熬与烹煮。许先生自1958年那场运动以来，其精神状态即已达到崩溃的边缘，而当又一场浩劫降临他的身上时，他自然有绝望的情绪在。甚至我在想，王国维自沉昆明湖的影子不能不对他产生难以说清的影响。加之他对中国文化的被毁弃，他只能用无言的抗议来表示自己的精神文化品格。于是投身于自然大化，使精神与天地合一，我与天地同化以求得自我人格完善和精神的慰藉与彻底解脱。史家有言，真正的知识分子从来都是悲剧命运的承担者。清高、自尊与有思想就必然承受时代落差造成的悲剧命运。从表面看，许先生似乎只是为了那一瞬间的软弱，他付出了自己的全部。但是一旦我们想到那落寞的斗室，那孤寂的病房，整整八年中的忧郁痛苦心情，愁云惨淡，对世界和生命一样，他最终失去了那一点点信心。独上高楼，是他对人的品格的一种选择，这一点从他的治学中得到了印证；而这一次则是用生命印证了这一点。

我想我们需要接住从死者那里递过来的灯。许先生的仙逝和他最后无言的思想，给了我在这个世界生活、写作、坚守和承受一切的力量；他的死也促使我对自身命运的认知。我等待，我乐观地等待被"点燃"的那一个时刻。

　　　　　　1996年8月30日至9月30日谨蘸泪成文，
　　　　　　　　　　以献于许先生在天之灵

# 附：淘书况味

　　教书的人，不爱书的可能很少。我同样出于职业本能，在近半个世纪的教书生涯中，也陆续买进一些工具书、一些教学和科研必备的参考书，当然也买了一些"闲书"。但是，随着自己读书经验的日趋成熟，在购书上也就日渐挑剔，不再像青年时期，头脑发热，一时冲动，买回过一些不说是废品也是半废品。近年则更有较大变化，一是想到离开教学岗位的时间很快就要到了；一是书价狂涨、"飚升"，所以即使面对渴望得到的书，也要在手中掂量再三才能下定决心取舍。那被"舍"者，常使我有一种不忍之情，在放还书架的一刹那以及"临去秋波"，也颇能反映爱书人、读书人的那种复杂心态。由此我也想到自己的爱书还没有进入痴迷状态。如果给自己定位，我可能既不属于大众型的"书虫"，也不属于高雅型的进入一种迷恋境界的藏书家。我可能只属于那种爱买点书、爱写点书、解不开爱书情结的教书匠。

　　不过20世纪50年代，我却有一段值得回味和回忆的买书经历。这回忆，是在我的心底，而且随着时间的推移，这回忆竟呈现为一种脑海中的图像，往事虽然苍老，但却又常常在眼中心头重现：

　　1954年我从南开大学中文系毕业，留系任教时师从许政扬先生，总共十二个年头。政扬先生是1952年院系调整时从燕京大学中文系研究院毕业后分配来的，他是被称为"古典小说戏曲研究的现代第一人"孙楷第先生的亲传弟子。许先生也是以治学严谨著称，他博览群书，学思并重，孜孜不懈，奋笃著述。所以他对我的进修更是严格要求。我正是在他的一纸书目的规定下，硬着头皮读了几部较大部头的原著。1955年年底政扬先生开始为人民文学出版社校注《古今小说》，我又开始了向他学习如何进行科学研究的新历程。

许先生注《古今小说》征引书目闳富丰赡，为了考证"行院"一词，查遍各种笔记，只是当时图书馆没有车若水的《脚气集》，他竟然到处搜寻，后来"老天津"告诉他，天津的天祥商场是个买书的宝地，于是从1955年年底一直到1958年年初近三年的时间，许先生总是在十天半个月中挑一个闲暇的日子带我到天祥商场去淘书，而《脚气集》得以在天祥购得，更使许先生着迷。

20世纪50年代到60年代，老天祥商场是一个极大的图书市场，以卖旧书为主，二楼圆形的售书厅各类图书应有尽有。而20世纪50年代初，像《丛书集成》《万有文库》，各类小册子堆成了山，淡黄色封皮的《国学基本丛书》也几乎样样俱全。那时三五分钱可以买到一本很有用的书，花上四五毛钱就可以买到道林纸印就的王琦注的《李太白集》《唐诗别裁》，买一部《昭明文选》不过一元多一些。跟着许先生，就像跟着一位高明的书海的导游者一样，他不时指点提醒我应该买什么书。比如《事物纪原》《古今事物考》《释常谈》《续释常谈》《通俗编》《挥麈录》

《梦溪笔谈》《辍耕录》《鹤林玉露》《邵氏闻见录》（前、后）、《侯鲭录》《齐东野语》《云麓漫钞》《独醒杂志》《能改斋漫录》《夷坚志》《老学庵笔记》……还有其他《万有文库》本和《国学基本丛书》本中一些代表性名著，我都陆陆续续买回来。书极便宜，出去一趟，花不了一两元钱会满载而归。不到两年时间，学校发给每位助教的一个六层书架就能插得严严实实。

我虽然跟许政扬先生学习文学史，但是我的兴趣似仍停留在学生时期对现当代文学和文艺美学的兴趣上。许先生在这方面对我不仅不加阻拦，反而鼓励我多读一些经典性的理论名著，不时还和我探讨一些问题。这就更促使我锐意搜求各种文艺美学著作。比如1956年我在天祥商场仅花了七毛钱就买到了朱光潜先生的力作《诗论》。这是由朱先生主编的《正中文学丛书》的一种，由正中书局印行，书前有朱先生的"抗战版序"，中华民国三十七年三月初版，定价国币七元四角。扉页上有中央大学叶琛赠适兄存念的题款。此书的原所有者看来是曾极认真地细读过这本书的，因为凡书中出现的误排和错别字，都有过细的更正，且文字秀丽。所以我在买到后，兴奋之余，昼夜耽读时，觉得非常流畅。

很快我又买到了朱先生的《文艺心理学》。大三十二开本（属今日所谓的国际型的开本），所以天地开阔，书中有不少书主人的评点。这部开明书店民国廿八年一月三版的书，虽给我以不是初版的遗憾，但它却比民国廿五年七月初版的多了一份"简要参考书目录"。据朱先生序中说，这是常风建议后加上的。虽然我的英语水平极差，原版书也找不到，但朱先生把参考书目分为四类，即"目录""重要原著""入门书籍""专题要籍"。朱先生在各类引书目录中还一一指点："初学者可缓读"；"关于各专题的最近的发展可参看……"；"美学名著选集，最便初学"；"此书载有LIPPS的移情说的节译"等等。这个参考书目和说明，我几乎是把它看作自学指南和导读的。次年我又买到了朱先生的《谈美》，开明书店民国廿一年十二月初版发行，版权页上明确标明定价大洋五角，括号中说明"实价不折不扣，外埠酌加寄费"字样。这让人看了真是心明眼亮。

朱先生的美学著作读多了，就想了解蔡仪先生后来怎么批评朱先生美学观点的。所以刻意到天祥商场搜寻。真是老天不负苦心人，1957年年初我竟然在那里的一个不显眼的地方发现了一本可称之为崭新的《新美学》。这是1948年群益出版社的"群益艺丛"的第一种。蔡仪的自序写于1944年12月20日（于重庆），离出书时间也有三年多了。蔡著装帧很大方，有美学味，而内文的第一章讲的就是美学方法论，至今我觉得读后获益匪浅，因为在此之前，对"方法论"所知甚少，另外，这本书的版权页后附有"勘误表"，看来作者和责编是发现误植后补上的。这倒也说明当时的出版家比今日的诸多作家和编者责任感强好多。

在淘书的日子里，最令我难以忘怀且具有多重意味的是，1958年许先生受肝病和神经衰弱症折磨时，一天我去看他，他精神略好，于是我试探性地提议到外面散散心。许先生竟然倡议到天祥遛遛。那时没有"面的"，我们是从校门口坐八路公共汽车，先到百货大楼，又慢慢步行三百米到了天祥商场。他似乎很累，倚在一个书架旁，我则到处寻寻觅觅。不一会儿，许先生突然向我打招呼，我过去一看，他手中拿着一本旧书——法国美学家柏格森的《笑之研究》。他对我说："太难得了，在这儿竟发现了它。"当时我对柏格森的著作知之不多，只是看到有人征引过这么一本论"笑"的书，所以立即接过来翻阅，一看之下竟然是无产阶级革命家张闻天翻译的，属于"尚志学会丛书"的一种。这虽然是一本薄薄的仅201页的小书，但我还是觉得它有一种厚重之感。许先生似乎发现我有点爱不释手，他半开玩笑地说："你喜欢美学书，现在只有一本，我就让给你了。"这本书我只用了三角钱就买下了。[1]它值得珍藏，无疑是和许先生的"忍痛割爱"有关，但还和这本书是商务印书馆于中华民国十二年十二月初版并在以后从未再版有关。1980年中国戏剧出版社出版了徐维曾译的柏格森的《笑——论滑稽的意义》，我虽然也买了一本，但它比之《笑之研究》，对我来说就不具备那么多的况味了。

从1954年我跟许先生学习以来，据我的可靠记忆，他最推崇的就是钱锺书先生，每当谈诗时也喜欢征引《谈艺录》的言论。他还说，钱先生写《谈艺录》时才三十岁出头，而许先生说他在读大学和研究院时床头总有一本《谈艺录》陪伴他。所以钱先生的大名在20世纪50年代中期我已如雷贯耳了。使我永志不忘的是1959年的一天，许先生把我叫去，从书桌上拿出了那本他常常看的《谈艺录》对我说："我的一位老同学昨天送给我一本《谈

---

[1]当时虽然只有三角钱，但天祥商场还给了"销货发票"，时间是1959年4月4日。

艺录》，我不能转送你，现在就把我自己的这本送给你吧！"在伸手接过这部厚重的大书时，我真是感慨万千。第二年的年底许先生的《古今小说》校注本出版，许先生那时也是位刚刚三十出头的青年书生，[1]这也许是偶然的巧合，但是刚刚三十岁出头就都写出分量很重的书并在学界享有盛名，在今天是很值得我们深长思之的。

连同《谈艺录》我从许先生手中共接过三本书，其中就包括人民文学出版社1958年出版的校注本《古今小说》上、下两册。直到今天我拿起来仍然感觉它们有千斤之重。

是的，我的书房没有一部线装书，更遑论什么宋明善本了，这对于一个大半生从事古典文学教学与研究的人来说，确实有些尴尬。但是我在想，学人藏书各有一方天空。上面提到的几本书，虽然早已发黄且破旧，然而它们依然伫立于我的书橱之上，这也算别有一种风韵了。而在书中与书外那珍藏在我心中的是过早仙逝的许先生对我的叮咛，这中间的温馨与况味又是一时说不清和说不尽的。

1997年12月

---

① 钱先生的书是他三十二岁时出版的，许先生的书是他三十三岁时出版的。

我和学生

# 由王朔评金庸想到的……

1999年11月16日，宁宗一先生应邀在南开大学东方艺术系（后简称"东艺系"）美学沙龙就"王朔评金庸"一事发表谈话。现将访谈内容整理如下。

**张旺**（东艺系美学研究生）：近日来，"王朔评金庸"引起了轩然大波，各种媒体争相评论。同时，不同职业的人们也就此纷纷发表自己的观点与看法。其中，有人认为王朔是个痞子，自己作品也不深刻，根本没有资格去批判德高望重的"金大侠"，他这样做纯粹是为了炒作自己，幸好"金大侠"对于他的攻击表现出了一种长者之风；有人则认为王朔敢骂敢恨，感情真实，活得真实；也有很多的人通过这一现象想到了更多的深层的东西，不一而足。作为中国武侠文学学会会长，您对此一定有自己独到的见解，您能不能谈谈自己的看法？

**宁宗一**（中国武侠文学学会会长，东艺系教授）：首先我不想直接去评论金庸和王朔，我们不妨把金庸和王朔看作两种文化符号，他们的撞击的确给世纪末沉寂的文坛一次不小的轰动。这是一种必然的现象，因为20世纪是一个多元并存的时代。比如，人们曾经千方百计地企图用一种观念进行整合，但是失败了，苏联解体和东欧剧变即是明证。从文化角度看，20世纪是多元共存的，也就意味着文化碰撞中有个抉择问题。季羡林先生断言21世纪将以东方文化为中心，我不以为然。未来的文化应该以"我们"为中心，以人类为中心，而不是以你为中心或以我为中心，即不是以一种文化为中心。文化上的民族主义会导向误判。西方文化在下个世纪不会被放逐，被抛弃。而且我们应该充分吸收西方文化的精华，为我所用。而所谓20世纪的文化碰撞，质而言之，就是"东与西""古与今""南与北""灵与肉"和"雅与俗"之碰撞、融会与交流。大至全世界，小至中国，不会出此格局。下个世纪所显现的必然也是各种文化的沟通、交流、渗透与融会。而在中国文学界，"南与北"（即"京派与海派"）、"灵与肉"的碰撞乃至对心灵的追求将更加热烈，而传统与现代、东西方文化的抉择更是重大的文化课题。

**郑博超**（东艺系美学研究生）：宁先生认为文化应该多元，是不是说王朔和金庸代表两种不同的文化现象？然而有人认为王朔和金庸均为大众文化的代表，都是不入流的，即使炒作甚嚣尘上，也不能给中国文坛太大的冲击。而且以王朔之"俗"，用极不负责的方式去批评"德高望重"的"金大侠"，总有些让人气不过。您觉得这次碰撞能带来什么效应呢？

**宁宗一**：在所谓的世纪之交，而且只剩下整整两个月的11月1日，我们可爱的王朔竟然向我们尊敬的金庸开炮了。有人认为不可思议，有人认为出自王朔更不可思议，它似乎更适合何满子先生那样的学问家去质询金庸。可是事情就发生在可爱的"小痞子"王朔身上，而且在只看了一本《天龙八部》时就憋不住跳了出来，用最损的话对准风靡全球华人世界的金大侠，而金大侠这次又绝不用他的生花妙笔还招，扮演了长者宽容的姿态。人们想看的一出好戏竟然没有看到过招就有点"偃旗息鼓"。其实这是不可能的。争论已经掀起，当事人可以躲在一边看风景，而原来的看客则蜂拥而上，一场大讨论将在20世纪末开始。我认为他引发的学坛、文坛的震级也许不会小于当时台湾的地震，不信你看。尽管有人说没什么了不起的，但我认为要注意这已非起于青萍之末的信息，因为人们已经在思考了。

从学术史、文化史、文学史、小说史角度看，打乱原有的文化秩序不一定从精英文化开始，而是从流行文化开始，因为流行文化是属于大众的。大众文化一旦有动作，它不可能不影响精英文化，恰恰相反，精英文化对大众文化、流行文化之影响可能显得太缓慢、太迟滞，这也就是所谓曲高和寡吧。而大众文化、流行文化一旦成了气候，就有冲决堤坝的气势，而这次由大众文化内部引发的挑战就更值得深长思之。我认为小说就是世俗的，它不是插花的艺术，它永远要求有人间烟火气。我想不管多雅多纯的小说，只要是小说就具有了大众性，所以我想径直地、明快地说，小说、戏曲的本体特征就是它的世俗性，这不是贬低它，而是以人类文化意识观照的结果。小说跟诗歌、散文不同，诗与散文讲究心灵的智慧，而小说同样需要智慧，但它首先要讲故事给你听，它要讲一些老百姓爱听的故事。所以小说从来不能在象牙塔内而要走向民间。当然小说对民间有启蒙作用，但民间对小说也有支撑作用。如果民间失去了小说，或者小说失去了大众，小说也就到了死亡的时刻。正如戏剧，没了观众就没了戏剧一样。

所以我才说，小说不能没有烟火气、没有地气，小说不是插花艺术，它的人民性和大众性是它的优势。

我绕了这么一个大圈子，不外乎是说，这次论争是一个关系着文学与大众、百姓的血肉关系的问题，是一个文学特别是小说要不要食人间烟火气的问题，是一个小说要不要为百姓鼓与呼的问题，当然也是一个小说的职能能不能充分发挥的问题。我历来反对把文学当作政治教化的工具，反对文学就是改造人的灵魂的工具。文学是捍卫人性的，越是在社会和灵魂不安的时候，越需要文学，所以文学乃是软化人的灵魂的，这种软化才使你的心向着善真美。打打杀杀并不能写出人性之美，当然这一切必须是审美化的，不是审美形态的，连小说都算不上。

**许征**（中文系研究生）：您的意思是说，"王朔评金庸"势必引起一场大讨论、大辩论，这是世纪末沉寂的文坛出现的必然。如果我们对这种批评即将引起的效应暂且不论，单就可能促成大讨论的作家双方而谈，这就不得不涉及一个对他们如何评价的问题。这也许是许多人最关心的问题。广大"金庸迷"渴望着您能够为他们"伸张正义"，请问您是如何看待金庸的？

**宁宗一**：我说，我敬重金庸。金庸在武侠小说界的地位是不争的事实，他是新派武侠小说的创始人之一也是不争的事实。他的武侠小说是一块里程碑，这不仅在于金庸的作品在武侠小说类型中前无古人，而且还在于金庸的学养超过了不少过去的武侠小说作者多多。而其文化底蕴，包括他的政治意识也绝不同于现在另外几位武侠小说大家。因为他毕竟是个报界权威，他的时评，不是一般武侠小说家能写的。他的社会活动、文化活动，特别是他的政治活动，不是削弱而是强化了他的小说的社会文化内涵。而且更重要的，他是爱国者，他关心社会，关心民族，关心人类的命运，也关心人性的张扬和完善。所以仅就社会责任感方面加以观照，金庸就是一位大学者，大报人，大社会活动家。没有这些作为基础，他的小说不会如此沉实厚重，他也不会为武侠小说开辟一个新的时代。严家炎先生说，金庸的小说"悄悄地发动了一场文学革命"，虽略有一点点言过其实，但他的学识渊博，气势恢宏，他的才华横溢，构思奇诡，这都可以说明他是文坛上的一代天骄。从小说类型学角度看，武侠小说发展到金庸、古龙阶段，可以说是一个划时代的高度了。

然而要写武侠小说就不可能完全跳出武侠小说类型的模式，或从某一角度说，它离开了武侠小说类型也就不成其为武侠小说了，它可以是传奇小说、动作小说而不是武侠小说。武侠小说，只能是梦幻碎片的组合，也就是我们看到的，它是"成人的童话"。至于武侠小说的固有的打斗、血腥、杀人、拉帮结派等，你一定要说它没副作用，我是绝对不信的。

**许征：**金先生在当今文坛具有如此之高的地位，而王朔却对他指手画脚。王朔他本人的作品极不深刻，痞气又重，所以大家都认为他没资格去指责金庸。况且他言辞过激，不能以理服人，只能给人留下更坏的印象。不知您是否这样认为？

**宁宗一：**我说我极尊重"金大侠"，但我也喜欢可爱的"痞子"王朔，而对于王朔，我反而要多说两句。因为王朔需要人真正的理解。比较而言，金庸的优势长处，一眼即可看出，然而王朔可不是一眼就能看出的。我常说，嬉笑怒骂、嘻嘻哈哈也许能提出很多严肃的问题，而正襟危坐、大谈道理也许什么问题都提不出，更不会解决。生活中如此，艺术中也如此。

王朔是绝顶聪明的人，这是人人可以看到的。但说他是一个很有思想的人，可能就有人摇头了。然而我认为他的智商、思想是合在一起的。王朔最大的功绩，我认同这样的看法，即他力图撕破一切伪崇高的面具。比如这么一句话就够呛："过去作家中有许多流氓，现在的流氓中则有许多作家。"他又说："青春好像一条河，流着流着成了浑汤了。"这真是诡而不谲。他拼命躲避庄严、神圣，甚至他的小说的题目就是《玩的就是心跳》《千万别把我当人》《过把瘾就死》《顽主》《我是你爸爸》和《动物凶猛》等。这在严肃人的眼里，当然成了痞子乃至小流氓语言，即简直是与崇高性不搭界。

王朔智商高，十分机智，不是凡夫俗子。他敢砍敢抢，而又适当搂着——不往枪口上撞。他写了许多小人物的艰难困苦，可以看出他的终极关怀。这些小人物嘻嘻哈哈，然而他却开了一些大话、空话的玩笑。他还是替小人物说话，油滑中有时又有无可奈何的呻吟。所以王蒙反复说，他不严肃，但也决不媚俗，他不新潮也不古典，不洋也不土。下流话到了他那儿，也许质朴直率。如果你说他是小丑，他似乎还真有那么点胆识，他戳破了所有的道貌岸然，却很轻松，哈哈一笑。他很老实，没有出大格的地方，但就不信假大空的东西。他的人物的话语尖锐又浅尝辄止，刚挨边儿即闪过滑过，不搞聚焦，更不搞钻牛角尖儿，有刺刀之锋却绝不见血。他的话只是"小逆不道"，绝不搞"大逆不道"。擦边球打得又巧又漂亮。

王朔的语言鲜活上口，绝对的大白话。他的思想感情绝对平民化，"既不杨子荣，又不座山雕"。他与他的读者拉平，不求在他的读者面前升华，而是一副与下层百姓贴得很近的样子。他对知识分子的调侃，用的又是小说的"反讽"模式，彻底把自己摆了进去，他绝不搞居高临下的训政。总之，承认不承认，高兴不高兴，他的小说已经是地道的文学，地道的小说，是前所未有的文学选择，前所未有的小说谋略，也是前所未有的小说现象与作家类型。现在，我们可以再借用女作家陈染的话。她说："我认为王朔是中国作家中最严肃的一个，虽然他总被归到痞子文学这一堆。但我觉得这是个很大的误会，应该说，王朔是一个极富思想性的认真严肃的知识分子，真正和他接触过的人才知道他真是一个很认真、很书生气的人。所以我绝对相信王朔的眼光！"由此看来，王朔批评金庸，不是有没有资格的问题，也不是批评是不是过于偏激的问题，而是要思考促成这一现象的动因的问题。

**郑博超**：您认为隐于这一现象之后的深层文化心理动因是什么呢？

**宁宗一**：谈深层文化心理动因，其实也不难理解。《中国青年报》的编者已经一语道破天机："日益沉寂的文坛需要强音。如因此文坛引起广泛的讨论，乃至重振文学声威，是价值所在。"编者又说，"童言无忌"，好了，这就非王朔莫属了，我同意此说也有所补充。

王朔的批评真是典型的深刻的片面。它看起来片面但是深刻，当然深刻中也就有了片面。以王朔之聪明，他可以不追求这种深刻的片面，但以他的一贯风格就是要把话往极致里推。然而你只要抹掉片面看清底里，就有了深刻。而且人们千万要注意，正襟危坐的人不一定提出严肃的问题，恰恰是谈笑风生、嘻嘻哈哈的人反而提出极严肃的问题，即媚俗易，振聋发聩难也。

首先王朔并非看不到金庸小说的艺术价值，即使没看到也无须如此进行挞伐，问题是他不留一丝情面地进行挞伐，乃是一种文化挑战的态势，或如有人说的"是一种文化更新姿态"。他完全可以不用如此激进的否定话语彻底否定乃至得罪那么多的"金庸迷"。他的用意，其实是要告诉读者：有人就是要破除一切文化迷信，金庸小说并非完美无缺。这显然是在倡导一种艺术的正常的欣赏、审美，至于有人说王批金是因为《看上去很美》未产生轰动效应，所以拿金庸撒气，想取而代之。否！这是小人之心。王朔既非想对金庸取而代之，他也明白文学中没有任何一个作家可以取代另一个作家的事。他也不是想否认乃至推翻传统文化的意思，包括传统武侠小说形态。很明显他是要为当今流行文化中的新质文化小说争取一个存活和发展的空间。王朔特别痛心疾首的是：不仅仅广大听众、观众、读者沉迷于旧质文化中执迷不悟，而且那样多的文学家、艺术家和小说家也认识不到这一点，或者并不与此抗争，以致从新时期以来的文学创作和有前途的文学探索往往短命。

这就引发了第二个问题。王朔评金庸的真正用意，他已谈出："我们有过自己的趣味，也有四大支柱：新时期文学、摇滚、北京电影学院的几代师生和北京电视艺术中心的十年。创作现在都萎缩了，在流行趣味上可说是全盘沦陷。"这绝对是王朔的文化焦虑。人们如果都被言情电视剧弄得死去活来，那还正常吗？如果影视明星成了文化主流，难道就不可悲吗？于是王朔找准了金庸，金的身份，金的小说创作，可以成为对手，而且有小说创作为中介可以对话，起码王朔在此领域有发言权。正如青年报编者语，"作为极具特色的重量级人物"是可以成为对手的。这不能因为王朔是一介平民，金庸是文学院院长、大亨，就可以抹杀了王朔拥有的力量。总之，我似乎更认同或有一点共识的是：王朔真的不是只想扳倒大师，他不是仅仅跟"金庸等四大俗"过不去，而只是想挽住观众、读者、听众的文化倾向，改变流行文化的不正常存在，呼唤给新质文化一个生存空间。

**谭万勇**（东艺系美学研究生）：王金之争其结果或走势我们不得而知，然而引发这次讨论的，可能是许多文化人心里埋藏许久的问题。在这里已不是谁是谁非的问题，更不是谁胜谁败的问题，也不见得是谁说服谁的问题。问题引发的思考的价值超过了问题本身，正是王朔把严肃问题提出来了。透过这个现象，可以引发更多的思考，特别是关于文化哲学方面的思考。宁先生，您是否可以跟我们谈一下就这场争论所引发的文化哲学的沉思？

**宁宗一**：可以。这可能就是我下面要说的积淀我心中多年的思绪。我说媚俗易，振聋发聩难。所以在根本点上，我是认同王朔的，因为他提出了一个大的文化问题。

我常爱说大白话，即人创造了文化，而文化又创造了人。人即是文化，文化即是人。而文化史的核心，正如大师们所说乃是人的心理史。理所当然，任何时段，文化的创制和文化的研究，其主体都是人。联合国教科文组织把文化界定为一个宽泛的概念，即"文化就是人在自然之上外加的东西，就是由人类生产出来的全部东西"。我在思考的基础上，形成了这样的概念："文化是人类智慧的社会应用。"既然文化是人类智慧的社会应用，那么创造文化的中坚分子当然是包括各阶层各群体中的知识分子。在今天，对知识分子的认识再不是"文化大革命"和"文化大革命"前的定义了，它不应再被称为"皮之不存，毛将焉附？"相反，知识分子必须有他们的独立的立场和他们为之安身立命的人生关怀。而人生关怀则包括社会关怀、文化关怀和知识关怀。对于这三点，我们丢失得太多了。唯有学术见地、文化焦虑和现实关怀三者的统一才是真正的知识分子。我当然不是代表什么主流意识形态的，也不存在什么强烈的政治意识，我是凭着自己的社会良知、文化良知和心灵良知说话的。因为我感受到了，在20世纪80年代文坛、学坛一直充满活力，从话语的革命到文艺创作，特别是小说与美术创作都出现了一种革故鼎新的态势，然而不知怎么了，到了20世纪90年代，我感觉到文坛的不振和疲软，学坛考据之风弥漫，现代性与当代意识空前萎缩。我不敢说风花雪月靡靡之音占了上风，我更不反对影视明星、功夫电影、言情小说，更不会反对人们读武侠小说的精品。梁、金、古，他们显然占有一席之地，他们的小说必须也应该成为我们休闲文化中的一个组成部分。他们在各自领域拥有群众，我们必须正视和首肯，我们无权说三道四。然而，站在新文化立场的作家到底怎么了？不错，我们有张承志、韩少功、铁凝，有陈染，有池莉、方方、张抗抗，也有刘震云、刘恒、陈村、陈忠实以及莫言、格非、苏童、余华。但是，这样一个大国，能与此相匹配吗？而这些作家对中国人民特别是普通百姓，到底付出了多少智慧与良知？我们常说的忧患意识，我们常说的神圣忧思，我们常说的发自心灵良知的使命感发挥得如何？所以我常说，上帝只是把不算多的笔交给了不算太多的作家，把良知、智慧和美感交给了他们，而我们当然企盼他们为我们的百姓鼓与呼。我再次说明，我这里隐含说的作家、艺术家的使命感，不是根据长官意志，更不是让作家、艺术家写那些粉饰太平的东西，专门写些歌舞升平和应命之作，而是企盼、呼唤作家凭着自己的良知来写百姓，为百姓造型，为百姓说出他们想说而说不出的话。20世纪五六十年代曾有过一句口号："文学要干预生活。"这其实是痴人说梦。文学是干预不了生活的，它没有那么大的功能。但文学是可以捍卫人性的，它能逐步让你理解真善美与假恶丑。我主张文学可以做各种各样的探索，但我认为有一点，在中国永远不要忘记，文学的启蒙作用，文学的安慰、拯救灵魂和再塑心灵的作用，特别是为百姓呼吁的作用。不然，人们拿那么多的钱养活那么多作家又有何意义？

以上的问题，原因很多，不是一言半语能说清的，更不是我的水平能够阐释得了的。然而，如果让我找一找原因，我认为，我们的文化的最大缺失是思想，思想，还是思想，人格，人格，还是人格精神。法国思想家帕斯卡尔认为"思想形成人的伟大"，"人的全部尊严就在于思想"。思想不是不可捉摸的，大而空的，思想乃是人类的生命激情、生活体验所融合了的知识与经验，即它是被崇高的生命激活了的知识，因为知识与经验必须转化为思想。思想或炽热，或深邃，或流动，或博大，或精微，或沉潜，然而它永不僵化，凝固与死寂就不是思想。没有已故的思想，只有已故的知识与经验，真正的思想活在知识与自我的关系中，所以思想永远是吸纳的，又是敞开的。任何时代都需要思想，生气勃勃的思想，何况是方生方死的大时代。正因为我们对思想的缺乏，我们才容易满足现状，才不求上进，才愿停留在现在的水平。我们觉得快餐文化可以满足一点自己的肠胃。但我们真正需要的是思想的营养。这营养金庸可以给我们一些，但影视剧不会太多，而影视明星与功夫电影只能是休闲小吃，这些吃多了还是要害肠胃病的。

然而还有一个更大的问题，那就是文化中的人格和人格精神、人格魅力。因为知识与思想皆构筑于人格，人格具有凝聚力，没有人格的知识与思想只能是一堆零散的无用的废料。而人格的高尚与卑鄙则可以使知识、思想呈现出各种不同方式和不同的质。所以文化之魂是人之人格，是人的人格精神。奥威尔说："对知识的尊严直接的、有意识的打击就来自知识分子。"这就是知识分子卑贱性的一面，对于这一点，我们不能不有所反思。

**刘春理**（东艺系美学研究生）：宁先生，听了您的谈话，我们愈发认识到了思想和人格对知识分子的重要性。王朔评金庸一事，使我们获得的思考更加深刻了。请问您是否能就王朔评金庸引发的思考这个问题给我们一个简单的概括和升华？

**宁宗一**：王朔评金庸引发的思考，一言以蔽之，应该是建设我们有思想、有人格精神、有生命力的新文化。社会的现代化，首先是人的现代化的问题，而人的现代化首先应该是观念的现代化的问题。我们似乎不应该永远停留在传统上、文化快餐上。知识分子的"创造思想，介入现实"的双重使命是不应忘怀的，学术见地、文化焦虑和现实关怀更应该是知识分子的做人之本。知识分子之所以是知识分子，就必须是一个不断反思规范又不断挑战规范的人。

# 尘世的倒影与升华①

　　结束一重生命，人会进入怎样一种时空，进入怎样一种境界？对此，历来有天上、地下的传说，也因此有许许多多关于天上、地下的艺术品。鬼魂正是人类惊人想象力的创造。而且鬼文化也成了世界性民间文化的一个组成部分，它随人类文化发展而发展，又受科学的制约而不断萎缩。然而即便是在科学高度发达的今天，人类有时还会疑惑，这世界究竟有没有"鬼"？有些什么样的"鬼"？

　　在遥远的中国古代哲学界和西方先哲的笔下，对鬼的理解存在着种种分歧。即使在一千九百多年前王充就推出《论衡》这样包括无神鬼论的巨著，他也未能说服一切有鬼论者，及至后来的集反神学大成的熊伯龙，他的《无何集》也未能一锤定音。稍稍后于他的蒲松龄照样写他的《聊斋志异》，其中鬼魂之多，鬼气之重反而远远超出了一切志怪小说。这就不由得让我猛然想起了一句沉睡千年的犹太古语："人类一思索，上帝就发笑。"所以，我反而更看重宋代陈淳对这个纠缠不休的问题的通达、超然、洒

―――――――――――

① 本文是为我的第一届硕士研究生许祥麟所著《中国鬼戏》所写的序文。文中阐述了我对鬼戏的观点。

脱的态度，他提醒人们：

> 鬼神一节，说话甚长。当以《圣经》所说鬼神本意作一
> 项论，又以古人祭祀作一项论，又以后世淫祀作一项论，又
> 以后世妖怪作一项论。

这似乎不像是耍滑头的折中论，而是想给人以继续思考的余
地。德国的莱辛对此也是采取宽容的态度：

> 如果我们现在真的不再相信鬼魂，如果没有这种迷信
> 必然会阻碍迷惑，如果没有迷惑我们便不可能产生同情
> 心……[1]

至于小说家者言，他们大多总是极聪明地为自己虚构各色灵
怪故事寻找根据，他们几乎都主张，对鬼神之事宁可信其有，不
可信其无。北宋人刘斧的《青琐高议》卷二"慈云记"记录了一
段对话：

> 通判牛注谓师曰："天堂地狱有之乎？"师曰："宁可
> 无而信，不可使有而不信。"

这里就有了耍滑头的意味，不过他显然是为自己也为别人在小说

---

[1] ［德］莱辛著《汉堡剧评》，上海译文出版社，1981年9月，第60页。

戏曲里写鬼怪故事留下缝隙。

到了清代，黄越在《平鬼传·序》中就有了回归艺术本体的味道了。他说：

> 且夫传奇之作也，骚人韵士以锦绣之心、风雷之笔、涵天地于掌中，舒造化于指下，无者造之而使有，有者化之而使无，不惟不必有其事，亦竟不必有其人……安所规规于或有或无而始措笔而摛词耶。

也许不是所有的小说戏曲家们都能从理论上自觉地意识到这一点，但大致可以肯定，他们的创作实践，总是超越了各种理论的束缚。莱辛在另一个国家说得干脆和明快，他公开倡言，不相信鬼魂，一点也不妨碍作家利用鬼魂。他甚至在嘲讽伏尔泰时说不要把宗教牵涉到文学创作领域中来。①后来不少作家的创作实践都证实了黄越和莱辛的话言之有理。美国作家辛格就爱写鬼怪。他在回答作家是否要相信鬼怪的存在才能写好作品的问题时，机智地说："作家可以是唯物论者，也可以是不可知论者，同样可以写作。"②至于在当代的中国，著名戏剧家吴祖光先生就在1947年写过《捉鬼传》，而时针已拨至20世纪80年代，北京人艺还上演了锦云先生的力作《狗儿爷涅槃》，中央实验话剧院上演了刘树纲先生的《一个死者对生者的访问》，此剧后来还

---

① 参见［德］莱辛著《汉堡剧评》上海译文出版社，1981年9月，第59页。
② 《辛格谈创作》，原文发表于《当代外国文学》1981年第2期。

被改编为电影在全国上演，而且曾轰动一时。我猜想，他们几位也不会是真正有鬼论者。

也许中国的戏剧对鬼情有独钟，所以鬼魂与中国戏曲结下了不解之缘。试看，中国传统戏曲在生成、发展的每一阶段，何时没有鬼神的影子相伴？这在众多原因之外，窃以为，在艺术世界里（当电影和电视未诞生之前），戏曲艺术是一门最富于活力的艺术，它不仅具有自己独特的个性和形象思维的规律，而是兼有空间与时间、视觉和听觉诸方面艺术表现手段之极大自由，所谓"三五步走遍天下，六七人百万雄兵"。上天入地的自由度极大正是中国戏曲的所长也是别国戏剧所不可企及的优势。

远的不说，仅从中国戏曲艺术成熟期和黄金时代来考察，就有众多鬼戏名作存焉。朱权的一部《太和正音谱》就赫赫然列有"神头鬼面"一大科。如果你再翻检一下《元曲选》及外编、《六十种曲》《孤本元明杂剧》《缀白裘》等戏曲专集、选集，内含鬼魂形象的作品，不会少于三分之一。元杂剧中的《窦娥冤》《倩女离魂》早已家喻户晓，其他像《盆儿鬼》《朱砂担》《霍光鬼谏》《西蜀梦》《生金阁》《后庭花》等都是专门写鬼的。由此一线发展，到了后来的传奇剧《红梅记》中的"幽会""放裴""鬼辩"；《焚香记》中的"陈情"和"明冤"，几乎都是写鬼魂诉冤、讨债，表现了一种至死不屈的顽强抗争精神。其矛盾解决，大多是人鬼合力，既以人间为出发点，又以人间为归宿，充分体现了中国文化精神，特别是中国戏剧艺术的生命精神。至于爱情传奇剧的旷世经典之作、戏曲巨擘汤显祖的《牡丹亭》，一声"生者可以死，死者可以生"的至情呐喊，如厉风如狂涛，冲决了一切人间的樊笼和堤防。杜丽娘的鬼魂真是"诡丽足以应情，幻特足以应态"①。沈璟虽然总是有意和无意地和汤氏"对着干"，但他竟然也写出了一本《坠钗记》，其中也有冥勘，也有幽会和私奔，但那鬼魂的力度就远不如汤氏的牡丹一梦了。戏曲艺术发展到清代及近代，花部中鬼戏似已无法作准确的统计了，而其内蕴的复杂更不是一两句话和几篇文章能说清楚的。

鬼戏的创作如此，对鬼戏的评论以及抱持的态度更是百家百言。既有明代张岱的叔叔的对联，表明鬼戏具有强大的劝诫的作用，所谓：

> 装神扮鬼，愚蠢的心下惊慌，怕当真也是如此；
>
> 成佛作祖，聪明人眼底忽略，临了时还待怎生？

也有那位富贵闲人、情种和时代叛逆者贾宝玉对宁国府舞台上"大摆阴魂阵"，不屑一顾，竟拂袖而去。总之，鬼戏的钟摆摇来摆去，本来诗和科学所处的位置相当于南北两极，而当人们一旦被浅薄的政治功利主义所左右，诗与科学的界限就被弄得混乱不堪，那一点点创作自由和个性化极强的审美趣味也被"舆论一律"所统掉、革掉，鬼戏几乎成了人们望而生畏的黑洞与魔窟，谁要进去谁就没有好下场。

---

① 此句出自明代茅元仪为其弟茅暎所刻的朱墨套印本《牡丹亭》所写的《批点〈牡丹亭记〉序》。

面对浩如烟海的鬼戏遗产，面对这复杂的鬼文化现象，最明智的态度最好是：

　　凡是不能言说的，对之必须缄默。[①]
　　此中有真意，欲辩已忘言。[②]

然而文化人的痼疾是经不起艺术美神的诱惑的。事实是，那一出出优美的鬼戏，那难以说清的哲理境界和浓郁的文化意蕴，总是逗人遐想，令人沉思。试问，谁看到那一次又一次被撕裂的灵魂而不动容，谁看到那像火山熔浆一样爆发出来的爱与愤怒而不产生强烈的共鸣，又有谁在舞台上看到被毁灭了的美，在最后一搏中所作的挣扎和呐喊，而不深深地感怀那生命的心房？我不否认，看大师的戏，常使我的心壮美地为之颤抖，那种崇高的力量也常使我潸然泪下。在泪光闪烁中，我瞥见了人的尊严，人的价值和我一生的使命。

　　对于中国的鬼戏，如果我们不仅仅停留在表层上各种形式美因素所唤起的意象，又不仅仅停留在这些戏剧意象所指示的一般社会的、历史的、政治的内容，而是试着探求一下那深层结构中的哲理心理内涵时，我们可能还会在这些传世的鬼戏中发现那超越题材、超越时空具有象征意味的深刻意蕴。这是《霍光鬼谏》中霍光鬼魂的一声高腔：

--------

　　① 这里借用的是哲学家维特根斯坦的一句名言。
　　② 陶渊明诗句。

冷飕飕风摆动引魂幡，

这是我为国家啊——灵儿不散。

深一层次地看，它荡涤听众灵魂的不再是霍光的忠君思想，而是那弥漫四合、充彻心灵的沉重，它使我们的理智和情感都承受着历史的重负。这不就是人间的一种不可摧毁的精神力量吗？这样的意境早已超越了题材的"感性限制"，成为人的高尚情感和执着精神的象征。正是它，激烈地震荡着历代听众的心灵。比如《牡丹亭·冥誓》一出，杜丽娘唱："一灵未歇，泼残生，堪斩折。"这里的鬼魂无疑是人物心理的具象化、凝练化，但就在这假定性手段下，我们不是感悟到了一种崇高的精神品性，一种内涵充沛的力量，一种被升华了的美的心灵的象征意蕴吗？如果读者不怪罪我因篇幅所限，而只能"寻章摘句"，那么我想，这些如鲁迅所说"鬼而人，理而情"，鬼、人、理、情一经结合所产生的奇异的审美形态，诗与哲学的融合而产生的审美力度，那崇高之美、悲壮之美是易于被人把握的，而其文化底蕴也能逐步被认知。

另外像以李慧娘悲剧为题材的各地方戏和孟超先生的那本引来杀身之祸的新编传奇剧《李慧娘》，都是"富贵不能淫，威武不能屈"个性的合理延伸，它无时无刻不给人以凄迷漂流的感受，这种飘飘荡荡的英魂正是对恶俗浇漓的阳间的反动。在"王魁负桂英"题材剧中，敫桂英在万般无奈的情势下，诉冤于神殿，海神称"阴阳间隔，难以处分"，剧作家别出心裁地写了桂英愤然自缢，以期化为厉鬼，报仇雪恨。在这里，剧本逐渐脱去题材的外壳,一任审美思辨向历史的深处飞越。剧诗作者被有力的情感逻辑的力量带到一片新的天地,深深挖掘着忠贞不渝的感情的追求和深深的哀恋。这虽是一种永恒的遗憾的母题的显现,但她却在心灵的追求里得到更高的意义上的精神契合。希望永不背弃的愿望虽然落空了,但精神却永不向命运屈服,这也就超越了题材的再现性,而进入了社会情绪的深层表现,获得了象外之象,它真正震撼后人的正是它对一切背叛者灵魂的审判,题材的象征意味在这里得到了体现。

这些点点滴滴的感受,很难说我已准确地把握了中国鬼戏的文化精神。我仅仅是模糊地感到了鬼戏是时代生命意蕴的写真,是对人的生命意义的热切关注。在叙事与抒怀相交织的运作中,构成了一股股渗浸于一部部鬼戏叙事空间、时间内的深层情绪化的潜流。这些就是我长远地偏爱鬼戏的原因。

局限与偏爱,使我常常渴望优秀的鬼戏和鬼文化现象能引起那些有历史使命感和学术良知而又禀赋着一定知识理论准备的学者的关注,将之摄入自己的研究视界。几年前,我只依稀听说许君祥麟的中国鬼戏文化史论被认定为国家教委八五重点科研项目。然而岁月流逝,似乎这件事被我淡忘了,可是就在1995岁末,祥麟突然来到寒舍,并带来了他的大作的清样,嘱我作序。当时我不仅满口应允,并且告之祥麟,我有二喜:一喜祥麟如期完成重点科研项目;二喜这是我偏爱至极的课题,有话可说。时至今日命笔,我似乎仍沉浸在一种情不自禁的高度亢奋之中,这是我为文以来很少有的一种心境。

我和祥麟皆受业于著名戏曲史家、戏曲作家、戏曲教育家华粹深先生。同师一门，只是相隔约三十年，故此我和祥麟是亦师亦友的关系。在他研读硕士学位和以后担任宋元明清文学史和戏曲专题课期间我们也有过愉快的合作和共同的爱好。在当时和以后南开中文系小说戏曲研究室不少同仁纷纷转向古典小说这个热门研究时，似乎只有二三朋友坚守在备受冷落的戏曲艺术研究的岗位上，其中就有祥麟在。

祥麟是位严谨的中年学者，他有广博的戏曲学识，他对民族戏曲的酷爱在南开师生中也是尽人皆知的。现在他又在嚣繁冗琐气氛中能极逍遥之趣，写出了一部洋洋洒洒、气脉贯通的中国鬼戏史更令我感佩。众所周知，在中国，曾经产生了灿烂的戏曲艺术，也产生了独树一帜的鬼戏。过去由于种种原因，鬼戏的系统研究处于空白，以致人们对鬼戏，多从单一剧目孤立地进行研究，缺乏整体地宏观地从戏曲美学和文化学的高度去把握和论证。祥麟潜心研究中国戏曲史，用五六年的时间搜集资料，勤奋钻研，终于完成了这部涵盖古、近、现、当代各个时期和代表性剧种的鬼戏研究专著。此书引用大量文献资料描述了中国民族戏曲中鬼戏的形态、特征和发展规律，提出了自己独到的见解，特别是对中国鬼戏文化现象的符号特征进行了系统的爬梳和精辟分析，对其中蕴含着的社会的、文化的、生命的心理内涵，作了有说服力的揭示。这既为专业工作者研究中国鬼戏提供了不可多得的著述，也为广大读者了解、学习中国戏曲艺术中的鬼文化提供了可读性强的启蒙读物。近日家中暖气骤停，于是僵卧沙发，尽日快读，获益匪浅，顿觉红尘十丈之外，生出一片暖融融世界。

我曾牢牢地记住过老托尔斯泰的一句名言："一旦搞了文

学，就不要闹着玩，而要贡献出整个生命。"读祥麟的这部鬼戏专著，令我感动的首先也是他那如西西弗斯般的坚守学术立场和对戏曲艺术的一片痴情，以及敢于超越前人独立不倚的理论勇气和抱负。作者显然不满足于研究界一度习以为常的那种平庸地堆砌材料或武断地乱下结论的戏曲史建构模式，而是试图通过自己的独立思索与实证研究，寻找一种在20世纪中国戏曲研究中真正具有理论和实践意义的文化艺术立场，以越过许多长期以来出乎主观认定或选择的理论偏见。事实上，该书从发现到评判，由实录到认知，由主体倾向性到客观逻辑性，都具有开阔的学术视野。引言和第一章是本书的总纲和方法论的前提，作者宏观地阐释了鬼文化研究上的理论原则，并据此描述了中国戏曲中鬼魂的艺术世界的总体演变轨迹。在总的思路和话语逻辑之后，全书用了三章的篇幅分别探讨了中国鬼戏发展的各个阶段，并对代表作品进行了抽样分析。虽然表面上各章之间彼此独立，对研究对象的选择也未涵盖所有鬼戏的一切层面，但由于作者对鬼文化现象的熟稔，而书稿从宏观到微观，从现象到个体，从思潮到流派的阐释与评判就已深入到戏曲中鬼魂世界的规律层面，并寻求到了它的潜隐的精神层面和逻辑线索，这不仅赋予了中国戏曲的鬼魂世界以全新景观和重构鬼戏文化史的可能，而且也使整部书浑然一体，具有严谨的学术体系性和逻辑力量。

全书从第五章开始，作者对鬼戏的艺术世界的形态学和符号分析是实证的、生动的描述性分析，又是深入灵魂的心理分析，同时更是一种文化哲学的分析。在作者笔下，民众的政治意识、审美趣味以及时尚等等深藏的心态被剥笋般地从不同角度、不同层次揭示出来，给人以启迪。最值得称道也最见祥麟学术功力的是"中国鬼戏中冥幽空间观念"一章。这里的研究，具体而微地对冥幽空间进行了深入的透视和剖析，具有一种"圆形的批评"的味道。[①]他从各个侧面进行观照，而不采取直线性思维，这就使祥麟的鬼戏研究进入一个新的浑然一体、气脉贯通的境界。

从文化建设角度，对域外的任何学术成果，包括新的方法论都应采取勇于吸收的态度。鲁迅先生早年著《摩罗诗力说》即提出"求新声于异邦"，如果不是误解，鲁迅决不是主张生搬硬套西方的一切，而是以中国文化为坐标，以西学为参照系。因为中国文化不是一个封闭系统，不同的文化应该是互相开放、互相吸收的。王元化先生曾喟然而叹曰："中国需要引进并研究西方文化成果，以补自己之缺，早已成为有识之士的共识，不再是需要大声疾呼引起注意的问题了。"然而对于社会科学研究领域出现的新方法论、新原理、新范畴、新概念的创制，我们听到了太多的诘难、挖苦和过于严厉的批评。其实"每个原理都有其出现的世纪"。事实是，我们似乎在抵制新原理、新方法论时，我们自身就正被改变着思维方式和思想观念。乐黛云教授曾坦言："对自然科学发展史上里程碑式的进步，我们应有所认识。因为每一次进步都刷新了整个人文学科。进化论、相对论、耗散结构、系统论等，以其特有的功能，改变着人们的思维方式和思想观念。"这些话令人信服。

---

① 王先霈先生曾精辟地提出过建设圆形的文学批评，不赞成直线性的文学批评，由于王先生大作没能找到，此处只凭记忆转述。

在我看来，艺术世界绝不是一种哲学或理论可以完全解释的。著名的测不准定律证明，在描述一种现象时，需要一种理论，在测定另一种现象时，则需要另一种理论，没有放之四海而皆准的绝对真理。我特别欣赏祥麟的理论自信和话语风格。这是一部视角独特的学术书，也是一部巧妙地溶进了各种新潮研究方法的书。作者从符号学视点研究鬼戏的形态，从文化释义学视角研究人鬼交际，又以类型学视角研究鬼魂世界的各色悲喜剧……很多方面，都发人所未发，相当精彩。祥麟此书的成功正在于他有效地克服了文学研究新方法与个体批评话语的脱节与错位，而是巧妙地把方法论融化进了纯粹私人化的话语运作，因而读来觉得水到渠成，新意迭出而又了无痕迹。如果没有对中西文论的修养以及语言表述功力，这样的学术境界也是很难达到的。

真正的理论决不是灰色的。几年前，祥麟曾与友人合作出版过一本《大综合舞台艺术的奥秘——中国戏曲探胜》，我读后，觉得有许多优点以外，也发现此书的理论密度和理论深度皆有不足之处。但《中国鬼戏》的突出特点，是他的哲学意识的强化。几年前，在文学史观的讨论中，我即明确表示，艺术史研究中的理论思维和思想的贫困，就其根本点来说，是哲学意识的贫困。我们似乎没有充分重视从哲学的新成果中吸收营养。为了艺术史研究向更高层次拓展，哲学思考比任何时候都显得更重要。事实只能是，深厚的哲学修养和恢宏的历史哲学意识才能够大大拓展艺术史的创制者的精神视野和思维空间，因此我同意一位学者的意见，"哲学乃批评之根"。

作为戏曲中的鬼魂世界，体现了中国民族精神的双重性：

　　　　　　　　　　　　　　　　　教书人手记

既爱幻想，又重实践。面对这一特殊对象，哲学的观照是何等重要。事实是，《中国鬼戏》正是以哲学的思考反映出作者体验世界和体验人生的内心独特感受和理解。我读书的习惯和偏爱是：判断一部书籍高低的标准之一是看它的篇终是否能让我接近哲学的境界，即有否韵外之致，象外之象。与此相仿佛，我判断一部学术著作的高低标准之一，则是看它是否弥漫了一缕诗意和哲理，使你执卷流连，余味萦回。我读祥麟的这部专著，似乎兼而得之了。

当然，我深深知道，对于戏曲中的鬼魂世界的价值取向和文化底蕴，祥麟没有也不可能提供一种最后的、终极的答案，对于戏曲艺术中的幽冥人生的感悟也不可能存在最后的终极的答案，然而我仍然固执地认为这部关于鬼戏的专著，还是提供了许多发人深省的智慧。

不知是不是一种苛求，我略感不满足的是，这部专著还没有在戏剧比较研究上充分展开自己的思维空间。比如看西方的电影戏剧，那些鬼，除了形象怪异之外，最缺乏的就是人所不具备而"鬼"必须具备的阴气。西方的鬼怪电影和戏剧更像是情节或心理悬念片，比如《幽灵》《吸血僵尸》等等，其中的鬼魂，无论好坏、善恶，无论死得其所还是孽债未了，都好似阳气、人味十足，仍然在人间挺自如自在。唯一的噱头是他看得见他想看见的人，而想见他的人则看不见他。这就使得观众要么将其视为怪物，要么就以为是人的恶作剧，而不会是具象化的鬼魂。中国的鬼戏，不同于西方影剧中的鬼怪场面，它不是以具体的恐怖取胜，而是以浓重的阴气包装。如前所述，它时刻给人以凄迷漂流的感觉，这种飘飘荡荡的阴魂恰是对险恶阳间的反动。这也许主要和东方文化与西方文化在阴阳两界上的不同理解有关：一个看重现世有形，一个看重现世无形。对于这些极有意味的问题，真不妨破费点时日好好揣摩揣摩。

歌德在《浮士德》中有言：

　　人是只须坚定，向着周围四看，这世界对于有为者并不默然。

在艺术史的悠远的历程中，我想，关于人，关于生命，关于生死，关于爱，都是人类艺术史上永恒的主题，也是追索不尽的研究课题，预祝祥麟继续刻苦奋进，我深信他会同许多中青年学者一道去推进我国的戏曲文化事业！

1996年元月6日

# 把《金瓶梅》研究从狭窄的
# 空间解放出来①

可以毫不夸张地说，我们把《金瓶梅》无论是放在中国世情小说的纵坐标或世界范围同类题材小说的横坐标中去认识和观照，它都不失为一部杰作。

然而，由于过去旧的狭小而残破的阅读空间，因此很难容纳《金瓶梅》这样早熟而又逸出常轨的小说精品。近十多年来，《金瓶梅》研究开始沿着复苏、建构、发展的轨迹演进，其研究方法也由单一走向多样，由封闭走向开放；课题也由狭窄走向宽阔；小说文本与美学也不断勾连整合，于是，《金瓶梅》研究真正建构成一项专门的学问了。我认为，罗君德荣的《金瓶梅三女性透视》一书，正是在这种浓郁的学术氛围中诞生的。

说句实在话，德荣选择的这个研究课题实际上是给自己出了个大难题。因为关于《金瓶梅》中的三个主要女性，先贤和时贤都有甚多的言论在，近年更见多种专著进行精辟的论析。于是，另辟蹊径，避免炒冷饭，就必然是作者要认真深思之的大问题，因为谁都知道，学术性研究非陈陈相因，而在于生生不息。在初

---

① 本文是为我的第一届硕士研究生罗德荣所著《金瓶梅三女性透视》所写的序言。

读德荣的书稿后，我放心了，原因是，我终于发现了他为创构自己研究小说人物新体系，找到了一套有别于他人的路数，看到了他那种重建阅读空间的勇气，以及他为之所做的努力。

小说研究与批评的蝉蜕，无论是外国的，还是中国的，莫不始于阅读。可以说，阅读空间的重建是小说研究与批评完成蝉蜕的内在动因。那么，要重建阅读空间，必须打破单向的线性的阅读方式，开辟多面多元多层次的思维格局，培育建设性的文化性格，然而这一切，必须具备一种新的阅读心态。总而言之，有什么样的阅读心态，就会有什么样的阅读空间。这是因为，作品空间是极为广阔的，其边界是在不断地阅读中确立的，而且一定会在新的阅读中被不断地打破。令人高兴的是，德荣正是在一种开放的、多层次的阅读空间中，在多种并行或者相悖的阅读方式中，既能择一而从，又能兼收并蓄，且因人而分别取用，同时还把哲学、史学、美学、心理学四者与小说贯通起来，因而书中处处渗透了哲思和史识。其中最为突出的是把握潘金莲命运演进轨迹时，从现象开掘下去，深入到心理层面，最终深入到思维层面。这样就使得他的人物透视不仅有哲思的深度、史感的色彩，而且还有审美心理的沉淀和扬弃。果然，德荣终于在前人研究基础上有所发现，有所升华。当然，像一切真诚的研究者及其成果一样，书中的所有论点，不见得皆为人所认同，但是他的辛勤的精神劳动和坚韧探索的毅力是可以使人感觉得到的。话又说回来了，作品空间和阅读空间的建立都不是一次可以完成的，而是在无数次的阅读中向着完成接近。基于这一点，德荣的理论发现还必将继续。

写到这里，我记起了法国伟大小说家巴尔扎克在《驴皮记》初版序中的一段名言，他说："在诗人或确是哲学家的作家那里，常常发生一种不可解释的、非常的、科学亦难以阐明的精神现象。这是一种第二视力，它使他们在各种可能出现的境况中猜出真相，或者说，这是一种我说不清楚的力量，它把他们带到他们应该去、愿意去的地方。他们通过联想创造真实，看见需要描写的对象，或者是对象走向他们，或是他们走向对象。"巴尔扎克在这里论述的，无疑带进了不少神秘主义的成分，但我们似不宜就将其视为谬说，其中"第二视力"一说，是一个很深刻的艺术见解。他对"第二视力"的发现，正是揭橥出洞观者所独具的那种洞察力，那种透过现象直达本质的能力。我认为，兰陵笑笑生就具有这种"第二视力"。而今天的小说研究者更应具备这种"第二视力"，因为借助于这种"第二视力"，才有可能帮助我们突破已有的研究格局，把《金瓶梅》研究从狭窄的视野中解放出来，在不同的层次上对它进行审美的观照和哲学的领悟。德荣是不是正在考虑开启他的"第二视力"，从而开辟《金瓶梅》研究的第二战场呢？我期待着。

1991年9月14日

# 别一种灵魂的透视①

　　从多种视角对罪恶的卖淫制度进行深刻的揭露，对被侮辱与被损害的妓女的精心塑造以及对她们特异生活的生动描述，在中外文学中可以说史不绝书，且有众多传世名作存焉。然而，我们还没有看到哪一个国家像中国这样绵延不断地而又如此鲜明地提出乐籍制度的种种问题和透视这一阶层妇女的别一种精神世界。

　　在中国文学史里，特别是说部与戏曲中，不少严肃的作家和民间艺人在面向严酷的生活时，总是怀着一种神圣的道德感，深情地关心着被侮辱与被损害者的命运。从众多的作品中，我们看到他们从不同方位考察妓女悲剧性的生活和心灵轨迹。他们对这一阶层女性的强烈关注被分成若干触发点，分别呈现在不同的文学艺术作品中。因此，在我们对中国文学发展史进行整体性考察和审美观照时，我们几乎可以看到我们中国的杰出作家们面对妓女生活进行沉思的结晶体系列。

　　文艺史证明，妓女生活和妓女形象，是很多文艺巨擘美学发现的新大陆。比如那读后令人心碎的传奇《霍小玉传》，至今还

---

　　① 本文是为我的第二届硕士研究生陶慕宁所著《青楼文学与中国文化》一书所撰写的序文。

让我看到作者几乎是含着深情的泪花凝视着自己主人公的生活历程。它让人看到一个聪明、敏感、感情纤细、富于幻想的妓女，如何被命运抛到那样一种环境。千百种的不公平让她的敏感的神经尤其不能容忍。霍小玉临终前迸发出的郁愤有如暴风雨，令人动容，而她的幻想又恰恰凝结为人间难得一见的形态和色彩。中国戏曲的奠基人关汉卿，在仅存的十八个杂剧中，以妓女为主角的旦本戏就有三个。在《救风尘》中，我们发现赵盼儿在失去人的尊严的外观下，却有着对非人生活的强烈抗议，在救援宋引章的过程中，我们也看到了赵盼儿如何呈现出一颗亲姐姐似的圣洁的灵魂。在《金线池》中，关汉卿仍然发现了这"可怜的动物"身上的人的精神价值。他在"社会的渣滓"中挖出了闪光的东西，赵盼儿、杜蕊娘都是把凌厉的锋芒指向她们命运的嘲弄者。至于别具一格的《谢天香》，则是关汉卿以低吟浅唱的沉缓调子宣叙着多少个岁月中，多少个天香们麻木循环着的悲剧。这在当时是一个更加切近现实的思考，因为，从中国的青楼文学的整体审美意识来说，我们也许会发现，有更多作家是对现实中这些处于底层的妇女们的麻木灵魂的更加沉郁的忧虑。

其实，要把握一些青楼文学作者塑造形象和展开生活场面的美学真谛，不能迷失其创作意旨。比如相当数量的说部和戏曲中，大多只写了一些身陷风尘的妓女想跳出火坑的急切心理和愿望，他们压根儿也许就没想把她们写成在内心燃烧着不息的生命烈火、酷爱自由和敢于冲破一切桎梏做困兽犹斗的战士。他们一部分人也许压根儿没想把这些人物写成由于爱情理想的驱使，从而点燃了热烈的情欲之火，酿成一段火烫灼人而凄惨哀婉的情史。有些作品也许只是围绕一个主轴转动，这就是跳出娼门，跳出这以出卖色艺为生涯的火坑！因此，人们在观照中国青楼文学与中国文化之关系时，一个值得注意的现象是：众多的妓女形象往往缺乏一种反抗的主体意识的武装，对自己所追求的理想缺乏一种自觉的意识，因而也就没有足够的精神力量。在众多的妓女中并非个个是主动的、自觉的叛逆者，相当数量的人则是在一个精神起点很低的位置上被动地被推到改变现实命运的舞台上去的。正是由于在精神境界上没有真正的超越，所以在相当程度上，她们也许仍然是依靠传统凝聚的妓女层的群体意识而生活。对于这一点窃以为未可否定，正在于这是对妓女中某一类人的灵魂达到了前所未有的新的文学透视。

是不是还有如下的一种特殊的文艺现象？即在中国文学史上，竟然在才艺双绝的妓女中冒出了一批数量可观的称得上是才女的文学家。这里人们也可以排列一大串著名和不十分著名的作家。是的，她们中间不乏才华横溢的诗人、说唱文艺家和戏曲表演艺术家：薛涛、鱼玄机、严蕊、琴操、朱帘秀、天然秀、马湘兰、陈圆圆、柳如是……她们在中国文艺史上无疑占有重要的一席之地，在世界文艺史上，这倒也是我们中国的一大特异贡献。而更值得重视的是，她们的作品在一定意义上是她们的"心史"。事实上，在中国文学研究中，要真正了解文学作品，就要深入到创作主体丰富而又活跃的内心世界。青楼女子写自己的生活，写自己的心绪，写自己的灵魂私语，或者说，这个灵魂世界的开启，将会大大开拓古典文学乃至整个中国文学发展史的研究领域。

但是，令人十分遗憾，面对这庞大的特异世界和弥足珍贵的文化遗产，缺乏的是那被过分地冷落的对青楼文学的认真严肃的研究。是的，近年我们看到了越来越多的妓女生活史、娼妓史之类的书纷纷面世，也不乏几部有分量的透视小说戏剧中妓女形象的著作的出版；然而，却也仍然让我们发现，妓女系列的作品常常被我们有意或无意地置于思想法庭和道德法庭上，而且给予了并非都是公正的判决，这也许是更深一层的遗憾。令人欣慰的是，近期我终于看到了陶君慕宁的青楼文学与中国文化研究的手稿。我用了几天的时间认真阅读了他的大作。我首先发现这部论著比他三年前为我们主编之《金瓶梅小百科丛书》所写的《金瓶梅中的青楼与妓女》更加成熟，更加具有学术性，也更加具有可读性。它不仅材料翔实，立论严谨，且全书处处闪烁着他的灵智、学养，体现着他的多层面的分析方法。在整个行文的风度上，表现出深厚的理论素养，从而构成了一种严肃的学术追求。这说明慕宁经过这数年的朝夕研磨，铢积寸累，成就可观。

　　治学之道，当然不外学识与方法，然学与识实系两种功夫。不博学当然无识力，而无识力则常常能废博学之功。识力与博学，是互相促进、相辅相成的。慕宁的《青楼文学与中国文化》，体现了他博学与识力兼而有之的特点。毋庸置疑，研究青楼文学需要诸多文化门类间的联系，不仅要了解某一时代青楼文学与文化之联系，而且需了解整个古代和近代文化进程中这种联系的多种样式和繁复形态，这需要更加切实和持久的努力。

　　慕宁出身蒙古族书香世家，我早就知道慕宁是著名的京剧史家陶君起先生的二公子。他幼年学习，以及后来的治学，都是很刻苦的。他的文字，他的为人，据我所知，皆有其远祖及父亲之遗风。他为人处世谨慎而又从容，含蓄而不失开朗，朴拙又时出机巧。文思敏捷，其才足以副之；论证深到，其学足以成之。书中时有哲思，发人深省，亦富娓娓，读之不倦。如书中对于唐代青楼文化格局的论述，对《游仙窟》的美学探索，对宋人性心理的发掘，对明代乐籍制度的考据以及对明末江南人文声妓之盛的评价，都令人有耳目一新之感。

书中的不足之处是写晚清的一章有些简略，与前面各章在形式上略显不平衡。慕宁曾对我说，要写到清末的赛金花和小凤仙，但由于研究的火候不到而出版日期又很迫近，所以宁付阙如，也不肯去祖述成说以凑足字数。这不足，恰也可见他的为人之一斑。

慕宁经历了上山下乡的艰难之途，积累了较为丰富的人生经验，虽新登学坛，但已呈现才力之宏富。他的学术潜力是很大的，他的论著，我已拜读不少，常常为他的精辟之论击节叫好。我深知，慕宁的这部书稿，清晰地显示了他个人以及他所属的一代人的认识的优长。我赞赏与我们的思维方式鲜明地区别开来的青年一代。但我也同样知道，也许只有慕宁他们所属的这一代人，才能以科学的当代意识看取文学史和艺术史，以这样的方式描述文化史的过程。这种眼光和方式不仅出于学术性格，而更多的是由于特殊的人生道路。我们那一代只能在不可克服的局限中思考，慕宁这一代比我们有幸，他们可以更开放地思考一切问题。我也深信，每一代人都不可避免地有他们各自的局限。然而，历史恰恰是被有着巨大局限的无数个人创造出来的。

慕宁写这部书稿，是他对于中国文化与青楼文学进行总体研究的一次尝试，这是他从元、明戏剧研究中拓展开来的一个新的对象。研究作为青楼人的精神产品的中国青楼文化，研究历代妓女的灵魂的历史，这无疑是有重要贡献的。总而言之，慕宁终于用他辛勤的汗水填补了文化史与文学史研究中的这一空白，不能不说他是青楼文学研究者行列的开路先锋之一。

　　书行将付梓问世，又承丽华小姐谬荐，力促我为此书写一序言，这真是我意想不到也愧不敢当的事。暑假有间，反复诵习杜牧为李贺诗集所写的序，好像有所领会：古人对于为人写序，是看得很重的，是非常负责的，杜牧是谦让再三才命笔的。这篇序文写得极有情致，极有分寸。我辈才疏学浅，无法与杜牧等大家相比，但看到慕宁近年的研究成果，特别是他的这第二本青楼文学专著出版，欣慰之余，我才大胆把平日的一点感想写出，与慕宁君共勉。

1992年8月21日

# "学院派精神"的学术实践①

今天是天津近来难得的一个好天气，云淡风轻，窗外一束明丽的春光，映照着放在案头上的正是我所认知的学院派的典型之作：《元代戏剧学研究》（二校样）。作者陆林在电话中不仅让我通览这项研究成果，而且希望我为他的专著写一篇小序。虽然我觉得很难措手，但还是不太情愿地答应下来，因为这给了我思考一些问题的机会。

陆林的大作明确标举元代戏剧学研究。既然是戏剧学，当然就与各种戏剧史和戏剧理论史有着较大不同。戏剧史重在描述戏剧艺术的产生与发展过程，对戏剧家与文本给予恰当的评估和定位，因此它的重心是戏剧艺术的本身；而戏剧理论史则着眼于阐述戏剧研究家批评理论的构成体系、内容、形态及其演进过程。要之，前者着眼于戏剧家的活动，后者着眼于戏剧研究家的活动；前者主要是戏剧家的创作活动的历史，后者主要是戏剧研究家的学术活动的历史。而戏剧学，窃以为除了对戏剧艺术本身及戏剧理论成果给予关注外，更多的力气需要用在对戏剧内涵

---

① 本文是为我的第三届硕士研究生陆林所著《元代戏剧学研究》一书所写的序言。

与外延的并行研究上。比如戏剧观念历史演变的轨迹，戏剧形态和类型的界定，戏剧美学的思辨，戏剧批评学和技法学的产生与发展，民族的时代的特色及精神品格，等等。在一定意义上说，戏剧学似应看作是对戏剧研究的研究。这就决定了撰著者必须掌握大量的戏剧文献资料，并在一定的理论层次上对戏剧这一叙事文类的理论与实践及其历史进程进行整体性、全局性的观照与把握。在我看来，这种兼及戏剧之"文本"与"历史"，"学"与"理"和"鉴赏"的戏剧学研究，需要的是博学通识，需要才情趣味，甚至同样需要驰骋想象的愿望与能力，这样才能对研究对象做到体贴入微。陆林来自学院，经过系统的学院式训练，学术功底是厚实的。他既了解传统，又不拘泥于传统的陈规陋习，最少保守思想；他绝不玩五花八门的流行色，既严守学术规范，又努力创新，充分体现了20世纪80年代成长起来的学者群体的活力。他不断提出建设性的构想，又善于对历史上的"定论"提出学理性的质疑并加以辩证。在记忆中有两件事给我的印象最深：

十四年前，陆林刚进南开大学中文系攻读戏剧小说研究方向的硕士学位不久，我接受了天津古籍出版社和天津教育出版社之约，为他们策划一套"学术指南"丛书，并指定我开头炮，撰写《元杂剧研究概述》。当时由于身体和精神状态都很坏，再加上知识储备的局限，我觉得难当此重任，所以希望陆林和田桂民两位研究生加盟，共同进行写作。一天，我们三个人碰了一次头，我只是提出了一个极为粗糙的框架供他们考虑。可是没想到，数日后陆林就给我送来一份他设计的《元杂剧研究概述》一书相当完善的细目。这个细目思路清晰，构想全面，我深感满意，只作了些微调整，就成为我们写作该书整体框架的基础。后来出版社一位负责人对我说，有关写作框架及纲目已印成"样本"发给了其他各书的写作者供其参照，这也是出乎我意料的。此后《明代戏剧研究概述》也是在陆林的策划下，又和桂民一道完成了此书的撰写。而我只是各写了一篇较长的导言，对内文略作了一些调整和修改工作而已。

另外就是他在读研第二年时，在中国艺术研究院戏曲研究所主编的《戏曲研究》第21辑发表《〈"元曲四大家"质疑〉的质疑》一文。这篇辨析文章，因其资料之翔实，辩证之充分，很快得到戏曲研究界前辈的首肯。两书一文（当然他在此间不仅发表一篇论文）一出场，就显得身手不凡。今天推想起来，也许当时其脑子里就已经有了一个戏剧学的影像了。而更重要的是，我发现了他的科学主义的实证精神和文本意识。①

陆林于南开毕业时，本可留系的，但他决定到南京师大工作。他来征求意见，我虽恋恋不舍，但我当时处境艰危，只好赞成他走。当然我更想到南京师大名师如云，高论如雨，对陆林学术潜力的开发必大有好处，何况这对他照顾住在合肥的双亲更方便呢，我想我不能太自私。事实证明，就是在南京师大的十二年当中，他在许多有使命感的饱学之士的影响下，又受到了古籍文献整理研究的严格锻炼，在文献意识、史学修养和文学品评等方面都有了长足的发展。更重要的是，在这样一个健康的学

---

① 这里所说的"文本"指的是言语作品，即由文字组成的实体。这包括历史与现代的一切文字材料。文本必须在他人的解释过程中才能得到理解并研究它们的意义。

术环境中，他没有沾染学坛上那种宏观冲击有余而微观分析不足的毛病。《元代戏剧学研究》这部书稿之所以能广搜博考，无征不信，朴实精核，融会贯通，是与他长期的知识储备和文献感悟力分不开的。事实上，我们通过这部书稿，就可以深深地感受到那凝练冷静的学术话语，看到论者学术生命所蕴含的理性和感性张力。

陆林的元代戏剧学研究值得一提的是它体善思新。戏剧学研究，既是一个特定的学科建构，又应看做是一个新的视角、新的路数，即历史性的研究和逻辑性的建构相结合的独特视角。原来戏剧理论史范式多是戏剧理论论著评述史的连缀，陆林则未简单地套用这种理论模式。他的研究特点是更加实证化、更加科学化，即在实证研究与理论探索交错上升的过程中，将宏观问题包含在每一个具体问题之中，从而通过后者加以解决。比如一方面考虑戏剧理论史框架的适用度，并不排斥已有的一些重要范畴；另一方面则以中国戏剧观念的内在理路为思考的重心，按照观念的基本内容和主要侧面确定相关的结构。所以在上编的元代戏剧学史论的评骘后，又有了下编的元代戏剧学专论。在纵横交错中，兼顾旁征博引与精雕细刻，将其学与识组合于最佳配置之中，于是戏剧学著述的新框架得以从容建立。由此陆林的元代戏剧学研究完成了这样一项重要的学术使命，即对蕴涵丰富的中国古典戏曲初始阶段的批评理论作了一次科学的"转换"式的清理，从而发掘出对当代戏曲学建设具有重大意义的因素，并加以系统的理论归纳。

从陆林这本书稿中，可以明显地感到其下笔谨慎，因此我说他在治学态度上无征不信、朴实精核。而该书的学术特质还在于，作者把实证考据与理论思辨加以结合，这就既避免了一般的探讨戏剧观念、戏剧理论的玄奥晦涩的乏味，也避免了实证文献的繁杂琐碎的弊端。它给我们一个启示：过去考据和理论研究往往相互隔阂，甚至相互排斥，结果二者均得不到很好的发展。陆著却把二者纳入历史和方法的体系之中加以审视，力求所谓考据与义理"双翼齐飞"，即考以求其实，实以求其是，体现了资料与理论和文本细读的互补相生、互渗相成的新的学术个性，从而使一部理论专著显得血肉丰满，有理有据，既无枯燥艰涩之弊，又显灵气流走，具有理论深度。

学术研究乃是个体生命活动，生命意志和文化精神是难以割裂的。学术研究中的"无我"，是讲究客观；"有我"则是讲究积极投入，而理想境界似应是物我相融。陈寅恪先生即主张，治史要有所"发现"。也就是说要在历史的观察中注入主体独特的目光，看到人们不曾看到的东西，即必须具有敏锐的"发现"意识。这"发现"在我看来就是"思想"。是的，知识是重要的，但是人们如果仅仅拥有知识又是不够的。知识、经验都必须转化为思想，不然就会如赫尔岑所说：不带思想的学者，就是处于反刍动物的第二胃的地位。而思想又不是不可把握的，它乃是人的生命热情、生命体验所融合了的知识，它是被激活了的炽烈的、深邃的、流动的，也许博大、也许精微的，活在知识与自我之中的精神文化。在这方面，陆林确实拥有多年修成的文史学功底，而史识、今识与诗识又使他深思精论，卓尔不群。在其笔下的若干篇章中，相当自然地映现出对戏剧学的另一种打量和解读，加之以洗练的笔触，为我们真实地再现了元代人文历史的氛围，感受到戏曲的宏富丰赡，让人认识到艺术学、艺术史的多色调多层面，从而使我们感应到剧作家和理论家们的戏剧思维和制作心路。从中就又体味到陆林对"有思想的学术与有学术的思想"的不懈追求。

读罢这部三十余万字的书稿，我对建立中国的学院派批评又多了几分知识。今天"新学院派批评"正在建构中，几年前我有幸参加这一问题的讨论，我更加深信学院派的生命力及其不断更新后给予学术研究的动力。如果将新学院派批评的某些特点衡之以陆林的戏剧学研究成果，我想那是应属于学院派中富有生气的力作。

如从知人论世角度来看，陆林善于凭借他的研究对象，以寻求理论底蕴、文化灵魂和人生秘谛，探索传统文化的历史命运和中国人文知识分子的人格构成。他以颖敏的文化感悟，尚未进入不惑之年时，即已取得了令人刮目相觑的学术成就。据我不完全的了解，由他主编与主撰的书就有六部（套），约六百万字；而在其主攻的戏剧小说研究领域，更写下了论文数十篇，充分体现了他的学识与才情。这一切使我不能不思考青年学人在成熟过程中的文化实力和学养的问题，这也许是一个与新学院派批评建构密切关联的内在素质问题。

从前我确曾被"天才"这个鬼魅困扰过。自青少年时期喜欢上文学艺术，也就结识了这个神秘莫测的词汇。几十年过去了，人老了，思维迟钝了，我完全不再相信天才之说了，但却越趋认同天分一说。因为天才似指天生之才，是与生俱来注定要成才的，或者说是哪位造物主给的才智。而天分就可信得多了，它也许是造物主对人的种种兴趣的一种分配、一种划定。因为兴趣和才智来自大脑的某一根神经，所以对相应的事物有一种特殊的敏感、悟性，往往一触即发。于是人产生了兴趣和思维的偏向，于是也就有了兴趣与爱好的分野，于是便有了对自己偏爱的事业的穷追不舍、以命相托的原始动力，所以这根神经不死，兴趣即不会转移。至于灵气似乎更加抽象和难以捉摸，但是它又是能让人感觉得到的。不过我倒觉得灵气多少是学养与经验积累以及自身禀赋乃至文化氛围数者之自然融合。

我提及书稿之外的这些话，其实是在看到陆林具备扎实的学术功底与沉厚的文化实力以外，确实又颇看重其天分与灵气。前面我已提及，在他读研时，这些特点已有所显露，到了南京师大又有了长足的发展。他的聪颖处，是其善于自我设计，保持学术心灵的充分自由。他常常能在治学门径中找到关键处，并最大限度地发挥自己的优长，所以其许多研究成果都给人以扎实厚重、耳目一新的感觉。

如果前面我涉及了陆林的"考据"功夫，"义理"水平，那么这里还想顺便提及他的"辞章"修炼。在我的印象中，陆林为文从未有刻意求工的匠气，相反他的文字流淌的是一种才情，读来自如、灵巧、畅达而又贴切。无论长篇还是短制，多是浑然天成，那强烈的整体感随之浮现出来。我谈这些话，确实有对自己文字功夫欠缺的反省：比如词汇贫乏到蕞尔之微，句法又如此疲沓不振，再加上思想的庸常，于是对中国传统文字的大气、活泼、充实、洗练，几乎很少能学到手，甚至不少好东西，也被我的文字糟蹋掉了。

于是我想到了学术环境、文化氛围、家庭教养对一个学人成长的影响，这里仅略说家庭问题。陆林出生于一个充满着书香气的艺术之家。约在1987年，我赴合肥讲学时，曾与陆洪非夫妇有过一次愉快的会面。作为黄梅戏《天仙配》《牛郎织女》的改编创作者和剧种史专著《黄梅戏源流》的作者，洪非先生具有南方学者艺术家的儒雅风采，所谓文质彬彬也；陆夫人林青女士从事戏曲导演工作，自是蕴含一股灵秀之气。在从事戏曲编导的同时，诸如艺术评论、传记文学，陆氏夫妇都有突出的建树。从陆林的心性来说，其优渥之质显然和家庭的文化气韵有着密切关系。

海德格尔在论及学问时大致有这样一段话：每门学科的基本问题根本就是不可能解决的，研究者只是不断地理解和重新提出这些问题，从而不断地深化对理论的领悟。对海德格尔这段名言可以有不同的理解，不过按我的想法，他不外是说学问是做不完的，而很多问题一直延续着那些问题，那些做不出结论的问题，人文科学在此表现得可能更为明显。所以可以和陆林共勉的一种思绪，我想就是：路曼曼其修远兮，吾将上下而求索。

1999年4月16日

# 百年辉煌①

## ——关于元杂剧研究的一些方法论问题

元代文学，在一个立国不到百年就毁灭了的王朝里，却做出了和唐诗、宋词并驾齐驱的贡献，这不能不说是由于元杂剧艺术取得了辉煌成就的缘故。所以通常我们总是把元杂剧作为有元一代文学的标志。

元代杂剧艺术的兴起，是中国戏曲艺术从内容到形式向生活突进的一大解放，同时又是中国戏曲艺术走向群众、走向艺术高峰的一道桥梁。它为中国戏曲艺术开辟了一个崭新的天地，并从此打破了中国文坛长期以诗歌、散文为中心的局面，开创了戏曲艺术发展的新时代。这是中国文艺史上为数不多的几个重大转折之一。

元杂剧是完全成熟的叙事性戏剧形式。它的发展和繁荣程度完全可以同世界戏剧史上任何一个国家的戏剧黄金时代相媲美。据文献记载，当时有姓名可考的剧作家就有八十多人，杂剧作品即达五百余种。南北各大城市，特别是大都、杭州等城市，集中了许多杂剧活动家，出现了许多杂剧艺术创作的团体和许多戏剧

---

① 本文是为我和我的研究生陆林、田桂民合著的《元杂剧研究概述》所写的前言。

　　　　　　　　　　　　　　　教书人手记

活动场所，这是一个戏剧艺术空前活跃的时代，也是我国戏剧史上最富有浓郁戏剧氛围的时代。

一

元杂剧的繁荣绝不是偶然的。现当代杂剧研究者都看到了，它既是元代社会经济发展和社会矛盾的必然产物，又是继承和发展了宋金戏曲传统的结果。这当然是因为戏剧艺术这种文类的出现，总是与商业化、都市化和印刷术的发展有关，并且往往都有较大的思想动荡或新思潮的产生作为其兴起的背景，都需要比较自由的语言媒体，都有强大的叙事传统作基础，其本身的发展规律的重要方面又往往是从对现实客观世界的描述，逐渐转入对人物内心世界的刻画。然而，我们认为这里还有几个极为重要的问题值得提出：

一是中国戏曲艺术发展繁荣的独特轨迹问题。我们不妨作这样一个众所周知的比较研究。公元前5世纪正是希腊悲剧的繁荣时期，有名的三大悲剧家就活动在这段时间。这就是说，早在公元前6世纪末到公元前4世纪初，古希腊的戏剧活动已经相当繁荣。这种戏剧活动的繁荣局面的出现，有其重要的社会原因。早期的希腊奴隶制国家表现为各自独立的城邦，如雅典城邦就是其中的一个。城邦中人口集中，工商业发达，政治生活十分活跃，它促进了文化艺术的繁荣。同时，雅典城邦的建筑业也十分发达，这为剧场艺术提供了十分有利的条件。早在公元前560年雅典城邦就建立了露天剧场，加上艺术家、演员专业化较早，这一切，都为希腊戏剧的形成和发展提供了各种有利条件。

中国戏曲的产生与发展，同希腊戏剧有所不同。它的形成比古希腊戏剧迟了一千多年，这其中的原因，除了形式上的差别外，在历史背景和社会生活方面，也有极大的差异。中国以农立国，农业经济占据主要地位，都市的形成较晚，而工商业发展缓慢。综合为中国戏曲的各种艺术因素，在其被吸收融化之前，一直处于独立发展的状态，并且又长期为封建统治者所占有，与人民群众没有紧密联系。直到安史之乱以后，市民文艺才逐渐抬头。而作为剧场雏形的瓦舍勾栏，一直到11世纪后半叶才出现。12世纪初，中国戏曲形成的各种条件完全具备，北杂剧才进入北方的勾栏瓦舍之中，中国戏曲艺术由此进入一个新纪元。迟于希腊的中国戏曲自它形成后，虽然经过无数变化，但基本趋势是向上发展，日益成熟，并表现出蓬勃旺盛的生命力。但是，古希腊戏剧经过一段繁荣之后，却逐步走下坡路，衰败下去，以致最后为罗马戏剧所取代。从这里可以看到促成戏剧形成的某些相同的社会条件和它们的不同点。

二是阶级斗争和民族矛盾是否为元杂剧繁荣的动因问题。当前元杂剧研究者在探讨这一问题时，大多避开阶级斗争和民族矛盾是元杂剧繁荣的动因，而着眼于元朝统治者的文化政策，从而提出"客观上的较为放任和主观上的较为疏忽"是元杂剧繁荣的原因之一。这一意见是有建树性的，观点也新人耳目。然而，文艺的繁荣原因之所以复杂，就在于这里常常会发生历史主义和伦理主义的二律背反。试看元朝的短暂历史，一方面，在残酷的阶级和民族矛盾的战争中，人民处在水深火热之中；另一方面，战争也推动了历史的前进。在人类社会中，有些残酷的行为却常常推动历史的前进，所以历史的前进体现了二律背反。从这个意义上来说，元朝的阶级和民族矛盾虽然给人民带来了苦难，但也扩大了剧作家们的生活和创作视野。元杂剧题材的拓展，剧作家审视生活的角度的多样就是明证。纵观世界文艺历史，文艺最繁荣之日，恰恰在意识形态重建之时。这往往与一定时期经济的发展不成正比。旧的意识形态大厦倾斜了，或新的意识形态体系正在重建，此时剧作家的感情和思想都发现了新大陆，作家对生活的理解，对感情的驾驭就获得了更大的内在自由，形象构成的机遇就空前地增加了，形式、流派就纷呈起来了。元杂剧的繁荣完全可以证明这一点。

三是戏剧与观众的关系问题。传统的阐释学认为文艺创作的实现过程包括几个环节：由生活到作家，由作家到作品。而在我们研究元杂剧时，也多是停留在这个阶段，特别是在考察它的繁荣原因时，往往忽视当时观众的作用。造成这种研究格局的原因，一是于史无征，因为文献上具体记载元代戏剧观众情况及其审美心理的也许可能太少了，而更重要的原因是我们面对戏曲这一艺术样式时，往往没有把视线延伸到接受者（观众），因此不可避免地轻视了观众反应对于剧作家的信息反馈作用，以及广大观众对戏剧创作活动的积极作用。国外不少戏剧理论家很早就重视研究观众对戏剧创作的作用。英国近代戏剧理论家威廉·阿契尔在他的《剧作法》一书中，开头就指出了"戏剧除了对于观众以外是毫无意义的"。他还引用了一句名言："观众构成剧院。"①

英国当代著名戏剧理论家马丁·艾思林的《戏剧剖析》一书中干脆明快地说："没有观众，也就没有戏剧。"②这是什么原因呢？

阿契尔回答得好："用戏剧叙述故事的艺术，必然与叙述故事的对象——观众——息息相关。你必须先假定面前有一群处于某种状态和具有某种特征的观众，然后才能合理地谈到用什么最好的方法去感动他们的理智和同情心。"③由此我们得到了这样的启示：元杂剧的繁荣和当时观众的整个心态有着密切关系。杂剧艺术是依靠群众的创造，并且是时刻感受着群众的"喜怒哀乐"而成长起来的。所以我们说元杂剧是群众的、民主的艺术，不只是由于它的表演要依靠瓦舍勾栏中各行各业的共同协作，更在于"杂剧"本身就是城乡"下里巴人"所创造，它一开始表现的就是市井或民间生活，并且必然是在群众中演出才能成长起来。戏曲和"说话"艺术一样，只能依靠群众才能"安身立命"，且发扬光大，这就要求它的从内容到形式的人民性和现实性，否则，它就无从发展。只要我们对元杂剧进行一番粗略的考察，就会发现，杂剧作品的主要倾向就在于它从当时的社会矛盾与冲突中，体现了人民群众（特别是城市人民）的民主意志和愿望。从人与人的相互关系中，体现了深厚的生活情绪和社会思想。它的普遍意义，不只是由于它是一种新体裁，而在于这种产生于群众中的

---

　　①［英］威廉·阿契尔著《剧作法》，中国戏剧出版社，1964年6月，第12页。

　　②［英］马丁·艾思林著《戏剧剖析》，中国戏剧出版社，1981年12月，第16页。

　　③［英］威廉·阿契尔著《剧作法》，中国戏剧出版社，1964年6月，第9页。

新体裁比之一般已被一些人当作敲门砖的某些诗词歌赋，确实是尖锐而又丰富地反映了当时社会生活中的各种不同程度的矛盾与冲突。存在决定意识。作为市民文艺的杂剧，它是市民社会实践的产物，同时又是市民斗争的精神成果。

法国文艺理论家丹纳说得极好："艺术家不是孤立的人。我们隔了几世纪只听到艺术家的声音；但在传到我们耳边来的响亮的声音之下，还能辨别出群众的复杂而无穷无尽的歌声，像一大片低沉的嗡嗡声一样，在艺术家四周齐声合唱。只因为有了这一片和声，艺术家才成其为伟大。"①

元杂剧繁荣兴盛的原因，应该是：优秀的杂剧艺术能代表一个时代千千万万人发言。它站在被压迫的人民这一边，为群众讲话。它反映了人民的苦难生活，它没有回避现实中提出的尖锐问题，因此元杂剧才成为怒放于专制制度祭坛上的鲜花，成为广大人民群众斗争心声的呼喊。正如赫尔岑在谈到失去社会自由的俄国人民时所说："文学是唯一的论坛，可以从这论坛上公开诉说自己愤怒的呐喊和良心的呼声。"②别林斯基也说："只有在文学里面，不顾鞑靼式的审查制度，还显示出生命和进步的运动。"③元杂剧的内容正是体验了人民群众的生活，渗透着市民的精神，跟平民百姓站在同一水平，表现了普通人的利益，在瓦舍勾栏这个"论坛"上公开诉说了人民群众愤怒的呐喊和良心的

---

① ［法］丹纳著《艺术哲学》，人民文学出版社，1963年2月，第6页。
② ［俄］赫尔岑著《赫尔岑论文学》，上海译文出版社，1989年5月，第58页。
③ ［俄］别林斯基著《别林斯基选集》第2卷，时代出版社，1952年，第326页。

呼声。这就是为什么在元杂剧中，使人感到了那个时代精神的脉搏，思想跳动的脉搏的缘故。这就是为什么元杂剧赢得了它同时代人的衷心的欢迎。舞台是艺术的圣地，也是社会的缩影。当剧作家的创作意念与人民的愿望相一致时，演出与观众共鸣的闸门才能打开。观众的情绪、态度是左右戏曲盛衰的关键，认识这一规律，有助于认识元杂剧繁荣的根本契机。一部戏曲艺术发展史不断证明：作为一种戏剧艺术，它存在的前提就是群众，就是直接面对它的观众。如果丧失了人民，丧失了观众，也就丧失了它的本身。

四是作家群的问题。我们认为作家群的出现，既是元杂剧繁荣的标志，也是元杂剧繁荣的原因。在我国文艺史上有这样一个带有规律性的现象：在一段时间内，以一两个大作家为代表，一辈优秀作家集中出现，形成文艺创作的高潮。若干年后又有一辈作家同时涌现，形成另一个高潮。一部中国文艺史，大体上就是由许多这样的高潮接续而成的。大的作家是文艺繁荣的标志，但大作家的出现又往往不是孤立的。在他们的同时或稍前稍后，总有一批才华横溢的作家围绕着他们，宛若群星之于北斗，相互辉映着，布成灿烂的星空。打开《录鬼簿》，我们看到，在元大都围绕着关汉卿和王实甫，集中了杨显之、白朴、纪君祥、康进之等许多才情豪健的剧作家。他们一时并出，各骋骥骤，终于掀起了中国戏剧的第一个高潮。

此外，文艺的繁荣，要有一个能够激励作家从事创作的艺术氛围。思想要砥砺，艺术要切磋，没有同时的、同辈的作家的互相启发、交流和竞赛，大作家的文思之泉，也会枯竭的。著名杂剧作家杨显之和关汉卿就是莫逆之交，其外号"杨补丁"之名，就是因为他常常对关剧提出切中肯綮的意见。这已成为元人杂剧史上的一段佳话。我们不妨再注意阅读一下《录鬼簿》，你还会发现很多剧作家互相都是生活的挚友，艺术上的知音。这说明，有元一代杂剧的繁荣和各种文学样式的繁荣一样，是多么需要一个良好的艺术氛围。而这一点虽然可能不是决定性的，然而却是必不可少的。

## 二

在元代社会历史和元杂剧研究中，一直存在一个敏感问题，即知识分子的处境和地位问题。并且由此还引出一个更为重要的问题，即如何看待正史与心史的问题。

一种说法是：元代开国后，八十多年间废除科举，堵塞了广大知识分子的进身之路。"学成文武艺，货与帝王家"，出将入相的美梦破灭了。蒙古贵族建立政权后，不但把各民族分为四等，而且据说还依据身份、职业把人强分为十级。在这十级中，文人被贬到了最低微卑下的地位。这十级的具体内容，郑思肖的《郑所南集》与谢枋得的《叠山集》二书记载虽微有不同——或称"七猎、八民、九儒、十丐"，或称"七匠、八娼、九儒、十丐"，但文人的社会地位仅比乞丐高一等，竟居于普通百姓与娼妓之下，却是清楚的。

另一种说法则认为元朝本无按职业把人分为十种的典章、法律，而发出"九儒"感叹的，则是诗人谢枋得、画家郑思肖（他们是宋之遗民），由于忠于赵宋王朝，不愿改换主子，以致在生计潦倒时发出牢骚，这并不能说明元朝有人分十等的典制，更不能断言知识分子在元朝遭到了位处娼妓之下的厄运。至于郑思肖所说"七猎、八民、九儒、十丐"，也是激愤之语，根本不是元初普遍的社会现象。这一派认为：元初政治清明，元世祖忽必烈"度量弘广，知人善任使"，对知识分子是重视的，重用了宋末儒学名士许衡、姚枢等人。

对于这两种意见，我们认为，一要看到在元朝统治者的文化思想政策支配下，知识分子也非铁板一块，而是在不断分化：一类投靠权贵，进入庙堂，成为当权者；一类消极颓废，高蹈出世，隐身山林和市井之中；一类则不屑仕进，自觉或被迫地参加了人民反抗压迫的各种形式的斗争。这类人中有的逼上梁山，有的运用文艺武器，参加了政治、思想、文化的斗争，在人民支持下，不避杀身之祸，担当人民和时代的代言人，积极反映人民的愿望和斗争生活，激发他们对黑暗统治的不共戴天的斗争意志，表达他们对美好生活的热烈追求和向往。

第二点，我们认为是最重要的一点，即如何看待正史和心史的问题。有的同志已经提出这样一种观点，即：既然逝去的历史是由如此复杂的材料造成的，那么学术研究就应当尊重这种显然比几部传世的正史更真实的历史本身。尤其近代以来直到今天，国际间兴起了一种新的研究方法论，即从被研究的对象自己留下的资料出发进行分析研究，这种资料不是太史公们或董狐们的制作，而是第一手的资料。

因此我们认为研究元杂剧及剧作家们的地位，似乎不应仅限于我们传统中所说的历史范畴。中国历史研究发展太盛且太久，浩繁的内容和分支有时使我们忘记人类探究历史时朴素的出发点。历史过程影响着人的心灵，现在人们对于自己心灵历程的兴趣或许多于对自己政治经济历程的关心。所以，人类历史中成为精神文化的底层基础的感情、情绪、伦理模式和思维习惯等等，应当是更重大的研究课题。比如郑思肖就明快地把自己的论著称为《心史》，而在他的《心史》中，就激愤地发出了对自己所处社会地位的深沉的感喟，这是牢骚，这是义愤，但正是这种感情，却无比真实地反映出元代广大知识分子的卑微地位。它的真实性可以说远远超出了当时和以后一切正史。正由于此，我们才同意这种说法：对历史的文学式的发想并不是应该受人轻视的。既然历史长河淹没了那么多人心的活动，那么历史本身也应当是人的心灵和情感的历史！谢枋得、郑思肖在他们的著作中，提示了这种心情和心理观念的文字比比皆是，同时又把这些真实深埋纸底。探究这纸底或纸背的内涵自然不是易事。然而更值得内省的是：当我们研究元人杂剧时，真的可以对这些埋没了的一切不屑一顾吗？

通过对元代知识分子社会地位的考察，我们充分肯定了心史的重要意义。那么，出于这些处于社会低微地位的知识分子之手的元杂剧作品，从有机整体观念来看更是一部生动的形象的心史。总而言之，一部元人杂剧史，就是一部元代人民的灵魂史。我们再不能一般地承认文学是人学，而且要承认文学是人的性格学，人的精神主体学和人的灵魂学。19世纪丹麦的文学史家勃兰兑斯曾给文学史下过一个精辟的定义，他说："文学史，就其最深刻的意义来说，是一种心理学，研究人的灵魂，是灵魂的历史。"勃兰兑斯这一思想的深刻性，就在于他不仅把文学一般地视为"人学"，而且承认文学是人的灵魂史，人的精神立体运动的历史。

作家的感受，一般都是很敏锐的。在元代，由于人生道路的险巇，更增加了作家们的敏感，沉浸于国家兴衰的思考也助长了他们思辨的深邃。一些优秀的剧作家在做出时代回声时，感知的渠道往往来自多方，特别是仕途坎坷或社会地位低微的剧作家，相对说来更有机会熟悉市井中的风俗人情和人生悲欢离合的底蕴。因此他们的心灵就更容易与人民的心灵相沟通。事实上，在元杂剧中杰作的纸底，大多蕴藏着人民群众的郁勃心灵，蕴藏着他们对于极端专制主义暴政的反抗之音，表现着他们对于当权者摧残文化、压抑人才、颠倒善恶美丑的深沉愤慨，并进而发出某些离经叛道的呼声。因此在我们综观元杂剧的杰作时，几乎都感受到了剧作家们感情的喷薄和气质的涵茹。当然，这一切又都是时代狂飙带来的社会意识在杰出杂剧作家身上的结晶。但试想，如果我们不透过其剧作追溯其心灵深处，又如何能领会这些杰出剧作家以自己的心灵所感受的时代和人民的心灵呢？彭·琼生曾精辟地称莎士比亚的剧作是"本世纪的灵魂"，那么我们也完全可以说，关汉卿、马致远、王实甫、白朴、郑德辉、纪君祥、康进之、高文秀等人的优秀杂剧作品是他们所处时代的"灵魂"。所以我们认为从最深微处来说，元人杂剧史也是一门元代社会心理学。歌德说过：望远镜有两头，一头扩大，一头缩小。我们既需要"小"，也需要"大"。即作为心史的元人杂剧史，既要深入杂剧作家的灵魂，也要纵目他们所受规范的社会心灵总体。也就是透过剧作家的感情、气质深处，甚至以某一个发人深思的生活细节的内涵作为突破口，从而纵观时代风尚，以至于社会思潮。所以，只要我们从心史出发，那么我们的元代杂剧史的研究，就可以扩大它的对象，扎根到社会的底层和深处。

恩格斯在致约·布洛赫的信中说得极好："各个人的意志……虽然都达不到自己的愿望，而是融合为一个总的平均数，一个总的合力，然而从这一事实中决不应作出结论说，这些意志等于零。相反地，每个意志，都对合力有所贡献，因而是包括在这个合力里面的。"恩格斯在这里告诉我们：研究任何一个作家，任何一种文艺现象，都不能忘记"个力"和"合力"的互相交错。因为他（它）们都不可能遗世而独立，因此对元杂剧的研究也要把社会思潮、文化史和剧作家的灵魂史结合起来，切不可忘记每一个"个力"源于"合力"的历史整体作用。只有这样，我们才会逐渐认识元杂剧历史的演变和它的运动规律的必然趋势，做到如黑格尔所说："艺术的真正职责就在于帮助人认识到心灵的最高旨趣。"

## 三

当前，我国正处于一个经济、文化、思想都空前活跃的、开放的时代。在国内思想解放运动的推动和世界科技革命浪潮的冲击下，我国文艺研究领域近年来也出现了蓬勃繁荣的新局面，其中方法论的革故鼎新尤为令人瞩目。随着元杂剧研究的日益深入，研究方法问题也愈来愈显得重要而突出。若要进一步解放杂剧研究的生产力，提高元杂剧研究的科学水平，就必须实现研究方法的现代化，加强元杂剧研究的当代性。

文艺研究者，应该是具有先进世界观的独立而深刻的思想家，应该如同普列汉诺夫所说，是"那种兼备极为发达的思想能力跟同样极为发达的美学感觉的人"。[①]作为研究者，他的议论不是凭空而发，泛泛而谈，而是有深厚的根底，对研究对象占有扎实的第一手材料和与之相联系的社会历史材料，并且通晓以往的各种研究方法。王国维先生对中国戏曲史的研究，不仅是开创性的工作，而且熔广事搜辑的功夫与真知灼见的眼光于一炉，史识卓见，体系井然，显示出一种文史大家的权威性和力量。他所著的《宋元戏曲史》，就是他独立建起的第一座断代戏曲史大厦。

通过对王国维等前辈治史经验的总结，我们可以看到一个文艺研究者应具备史识、今识和诗识。史识即历史透视力，今识即现实洞察力，诗识即艺术感受力。而我们当代的研究者则更需要创造性的科学的文艺研究，即应该显示出新时期的审美和历史的眼光。所谓文艺研究的理论发现，就是以敏锐的哲学思辨和美学眼光。透视复杂的文艺现象和文艺发展的历程，见前人所未见，道前人所未道。因为任何真正科学意义上的研究，其成果都应成为指引读者和作家进入新的境界的明灯。

---

①文艺理论译丛编辑委员会编《文艺理论译丛》，人民文学出版社，1958年，第104页。

任何历史的描述都要依据一定的历史哲学，一定的参照系和一定的价值标准，都要采取一定的方法。元人杂剧的研究也应是如此。

首先是对戏曲艺术和元杂剧发展过程的联系的考察。

中国戏曲史的宏观研究，必须是发展的研究和比较的研究。戏曲艺术的发展，具体到元杂剧的发展繁荣，必然是前有"古人"，后有"来者"，因此其前后发展的脉络必须搞清。正如马克思所说："研究必须充分地占有材料，分析它的各种发展形式，探寻这些形式的内在联系。只有这项工作完成以后，现实的运动才能适当地叙述出来。"另一方面是前后左右的比较，比如我们在论述某一杂剧作家作品及戏曲理论批评时，必须联系它之前的作家作品和之后的戏曲发展来进行考察。这样做，不仅能更准确深刻地把握研究对象的地位和特点，还可理清杂剧艺术发展的脉络，又能阐明杂剧艺术在不同阶段的不同特征。这种在发展、联系、比较中考察戏曲艺术的尝试，在戏曲史研究中具有普遍的方法论的意义。

在联系和发展中考察元杂剧艺术，有可能揭示它丰富而复杂的内涵。在我国文艺史上有一个带规律性的现象是：小说、讲唱文学和戏曲艺术有着不可分割的血缘关系。其中纽带之一是在创作题材上往往同出一源或是相互借用。杰出的作家还能在这种"借用"的基础上，进行创造性的改编，翻演为新篇。宋元以来瓦舍勾栏遍布京师和大中城市，更为各种艺术在题材上的相互借鉴，提供了广阔的园地，开凿了流通的渠道。因此，同一题材在说书场中和戏曲舞台上以各自的艺术样式加以表演。同时，又在新的基础上互相吸收对方在处理同一题材时的经验，从而提高自己的艺术水平。这样循环往复，绵延不断，世代不息，大大丰富了艺术创作经验。此种情形构成了我们民族戏曲艺术的一种传统。比如莺莺与张生的西厢故事，宋江和鲁智深、燕青、李逵的水浒故事，以及包公的断案故事都构成了序列。它们都是宋元杂剧院本和明清传奇中屡见不鲜的题材。

在我国戏曲史上还有一个奇特的现象。据文献载，宋金时代都有杂剧、院本的广泛流行，并有剧目名称保存下来，然而剧本却荡然无存。对于这一现象，当然可以简单地说是与封建统治阶级对戏曲的摧残、是与没有定本而散失或因课徒方式的口耳相传、随艺人死亡而断绝流传等因素有关。但是这都是一般的民间文学的现象。戏曲史上的这种现象应该根据戏曲艺术的特点进行细致的考察。将元人陶宗仪《南村辍耕录》"院本名目"和北杂剧进行比照，可以发现两者有四十六本同出一个题材。虽然目前还未发现一个保存下来的完整的金院本剧本，可供与现存北杂剧进行比较，但从时代先后和取材相同这两点上已足能证明，有不少北杂剧就是把金院本加以丰富或改编而成的。所以这种在联系与比较中分析戏曲发展的轨迹，可以较好地了解其发展的真实过程，而且还可揭示出戏曲艺术的一个重要特点、一条重要规律，这就是：任何一部优秀的戏曲艺术作品都不会在舞台上消失或被摒弃，而是以有机的形式生活在新的剧种和剧作中。

另外，我们在联系和比较中还可以了解一代戏曲艺术思潮的发展情况，了解一位剧作家和一部剧作的演变过程，从而更准确地论定其得失。因为这比孤立地就事论事要科学得多，也必然深刻得多。亚里士多德说过，人类有三种知识，即理论的、实践的和鉴别的知识。鉴别的知识要靠比较来获得。比较研究的好处就在于使研究对象具有更大的鲜明性，"两刃相割，利钝乃知；二论相订，是非乃见"。元杂剧既然不是孤立地存在和发展，而是有着一个活动于其中的三维空间，那么一般的形象批评也就不能代替比较批评。别林斯基说过："要给予任何一个杰出的作者以应得的评价，就必须确定它底创作特色，以及他在文学中的位置。前者不得不用艺术理论来说明（当然和判断者底理解相适应的）；后者须把作者跟写作同一类东西的别人作一比较。"[①]元杂剧是我国戏剧史上的启明星，有必要把它与古代的和外国的戏剧星座进行一番比较，以看其高低明暗，论定其历史地位和特点。

总之，对一代戏曲作家作品以及艺术思潮和声腔表演的发展衍化，无论从纵的发展还是从横的断面看，都是既有联系，又有区别，均可作比较研究。"相比较而存在"是历史的实际，因此，在元人杂剧艺术研究中进行比较研究，是完全符合科学世界观和方法论的。

其次，我们应该尝试打破以往元杂剧和戏曲史的研究格局，努力从戏曲作为综合艺术的特点出发，用综合研究法为建立戏曲史研究新体系作有益的探索。我们认为，对元杂剧不应把它作为一个自我封闭的体系来研究，而应把它引入社会—历史范畴，把

---

① ［俄］别林斯基著《别林斯基选集》第1卷，时代出版社，1952年，第219页。

艺术放在历史的一般发展中进行总的考察。因此，综合研究乃是一种历史性和立体性的研究。元杂剧在把握生活真理时，存在着许多中介因素，存在着以政治、哲学、宗教、伦理等观点所组成的社会思潮的影响和渗透，这便是恩格斯所概括的意识形态领域各种因素的"交互作用"的原理。

另外，我们民族戏曲艺术是熔歌唱、音乐、表演、舞蹈、杂技和美术于一炉，并以唱、念、做、打统一于上下场舞台规律的表演形式，它称得上是名副其实的真正高度综合的艺术。然而，我们的元杂剧研究还更多地停滞在作家作品研究上（这当然是极必要的），而对其舞台艺术的特点重视不够。因此，从一定意义上说，过去的一些元人杂剧史，还只不过是元杂剧文学史。然而，严格地说，剧本虽是一剧之本，但相对舞台来说，它还是个"半成品"。剧作家的创作构思需在舞台上由演员加以体现。为此，作为舞台艺术的元杂剧的研究，就不能离开综合艺术的特点。另外，我国戏曲虽然是一种高度综合的艺术，但它所具有的各种审美元素绝不是简单的加法，因此考察元杂剧的综合过程，绝不能把综合体分解为若干元素，然后再分别去溯源，视戏曲为各种艺术和技艺的简单拼凑。为此，我们应针对元杂剧蕴藏着的多种艺术的综合而立体的特点，并作为场上之曲，采用综合研究法去探索其综合过程和发展规律，万不可如恩格斯所批评的那样，做了"分工的奴隶"，而应把剧本、表演、音乐、舞台美术等进行综合考察。

总之，综合研究法不仅适用于研究一切对象，对于元杂剧来说，它还是由研究对象的特点决定的，如果不采用综合研究法去进行剖析，就难免捉襟见肘，穷于应对。早在一千多年以前，刘勰就已感叹前人和同时代那些"各照隅隙，鲜观衢路"的理论家，是"各执一隅之解，欲拟万端之变，所谓东向而望，不见西墙也"。

再有，元杂剧研究应提高审美思辨和理论思维的能力。应当承认，中华人民共和国成立以来研究的水平已有极大的提高，尤其是近年来的某些研究论著大多做出了突破性的贡献。但是也应看到，在元杂剧研究领域中，对于戏曲艺术的发展规律和元杂剧艺术的一些复杂现象还没有能从理论上加以说明，经验性的分析较多，审美思辨的概括还显得薄弱，有些只限于作品本身思想艺术的分析，还不能把同样现象联系起来提高到理论高度进行科学的判断。我们的一些研究论著虽然也进行了一些综合研究，但对研究对象真正进行理论概括的，还为数甚少。我们在讲到戏曲艺术规律和元杂剧演进轨迹时，主要还是指一般的艺术规律而非中国特有的戏曲艺术规律。这说明，在元杂剧研究领域中，我们既需要基本理论建设，也需要花力气对我们的民族戏曲美学进行基本建设。恩格斯在《自然辩证法》里说过："一个民族要想站在科学的最高峰，就一刻也不能没有理论思维。"这句至理名言，应再次引起我们的重视。

总之，今后戏曲艺术研究，要求于我们的必然是：纵横驰骋于中外戏剧艺术之间，古今贯通，上下左右求索，在科学世界观和方法论的指导下，炼出真知灼见的精华。

综上所述，我们认为，杂剧艺术是历史的、社会的产物，也是剧作家思想、智慧、激情、艺术才能的结晶。科学研究的任务是揭示出客观事物及其发展规律的全部丰富性和复杂性。所以戏曲研究工作的天地也应该是宽广的，而不是狭窄的；戏曲研究工作者的视线应该是多样的，而不是单一的。我们要打破单向思维和平面思维，要采用双向思维和立体思维。它要求在丰富的"历史储存"中来接受、阐述全部新出现的艺术信息。因此，我们需要相互交叉、交流、渗透的综合研究，这也可以说是戏曲艺术研究工作的辩证法吧。

1986年5月1日

# 戏曲史是更替史[①]

作为灿烂的元代文化的重要组成部分，杂剧艺术在我国戏剧艺术发展长河中行进了整整一个世纪，取得了辉煌的成就，它以特有的耀眼的光华自立于世界戏剧艺术之林。然而，像自然规律一样，艺术规律也是无情的。任何一种文化现象都表现为一个历史过程，都具有鲜明的时代性。社会生活的衍演不但改变着戏曲艺术的思想内容和精神风貌，而且还导致戏曲艺术样式的不断更迭。在明代，取杂剧的地位而代之的，是由南戏发展而来的传奇。所以，明传奇的出现，在整个戏曲艺术发展史上，是继元杂剧以后形成的第二个高潮。

一

毋庸置疑，元代杂剧艺术体现着一种独特的、内在的民族精神韵致，这是十分宝贵的。在中国戏曲艺术史上，每一件真正称得上是艺术品的，都在民族风格、民族形式的发展史上有着一

---

① 本文是为我和我的研究生陆林、田桂民合著的《明代戏剧研究概述》一书所写的导言。

席之地。从这方面看，众多的优秀的元杂剧艺术品留下的印迹是光彩夺目的。当然，戏曲的形式、风貌与其他事物一样，也是在不断发展着的，作为戏曲艺术家既是在创造，同时也是在发展。凝聚着中国传统美学思想，经过长期锤炼发展的元杂剧，形式上比较精致缜密、完整、风格化，富于独特的形式美。然而，元杂剧体制上又往往比较凝固、模式化、规格化，缺少灵活性和对内容的适应性。一旦社会生产关系出现了巨大变革，意识形态领域发生剧烈变化，元杂剧这一形式往往不易适应反映复杂的社会现实，不适应于表达人们新的思想感情。在戏剧艺术世界中，可以说，一直就处在这种艺术形式变革的探索之中。明代戏曲以传奇为标志，打破了元杂剧四折一楔子的体制，艺术创造的空间随之得到拓展，不仅剧情更为曲折，跌宕起伏，巨波细澜，性格的多层次、多侧面的塑造，使人物形象呈立体化，而且风格气势也更加恢宏，远非元杂剧所能比拟。

　　其实，这是符合规律的现象。一种戏剧形式达到高峰之后，常常会在自己内部孕育着异己的胚胎，导致发生逆向的转折。同时戏剧的接受者——广大观众，对艺术形式也有着力量惊人的选择品性。对戏剧艺术发展长河来说，元杂剧形式的式微和逐渐被淘汰，并不是痛苦和失败，而是庄严瑰丽的落日，预示着充满生气的新形式即将诞生，标志着明代戏曲艺术家把握世界的能力又落下一座新的里程碑。作为戏剧的接受者，理应敞开胸怀，迎接这雄鸡高唱的又一个戏剧艺术的黎明。

　　的确，没有万世不变的艺术形式，戏曲形式当然也如此。但是，一种艺术形式成为文明花朵而被承认之后，它所涵盖着的历史风云，凝聚着的智慧和力量，对人们欣赏习惯、审美心理和艺术选择，仍有着巨大的渗透力和潜在的心理习惯。所以在明代，面对着传奇这一新的戏曲样式的挑战，明代的杂剧也呈现出顽强的生存意志，常常执拗地搜寻新的养料，努力保持着自己的力量。所以在明代剧坛，传奇虽然已占统治地位，杂剧这一形式却并没有立即消失，像徐渭这样的杰出的剧作家仍然在变革中赋予这一形式以生命。

在形式创造上，明代戏剧往往能从总体需要出发，尽量运用新形式的力量，发挥传奇形式在作品中的表现作用。可以说，在戏曲中纯粹的抽象的形式是不存在的，一旦戏曲作品以具体的形式而展现，它自然便包含了内容的因素，因此，形式本来就是创造含义、表达含义的手段。如果说戏曲剧作家在创作中的一切努力都是在为内容寻找形式的话，那么当用以表达内容的形式在戏剧舞台上出现时，从一定意义上说，"形式就是内容"。众多的传奇精品是为例证。

列宁早就说过："思想史就是更替史。"思想领域、艺术领域，更替、更新是必然的。戏剧领域尤为显著。戏剧假定性手段的发展几乎是没有限度的，既可以有保留表象真实的假定，也可以有夸张、变形等破坏表象真实的假定，还可以有抽象、荒诞等离开表象真实，完全是戏剧艺术自身所创造的假定……事实说明，戏剧艺术千余年的发展史，是一部假定性手法层出不穷的发展史，是一部舞台表现力无限扩张的发展史。人类社会的发展和人类自身的发展存在着无限可能性，舞台对不断发展的人和不断发展的人类社会的表现，也存在着无限可能性。明代的优秀戏曲家们从多方面苦苦地去探究剧作形式，舞台风貌单一化、模式化、雷同化的原因时，力图打破杂剧艺术的独尊局面，戏剧假定性问题的提出以及假定性的美学地位的确立，可以说是剧作观念、演剧观念的一大突破。

二

应当承认，一切伟大的、杰出的作家都有他自己的哲学，而且伟大的作家的哲学总是反映了时代精神。19世纪法国著名的文艺理论家丹纳曾说："一个科学家，如果没有哲学思想，便只是个做粗活的工匠；一个艺术家，如果没有哲学思想，便只是个供玩乐的艺人。"这是因为哲学探讨人生，它给人生一个审美的解释；哲学追问世界本体，它对世界本体作出艺术的说明；哲学沉思万物，它使澄明的思考闪耀诗的光华。事实是，深厚的哲学修养能够大大拓展艺术家的精神视野和艺术胸襟，从而使作家的作品具有更巨大的思想深度和历史内容。

唯其如此，我们认为，明代戏曲文化的提高和发展，营养不独来自戏曲界本身，而且来自戏曲界之外，如经济、历史、心理、政治以及整个思想文化界在变革中的理论思维成果，其间哲学的营养常常是明代剧坛和舞台形象内蕴深度的一个重要因素。

伯特兰·罗素说过："要了解一个时代或一个民族，我们必须了解它的哲学。"[①]应当承认，有元一代是缺乏自身的哲学精

---

① ［英］罗素著《西方哲学史·绪论》，商务印书馆，1982年，第12页。

神的，而一种失去哲学的文明往往正是一种衰落的文明，正如古代罗马与拜占庭一样。我们不妨举一个人们熟知的例子，像元剧中称之为"天下夺魁"的王实甫的《西厢记》也表现了感觉敏锐而理性不足的弱点。它的爱情哲学还只是停留在社会学的层面，还未升腾到真正高度哲学意蕴的层面，一句话，王实甫的哲学意识较为匮乏。究其原因，主要是作者还未获得完整的新的哲学架构，即没有获得哲学和历史的有力支持。这不是说王实甫等优秀作家不善于从哲学和历史中吸取营养，而是元代还缺乏哲学和历史的新成果。正因为他没有获得"来自哲学高度的监督"，所以也就"缺乏哲学眼光"①，这就造成了王实甫《西厢记》思想上的局限和爱情哲学的深度不足。

同样是爱情题材，一经比较，人们就会发现，明代剧坛巨擘汤显祖的《牡丹亭》则是突出表现了艺术家主体哲学意识的自觉和强化。哲学意义上的"情"就是作为"理"的对立物而被汤氏所反复强调的。他在《寄达观》书中说："情有者理必无，理有者情必无。"在《牡丹亭》"题词"中进一步明确提出"情"的真谛："情不知所起，一往而深。生者可以死，死者可以生。生而不可与死，死而不可复生者，皆非情之至也……嗟夫，人世之事，非人世所可尽，自非通人，恒以理相格耳。第云理之所必无，安知情之所必有邪！"这是汤显祖创作《牡丹亭》的哲学基础。当时曾经给予汤显祖以极大影响的泰州学派，就认为日用饮食男女生活之私都是属于自然本性的要求，是自然之理，与"存

———————————

①［苏］阿尔森·古留加著《康德传》，商务印书馆，1981年7月，第70页。

天理，灭人欲"的理学口号针锋相对，肯定了"天理即在人欲中"，汤显祖在剧中热情地歌颂的"情"，是跟这一时代哲学思潮密不可分的。

《牡丹亭》的写作正处在一个狂飙突起的时代，正是一个思维世界跌宕起伏的时期。16世纪与17世纪交替之际，随着明王朝命运的日薄崦嵫，朝政专横腐败到了极点，社会风气淫靡堕落到极点，上上下下一片混浊污秽的空气，但是理学家们却仍然摆出一副道貌岸然的架势，抬出"理"来窒息社会的生机和人性的生机，以维系他们在思想界摇摇欲坠的统治。当时一些头脑清醒、富有叛逆精神的思想家、艺术家，如徐渭、李贽、袁氏三兄弟无不希望吹起一股强劲的心灵之风，来荡涤这恶俗浇漓的世道。在这狂飙时代中，也是个性发展思潮在文艺创作和文艺理论中形成怒涛澎湃的时期，一反前一个时期复古主义僵化古板、扼杀性情的颓风。

汤氏得天独厚，他在这一反理学的哲学氛围中生活，他又得以不断地吸收哲学的新成果，很自然使他的戏曲创作的主体哲学意识得到率先强化，以鼓吹"情"来表示他对这种违反人的天然之情的"理"的批判。

描写个性，重视个性，从理论阐发个性的作用，不仅是创造卓越艺术形象所必需，也是文艺真实性不可或缺的因素。

汤显祖的主体哲学意识向舞台形象创造的渗透，集中表现在杜丽娘身上。"惊梦"一出，杜丽娘脱口而出的一句话："可知我常一生儿爱好是天然"，就是汤显祖哲学、美学信念的告白。他用"天然"这一概念，表示他一生追求的是什么，反衬出这个社会的种种道德伦理是多么违反"天然"之情。这样看来，《牡丹亭》述说的虽然是青年男女的爱情故事，但并不仅仅限于爱情，也不仅仅限于青年男女，它已超越了题材自身，它的含义要广泛得多，深刻得多，它指的是人的自然本性，七情六欲，即合理的生存要求和人性的价值。这样就直接触及了情与理的冲突，美好的梦想与严酷的现实的矛盾，这种矛盾冲突每个时代都以不同的形式重演（这是由于每个时代的观众都从中得到相应的启发与感受，故而这部作品，既属于它的时代，又超越了它的时代）。

汤氏在《牡丹亭》中，自觉地用"情"批判"理"，用个性解放思想反对封建的禁欲主义，说明他是站在时代先进思潮的前列，敏锐地反映了时代的变化，透露了民主主义思想的最初信息。正是这一点，《牡丹亭》和王实甫的《西厢记》在题旨上有了区别，而且在思维空间和理性的深广度上也有了极大的差异。《牡丹亭》虽然写的也仍然是青年男女的爱情，形式上不脱离封建社会一般才子佳人式的幽期密约，但其内蕴的深广度有了极大的拓展。它赋予人生以哲理意义，或者说，作者实际上是对爱情作了一次哲学概括。少年、青年和将要告别青春或已经失去青春的古往今来的许多人们，都可以从中领略到兴奋、激情、流连和淡淡的哀愁，以及深沉的惋惜、无限的惆怅……使读者和观众无不经受一次青春之美的感情洗礼。这可能就是《牡丹亭》的永久魅力和象征意蕴之所在吧！

把属于爱情题材中同一层次的元代的《西厢记》和明代的《牡丹亭》加以比较，我们可以发现，爱情题材内蕴的深广度，在很大程度上取决于剧作家融注其间的哲学意识所达到的程度。而王实甫《西厢记》欠缺的正是那种雄踞于历史哲学的高度，将其人物尽收眼底，并超越爱情故事的表层，对社会、对人生进行更深一层的哲学沉思。

这种哲学意蕴，在汤氏的其他作品中也有呈现，在《紫钗记》中，他用"花神"做青春的象征，他诅咒摧残花神的暴力。他力图使花神还魂，他呼唤春光是那么迫切：

> 花神：多则是残红送了春，
>
> 东君你早办名香为返魂！

这种浮想联翩，在明中后期戏曲中的具体表现是各有特色的。

总之，在明代思想领域，哲学意识向舞台艺术形象的渗透，主要体现在人生真谛、普遍经验的心灵化、情感化，即从丰富的历史内涵中透露出一种沟通古今的哲理感。它意味着人类对哲学发展及现存哲学观清醒的认识，意味着对人类自身命运及人与世界、社会生活的本质关系的思考不再停留于感性、直感的现象上，因此，明代戏曲在哲学智慧之光的照耀、温暖和启迪下，使戏曲文化从深广度上都得到了新的拓展。

## 三

明代文坛向以标新立异、思潮纷涌为特色。而明之剧坛又是群英汇聚，人才济济，于是乃使戏曲流派的萌蘖有了某种温床。

中国戏曲史早期流派的出现，是明代戏曲对我国传统戏曲的一次重大突破，是戏剧观念觉醒的一个突出标志。

在一时代的文艺总体与作家之间，文艺流派似乎是一个中介层面，一时代的作家创作和评论的集合，有机地构成一时代的文艺现象，但这种集合，这种构成，往往是多种多样的，由作家而群体而流派，则是规律性地一再出现着的。物以类聚，人以群分，具有较多共同质的作家，总是天然地具有一种亲和力，或同声相应，同气相求；或一人倡导在前，群起追随在后；或狂飙突进，异军突起；或数代相袭，绵延不已。因此，我们认为，形成一个文艺流派的关键在于：作家之间由于生活经历、思想方式、文化修养、艺术渊源方面有近似之处，在此基础上形成共同的艺术追求，凝聚成流派的主导思想，由此而决定同一流派的作家在选择题材、提炼主题、塑造人物和风格追求方面具有某些共同点。如果更简洁一些说，那么，所谓流派就是时代要求、文艺思潮和作家们的美学追求几个方面融合渗透而形成的结晶。

根据这个标准，明代剧坛的一个显著特点，就是流派观念的明朗化。

与明代说部不同，明代小说界还没有一个作家明确擎起类似流派的旗号，如果说他们已有了流派的划分，也大多数是后人总结出来的，如被鲁迅为之界定的神魔小说和人情小说两大"主潮"。这应归属于那种不自觉形成的文学流派，他们还不曾在一个时期内形成具有自觉的艺术主张和艺术追求的作家群体和派别。所以说，他们还只是一种艺术实践的流派，而不是艺术理论的流派。而明之剧坛，在一个时期之内已形成具有自觉的艺术主张和艺术追求的作家群体和派别，因此，他们不仅仅是一种艺术实践的流派，同时还是戏剧艺术理论的流派。

明代剧坛上的"临川派"和"吴江派"是众多戏曲流派中最典型的例证。

以汤显祖为首的"临川派"和向来认为属于此派的曲家来集之、冯延年、陈情表、邹兑金、阮大铖、吴炳、孟称舜、凌濛初构成了一个剧作家群体。他们的戏曲理论强调作家的才情，倡导以自我为中心的神情合至论，特别重视个人的感情作用，从而以感情说反对理学家的性理说。在创作形式上多不受格律的拘束，讲究"曲意""意趣"，反对"按字模声"，既要本色，又重文采。

以沈璟为首的"吴江派"，其中也拥有一批著名的曲家，如顾大典、吕天成、卜世臣、王骥德、叶宪祖、冯梦龙、沈自晋、袁于令等。沈璟倡导作曲"合律依腔"，语言"僻好本色"，他和他的群体的理论与实践，对于扭转明初"骈俪派"形成的脱离舞台实际、崇尚案头剧的不良风气，起了积极作用。

"临川派"和"吴江派"这两个作家群，是共同的民族和时代造就的。他们的文化素质有相贯通之处。但是作为艺术家，他们讲究艺术个性和创造才能，因而在文化类型和审美选择上又有明显的差异。汤显祖以思潮、情感型为主，而以人性、文化型为辅；沈璟则是以风俗、文化型为主，而以伦理、道德为辅。汤显祖的文字是充满青春气息的热血文字，人性探讨是汤氏戏曲由冷隽转向炽热，由含婉转向直率的一种审美酵素；而沈璟则是从市民风俗生活中获得了灵感源泉。两位剧作家又不约而同地从动态观照中被引导着愈来愈关注世事，对市民文化各个层面、各个角落、各种味道，体验得都较真切。可以看出，以汤显祖和沈璟为代表的这一代剧作家的文化类型是在中晚明时代思潮和文艺思潮大撞击背景中形成的。这也就证明了，思潮的撞击和文化类型之间存在着多姿多彩的作家心灵曲线。而人们正是从这些剧作家的心灵曲线中看到了他们给我们剧坛增添了新的文化质素：他们从不同的角度，给我们的剧坛增加了热度，增加了轻松，也增加了一些崇高、雄伟的史诗的气魄。

另外，所谓流派，顾名思义，是处在不断流动、发展、变化中的。没有发展、变化的流派简直不可想象。就一个戏剧流派的生命过程来说，在不同的环境中，同一流派也会有不同的命运；在同一环境中，不同的流派会有不同的演进过程。这是由于历史不断前进和发展，社会生活日逐变化和复杂，生活的各个方面都可能被写进戏曲。而且戏曲流派之间在交流中，会不断调整自己、加强自己，所以流派的变异和重新组合划分也是必然的。即如上述汤沈之争中，一些"吴江派"戏曲家如王骥德、吕天成，同被认为属于"临川派"的凌濛初等能持诚恳、公正的态度。他们既承认沈璟于曲学"法律甚精"的长处，也不回护沈氏的"法胜于词""毫锋殊降"的不足，在充分肯定汤作"奇丽动人""境往神来，巧凑妙合"的同时，也指出他"略短于法"的毛病，因而形成较为一致的意见。在明清之际，终于出现了两派逐渐合流的局面。

抛弃机械切割，依据戏曲的多元性、开放性，对明代戏曲流派进行多元划分，并不意味着对流派的取舍标准可以随心所欲地采用和废弃，它是有着内在质的规定性的。所以，我们认为，应当按照文艺创作规律，把视点投诸三个方面：即题材、创作方法和艺术风格，并对这三个方面进行系统的有机的综合的考察，这样庶几可以使明代剧坛流派能在当代戏剧观念的观照下，得以显现其各自的特色。

## 四

在明代，与戏曲创作实践大踏步前进相适应的，是戏曲理论的大踏步前进。在中国戏剧学史上，明代戏曲理论的繁荣甚至形成了一个空前的戏曲理论高峰。

戏曲的艺术理论是人们对戏曲现象的理性认识和科学概括。古代戏曲家以非凡的才能创造了戏曲，在人们尽情地享受着戏曲艺术之美的同时，又力图准确地认识和概括这种为人类生活增添了无穷色彩的艺术样式，这就是戏曲理论的发端和形成。

在元代，随着杂剧艺术体例的确立和表演形式的成熟，戏曲理论也开始发展。在表演艺术理论范畴中产生了燕南芝庵的《唱论》和胡紫山的"九美"说，而周德清的《中原音韵》的作词十法，为北曲作者的审音辨字作出了规范，对后世产生了深远的影响。而钟嗣成的《录鬼簿》则是第一次打破了正统的文艺观念，为戏曲争得了应有的地位。其中对剧作家的评骘，还开创了我国古代曲论中对美学风格的赏鉴和理论阐发。

明代戏曲理论是在元代戏曲理论基础上走向成熟和得到长足发展的。

明初，作为皇族的朱权，撰写了《太和正音谱》，在继承《录鬼簿》肯定戏曲艺术价值的理论传统基础上，还从戏曲的"高台教化"的社会功能论角度，提高戏曲艺术的历史地位，而在戏曲风格流派、声乐歌唱等诸多方面做出了重要的理论贡献。明中叶以后，是中国古代戏曲理论最辉煌、最有成绩的时期，戏曲理论名家大批涌现，戏曲理论问题的多方面探讨、争鸣也是历史上空前未有的。汤显祖、沈璟、王骥德、吕天成、潘之恒等以各自的戏曲美学思维进入了戏曲理论阵地。这些理论家已不再局限于史料的记载、钩稽和单纯的艺术技法的经验总结，而更多的是接触到戏曲本体的诸多方面的问题。在戏曲理论形态上，此时既是对传统戏曲理论形态的全面总结，同时又是戏曲理论形态大幅度展开的时期。其中关于戏曲语言本色与文采问题的相当深入的探讨，已上升到一个新的理论层次，成为明中叶以后一个理论重心，其影响极为深远。

　　中国戏曲理论形态的特点，时贤已有所论述，指出了中国诗文理论多专著而不重评点，小说理论有评点而乏专著，只有戏曲理论却集序、跋、专著与评点于一身。而值得我们重点提出的是中国戏曲理论形态的内在特点的问题，因为这是我们认识明代戏曲理论对中国戏剧美学的重要贡献的关键。

　　从中西文论的比较研究入手，我国整个的古典文论与西方文论，往往同中有异。中国古典文论的思维方式侧重于以具象化的事物为对象，更注重个性的表现，直观、即兴的意味更浓，因而理论批评与文艺作品的审美鉴赏的结合相当紧密。相对来说，不过分追求理论的系统化和周详。概言之，西方文论是哲理的，我国文论则是诗意的；他们长于思辨，我们重于感悟和体验；他们注重繁复的逻辑推断，我们致力于具象扣合；一个习于客观、冷静的剖析，一个偏重主观、动情的评述；重于思辨的着眼于理论本身的系统化和体系性，耽于诗意的则沉浸在亲切而洒脱的美感境界之中。

　　具体到明代戏曲理论批评，它也是自成格局，独标异彩的。仅就散见于明人剧作里的序、跋、评、叙、题词、自记中关于戏曲创作的论述，就如零金碎玉，营造成中国戏曲理论批评的主要框架，其中的序、跋更是史、论、评三位一体的方法，它并不像"正规"理论文字那样有条有理，却能评出许多大块文章所说不到的精妙之处，而且提出了一系列在它们之前的理论著作中所没有提出过的更为丰富复杂的课题，体现了我国传统美学和戏曲理论的新突破。正由于此，我们的研究就必须尊重这种历史形成的民族特点，我们也要怀着诗情的感悟去对待诗意的戏曲诗学。

　　当然，事物也有复杂的一面，明代的戏曲诗学似乎都有一种倾向，即褒奖元曲而贬抑明曲，颇有一点"颂古非今"的味道。这涉及一个如何看待明代曲论的美学倾向的问题。其实，这不仅是明代的特有现象，在我国历史上的各家文论似乎都有此特点：尊古。扩而大之，世界戏剧史上也有类似现象。马克思在一封信里就说过这样一段话："毫无疑问，路易十四时期的法国剧作家从理论上构思的那种三一律，是建立在对希腊戏剧的曲解上的。但是，另一方面，同样毫无疑问，他们正是依照他们艺术的需要来理解希腊人的。"就是说，18世纪那些法国戏剧家们讲的三一律，实质上是曲解希腊戏剧，但是他们之所以要那样曲解古希腊戏剧，则是为了建立他们自己的戏剧。明代的曲论家也是如此做的。他们对元曲的褒与捧，实际上也是对元曲的某种曲解，而褒与捧元曲则又是为了营造明代自己的戏曲。尊古而不仿古，用曲解"古"来建设"今"，从这一意义来说，明代戏曲理论又正是属于开创性的理论。

1988年6月1日写就

# 文学语言的魅力[1]

　　每一种学问，不深入研究下去则已，一旦深入研究下去，可以说都是博大深邃的。谁都知道，文学被称为语言艺术，而且很多人都熟悉高尔基的名言："文学的第一个要素是语言。"至于略有古典文学常识的人也都知道中国诗论中历来有"炼句""炼字"之说，也许还有人对卢延让的诗句"吟安一个字，捻断数茎须"有个依稀的印象。然而我们现今虽然能看到各式各样的关于作家们的故事，但还真的少见有人写一本实实在在地谈论各国著名作家艰苦学习语言的故事专集，尽管那可能是一部极精彩的巨著。因为世界上许多文学巨擘几乎都曾在语言的雄关前经过艰苦的战斗，冲破了一道道"贫乏""单调""繁冗""含混""枯燥"的防线，才逐步走上了"鲜明""生动""形象""准确"的坦途。事实上，我们最熟悉的那些即使是一流的作家，在一生创作中令他苦恼不堪的也仍然是语言的问题，这就是被人称之为"语言痛苦症"的现象。比如在语言上下过那么大功夫的高尔基也曾受过这病症的折磨。他坦言："我的失败时常使我想起一位诗人

---

　　[1] 本文是为我的几位年轻朋友和研究生编写的《古典小说精言妙语》一书所写的前言。

所说的悲哀的话:'世上没有比语言的痛苦更强烈的痛苦。'"①

　　当然也有的作家得力于语言运用上的成功而沾沾自喜,比如克洛德·西蒙就说过:"词汇给我带来形象,描写这些形象的词汇又把我引向新的形象。"②文学创作过程中,作家们这种语言表达上的痛苦与欢乐,失败与成功,顺利与滞涩,都揭示了一个事实:文学作为一种艺术样式,既是通过语言形态来呈现的,又是通过语言方式来实现的。所以还是高尔基才如此明确地说:"语言把我们的一切印象、感情和思想固定下来,它是文学的基本材料。文学就是用语言来表达的造型艺术。"③说实在的,一部文学作品里面,如果缺乏鲜明、生动、形象的语言,如果没有玲珑剔透、宛如浮雕似的使意象呈现出来的语言,如果没有妙语如珠、佳句迭出和警策的格言,那么即使故事不错,主题正确,作品的整体也会显得平平,而失去光彩照人的艺术魅力,所谓的文学性和形式感也会丢掉一大半。妙语佳句在文学作品中所以这么重要,因为它们的确能显示一个作家的思想水平、艺术功力和灵、智二气。至于警语一旦为读者所欣赏,又往往独立地广布流传。在中国历代著名诗文、戏曲、小说文本中,有些警语妙句甚至像长了翅膀一样,飞离作品,成为人民群众世代引用的新谚语、新格言。

　　然而复杂的是,同样都是语言艺术,由于文体和形态的不

---

　　①[苏]高尔基著《论文学》,人民文学出版社,1978年2月,第188页。
　　②转引自《"冰山"理论:对话与潜对话》(下册)《小说——无主题故事》,工人出版社,1987年4月,第592页。
　　③[苏]高尔基著《论文学·续集》,人民文学出版社,1979年9月,第337页。

同语言的传达与表现、节奏与格调、换位与切分等等也往往同中有异，其中大有学问在。仅就诗与散文来说，从表象看，诗的语言就常会透露出散文语言所没有的光辉。甚至一些在散文中显得十分平凡的字句，有时竟然能在诗歌中产生意想不到的艺术效果。对这一点，有些古代批评家在阐述诗与文的界限时，已经看到了诗与叙事作品在语言侧重点上的区别。金人元好问就明快地指出："有所记述之谓文，吟咏情性之为诗。"（《杨叔能小亨集引》）因而在语言上常常出现较大差异，而作为叙述艺术的小说又与诗、文有了更大的差异。它们除了语言的一般规则要求之外，小说家在语言使用上的缜密、贴切与否还同他对情节中各个部分相互关系的深入认识有很大关系。不少人可能熟悉鲁迅在写《阿Q正传》时，为了准确地把握小说的语言表述方式，我们从他的手稿中看到他把"满把是钱"，改成了"满把是银的和铜的"。俄国伟大作家陀思妥耶夫斯基曾经为了追求小说的形象性，认为他笔下所写的"有个小银圆落在地上"这个句子不理想，而改成了："有个小银圆，从桌上滚了下来，在地下叮叮当当地跳着。"这正如高尔基所说："应该写得能使读者看到语言所描写的东西就像看到了可以触摸的实体一样。"在这里，我们不是正从小说的写实性的语言符号所呈现的意味中，找到了生活中的对应现象了吗？一个再浅显不过的道理说明，文学的语言，不仅要求"骨骼"，还要求"血肉"；它不仅要求"梗概"，还要求"细节"；它不仅要求"形似"，还要求"神似"。总之，精彩的文学作品，使用的总是能够描绘形象的语言。也许这一点对叙述艺术的小说更为关键。莫泊桑在接受福楼拜的教导以后，体悟到了："不论一个作家所要描写的东西是什么，只有一个词可供他使用，用一个动词要使对象生动，一个形容词使对象的性质鲜明。因此就得去寻找，直到找到了这个词，这个动词和形容词，而绝不要满足于'差不多'，绝不要利用蒙混的手法，即使是高明的蒙混手法，不要利用语言上的诙谐来避免上述的困难。"[①]这都证明，现实主义小说的语言力图尽量接近事物的本来面目，从而使抽象的文字符号产生逼真的艺术效果。

世界文学发展史向我们证明：高度重视运用语言的卓越作家，他们的一切成功的作品，不仅有重大的文学价值，而且往往对于发展他们的民族语言做出了贡献。比如中国的曹雪芹、鲁迅的作品之于中国汉民族语言；普希金、托尔斯泰的作品之于俄罗斯语言；歌德、席勒的作品之于德国的语言；雨果、巴尔扎克的作品之于法国语言；莎士比亚、萧伯纳的作品之于英国的语言……由此，我们想到了《人民日报》发表过一篇题为"正确地使用祖国的语言，为语言的纯洁和健康而斗争"的社论。其中，它提到作为语言巨匠的文学家的贡献：

> 我国历史上的文化和思想界……产生过许多善于使用语言的巨匠，如散文家孟子、庄子、荀子、司马迁、韩愈等，诗人屈原、李白、杜甫、白居易、关汉卿、王实甫等，小说家《水浒传》作者施耐庵、《三国志演义》作者罗贯中、《西

---

[①] 转引自《文艺理论译丛》第3辑《"小说"》，人民文学出版社，1958年10月，第179页。

游记》作者吴承恩、《儒林外史》作者吴敬梓、《红楼梦》作者曹雪芹等。他们的著作是保存我国历代语言（严格地说，是汉语）的宝库，特别是白话小说，现在仍旧在人民群众中保持着深刻的影响。

这一宝贵的意见是引发我们编著中国六部经典小说精言妙语的一个极为重要的直接动因。毫无疑问，这六部古典小说名著在语言艺术上的巨大成功，值得我们继承和发扬，它们在中国历代人民中保持的深远影响，确确实实说明，它们的不朽的艺术魅力使它们具有永恒的生命力。它们或奔放，或沉重，或清丽，或绵亘，或多姿摇曳，读之令人目不暇接，令人神往。至于对我们的文学创作来说，其借鉴意义更不可低估。以雄沉激越为基调的《三国志演义》；用笔粗豪、雄姿奇崛的《水浒传》；如轻云流水的行板，舒徐柔曼，缠绵俏丽的《红楼梦》；白描入骨、追魂摄魄的《金瓶梅》；不乏瑰丽的浪漫思绪，精微凝练的《西游记》；在井然有序的叙事中时有哲思意味的警策之语和闪烁理性光辉的《儒林外史》，仅从语言艺术的魅力来谈，都使我们百读不厌。

为了更好地领略这六部小说巨著的语言成就，为了发扬这六部小说语言艺术的优良传统，我们特意约请了在大学从事古典文学教学多年的教授、副教授和博士许祥麟、郑天刚、罗德荣、肖胜利、吴存存、赵季诸友好共襄此盛事，专门为读者精选了这六部小说中的警语妙句，并详加阐释、解读。特别值得一提的是，他们对优秀的小说必定是社会风俗史和心灵史这一根本观点具有共识，因此他们都能通过小说语言艺术的诠释，把握住几部小说折射出的社会风俗的底蕴和心灵活动的真实轨迹。这样就为读者特别是为广大青年读者在艺术整体上提供了一份有益的精神食粮，它不仅给人以丰富的小说的知识，也必定能帮助青年朋友启迪智慧，增长才干，陶冶性情，净化心灵，特别是提高欣赏能力和运用语言的能力。因此，我们在入选的精言妙语中，多侧重于哲理性和艺术性以及知识性几个方面加以考虑。知识性的要求是准确；哲理性的要求是寓意深刻，富有启示；艺术性则要求语言精美，蕴含诗意。

作为主编，我真诚地期待这部容量不算小的书受到广大读者的欢迎，并衷心地希望得到指正，以便今后再版时加以修正。

1996年12月20日

# 诗国经典[①]

    我国纵有千古，横有八荒，是东方的文明古国。先人又有治文史的传统，为我们留下了浩如烟海的文化遗产。其中唐诗、宋词、元曲，又是历史悠久、光华璀璨的伟大文化的一个重要组成部分。它们曾经在中国人民的历史生活中发生过巨大的、无远弗届的影响；它们曾经对人类文明做出了值得我们骄傲的贡献；它们的一些优秀篇章至今还在大量出版，并传诵不衰；它们的一些卓越的作家，至今仍然获得亿万人民群众的尊崇、纪念；它们和他们，至今还活在我们伟大祖国精神文明的总体中。

    中华诗歌源远流长，历代才人辈出，流派纷呈。风人蕴藉，雅人深致，骚人悱恻，多姿多彩的各种风格，形成历代诗歌大家所借以继承的优良传统，始终贯穿于几千年来的诗歌发展史中。古典诗歌充分发扬了我国汉语言艺术特征构成的民族化，炼字炼意产生的韵味，具有各个时代所赋予的特色。经过长期的历史鉴定和人民大众的欣赏，江山文藻相得益彰。我国的古典诗歌以其特有的表现方式言志抒情，叙事思辨，曲绘民族心声，反映时代

---

    ①本文是为我的研究生的研究生编著的《千编经典诗词曲》一书所写的总序。

风貌，达到丰富多彩的极致，成为中华民族文学中的瑰宝，其影响及于民族心理素质与文化结构极为深远。

正是由于中国文学发展得太盛且太久，在我们面对浩繁的内容和分支时，确有目不暇接之感。为此，必要的步骤当然是走进名著和拥抱经典。

在关于名著和经典的多重含义下，这里说的名著，是指那些真正走进了文学史，并在文学发展过程中起过重大作用、具有原创性和划时代意义以及永恒艺术魅力的文本。它们往往是一个时代一个民族历史文化最完美的体现，按先哲的说法，它们是"不可企及的高峰"。当然，这不是说它们在社会认识和艺术表现上已经达到了顶峰，只是因为名著和经典往往标志着文艺发展达到了一个时代的最高表现力，而作家又以完美的艺术语言和形式把身处现实的真善美与假恶丑，以其特有的情感体验深深地镌刻在文艺的纪念碑上了。而当这个时代一去不复返了，其完美的艺术表达和他的心像、情愫、体验以至他们对自己时代和现实认识的独特视角，却永恒地存在而不可能被取代、被重复和超越。

在面对名著与经典时，我们又都看重原创性和"划时代"这一点。从外显层次看，"划时代"无疑是指在文学史上享有盛名、起过重大作用的作品，这些作品标志了中国文学发展的一个特定时期，具有了划时代的意义。但从深隐层次来观照，名著与经典在一定意义上都具有艺术探险的意味。从屈骚开始，经汉之大赋，唐之近体诗，直到宋之词元之曲，哪一个艺术现象不应看作有史以来文学家在精神文化领域中进行的最广泛最自觉也是最有气魄的艺术实验？而实验又是以大量的失败和出现废品为代价的，但经过时间的磨洗，必然有精品存留下来，成为我们的也是人类艺术发展长河在这个时代的标志和里程碑而载入史册。因此我们才说这些走进了文学史的伟大作家的精神产品都具有如下的一种品格：由于其不可复制性和不可替代性而永恒和不朽。因此名著与经典从来不应以"古""今"论高低，而以价值主沉浮。正是在这个意义上名著与经典是永远"读"不完，也是永远说不尽的。歌德在谈到莎士比亚的不朽的时候说："人们已经说了那么多的话，以致看来好像再没有什么说的了，可是精神有一个特征，就是永远对精神起着推动作用。"名著也必将不断对我们的精神文化和思维空间起着拓展的作用。进一步说，一切可以称之为伟大的作家都具有创造思想和介入现实的双重使命感，这充分体现于他们的字里行间。他们的每一部可以称之为名著的又无不是他们严肃思考和审美感悟的内心笔记。尽管每篇名作都是诗人作家个体生命形态的摹本，然而对于我们来说，它的文化蕴涵确实随时间的推移，而富有更广大的精神空间，而后世的每一个解读者对它们都不可能作出最终的判断。这里我们不妨借用古希腊先哲赫拉克利特的一句名言："灵魂的边界你是找不出来的，就是你走尽了每一条大路也找不出；灵魂的根源是那么深。"是的，虽然我们对名著的全部真谛一时还找不出，但我们会锲而不舍地寻求其意味，变换着方式去领会其境界，我们毕竟是能逐步接近名著与经典的深邃灵魂边界的。

我们开始认识到，在文学史上称得上是杰出的作家，他们的优秀精神产品，都是他们的心灵阳光在文本中的透射和辉映。因此阅读名著与鉴赏经典就成了我们提升自己灵魂的一剂良药。

我们认同这样一种观点：要解读名著和经典就需要一颗丰富而细腻的心灵。进一步说，它还需要营造一种精神氛围、一种人文情怀，这样才真正觉得名著与经典原来是永远不会读完的。

于是，这就有了一个名著重读的问题。名著的重读不仅是因为名著与经典已经过时间的淘洗和历史的严格筛选，本身的存在证明了它们的不朽，因而需要反复地阅读与品味；也不仅仅因为随着我们人生阅历的积累和文艺修养的不断提高而需要重读，以获得新的生命感悟和情感体验。这里所说的重读名著与经典，乃是从文化历史发展过程着眼的。仅就我们很多文学爱好者的亲身感知和体会来说，左的形而上学就曾给经典名著带来了太多的误读和谬读！且不说"文化大革命"期间，经典名著几乎全部被批判和否定，即使在"文化大革命"前的一个相当长的时间里面对名著与经典，我们的阅读心态和阅读行为是何等地不正常，阅读空间是何等地残破和狭小！那种一切以阶级斗争和阶级分析为经纬的阅读方式，使得我们只懂得给书中人物划成分，或者千方百计地追寻作者的阶级归属和政治派别。再有那机械的刻板的经济决定论，使我们阅读名著时，到处搜罗数据，以理解时代背景；而在分析作品时，仅仅一句"阶级局限"，也可以成为万能的标签，而夺去了许多传世之作鲜活的生命。至于那"通过什么反映什么"的万古不变的公式，更是死死地套住了我们的阅读思维。就是在这种被扭曲了的阅读心态下，使我们对杜甫的诗，李清照的词……产生了那么多的误解。

改革开放，思想解放，冲破禁区，名著重印，给读书界带来了从未有过的生气。然而，这里仍然存在一个重读名著和如何重读名著的问题。所谓重读，绝非再看一遍，也非多看几遍。如果仅仅停留于"看几遍"，那可能也许是"无用的重复"。"重读"意味着把名著完全置于新的阅读空间之中，即对名著进行主动的、参与的、创造的阅读。换言之，在打开名著，超越那不朽的时空的过程中，建立起自己的阅读空间，也许只有这样你才有可能感受到一种期望之外的心灵激动。事实是，当你跳出传统阅读的思维模式和话语圈子时，你才会明敏地发现一个个既在文学文本之外又与文本息息相关的阅读事实。因此，开辟多向多元多层次的思维格局，培养自身建设性的文化性格，这是我们在面对名著与经典时必须有的一种健康的阅读心态。任何封闭的、被动的、教条的甚至破坏性的心态都可以导致阅读经典名著活动的失败。

呼唤重读名著，乃是一种精神文化上的渴望。而对读者来说，学术创见、文化焦虑与现实关怀的三位一体，则是阅读经典这一学术行为的精魂所在。

总之，祖国文化中的精英精神产品和民间精神产品之所以伟大，正在于我们可以因它们而深刻地意识到我们自身存在的价值；在存在方式和存在价值的选择中间，我们会永远接待它们的灵魂的参与。经典名著没有把黄金世界轻易预约给我们，却以燃烧的生命，成了千千万万追求者的精神的火光。真正的精神精品活在时间的深度里，应当相信，历史终会把最有分量的东西保留下来。

顾名思义，《千编经典诗词曲》就是试着把流芳百代的古典诗词曲名作，作为介绍的重心，在吸收前人和时贤的研究成果的基础上，采用注释与简析相结合的方法，向广大青少年朋友做一些与传统文化沟通的工作。

《千编经典诗词曲》分三卷，各卷皆选了古典佳作千篇。它没有照顾题材和风格流派，只是在传统名著中再进行撷取菁华的工作，所以取舍未必得当，这是需要读者朋友给予指正的。

末了，我们要着重说明的是，精神劳动从来都不是纯粹个人的。如果不是前人和时贤的研究成果的启迪，我们不可能对这些作品作出较为周全的注释和分析。如果不是诸多青年学人对从事的这项非常有意义的工作的支持，我们知道这部较大的书稿的写作任务是难以完成的。因此这套书的面世，理所当然地是他们精神劳动的结晶。河南人民出版社的领导和郑荣女士以及各位责编为本书的出版给予了极大的关怀、指导和具体帮助，谨此一并致谢。

1999年3月6日

我和同道

# 梦里乾坤①

——《傅正谷梦文化研究讨论会暨首届中国梦
文化研讨会论文集》序

　　当中国的人文科学研究事业跨入20世纪90年代的时候，我们无疑将对它抱有一份期待和关注。在这一个十年里，也正是所谓的"世纪之交"，中国和其他许多国家的文化研究界也许将迎来前所未有的发展时期，为文化研究同人文学科的建构写下精彩的一笔。虽然这个十年刚刚过去五个年头，我们却已能从中发现一批颇有水平、颇有意味的研究成果。文化环境的日渐宽松，学术气氛的日渐平和，使这一段时间里的学术研究呈现出花开数朵，各表一枝的多元局面。从微观研究到中观与宏观的研究，从重头文化史著的出版到文化学的构想与实施，都有令人耳目一新之感。是的，最为引人注目的是，虽然这一时期的文化研究不乏共同对象的选择与总体趋势，然而这个时期的文化研究比以往的文化研究更多带有研究者鲜明的主体精神和个性色彩，从而使一些人文学科的研究成果获得了某种独特的学术风貌，而中国的文化学的进一步发展与成熟，正需要这种鲜明的个性色彩。这种局面的出现自然值得我们高兴，并期盼它能得到更为深入的发展。

────────────

　　①本书出版不久，正谷兄即撒手人间，在痛失挚友时，我想到小序所引赫尔岑的话，竟成了一句不祥的谶语，我更是悲从中来。

谈到文化研究的"深入"或"深化"，几年前文化研究界的有识之士就曾指出：现在要多搞一些专题的研究，例如有关中外古今的衣食住行各个方面，对饮食、起居、服饰、房屋、交通、婚姻、家庭、娼妓、流氓、侠客、文人、礼仪、风俗、迷信、僧侣等等作出细微的研究，或描述或记述或分析或论说，那么，在这个具有广泛深入的专题研究探讨的基础上，再来从总体角度比较、论辩中西文化或传统与现代，那不更多一点客观真理吗？不此之图，老停留在抽象的空泛议论上，所谓的"文化热"或将很快转化成"文化冷"。这些无疑是行家的切中肯綮之语。

其实，有分化，才能有深化。文化学的科学建构只有在分化研究的基础上，具有各个击破式的深化研究，才能在本体上加以把握。这种分化，既包括研究职能的分化，也包括研究视野的分化，即从多学科的视角对文化作多层次多侧面的深化研究。在这种分化—深化的研究趋势中，每一位有志于披上文化研究这一灰色职业服的人，都应该依据自身的志趣和素质，选择属于自己的研究领域做深入的开掘和独到的职能的把握，否则就必然像南郭先生混迹其中而被炒鱿鱼。因此，文化学的建构，窃以为必须以科学的精神开创研究的多元化格局。

在这里，我真是由衷地敬佩天津著名学者、梦文化研究的专家傅正谷先生的精神毅力和理论勇气。自从我认识他以来，就了解到他对梦文化一直进行孜孜矻矻的韧性探索，同时也深深体会到了他对梦的特殊偏爱。果然，不到十年的功夫，他的皇皇巨著一本接一本地出版了，现在摆在我案头的那几种代表作，即令我怦然而心动。我深切地感觉到了，正谷兄是把热血沸腾的生命、难以言对的痛苦，献给了梦文化，献给了艺术科学。且不说他的本本厚重沉实的专著和独立完成的梦文化辞典，单看这种用热血、用生命去换取的数百万文字，这行为，这"交易"就是何等的悲壮啊！由此我突然记起了赫尔岑评论别林斯基的一段名言：

> 你在每一句话里都可以感觉到，他是用自己的血，用自己的神经在写作着，你可以感觉到，他怎样地消耗着它们，又怎样地烧毁了自己。

所以，我同样像很多正谷先生的朋友们所感受的那样，把他的梦文化的建构比作"杜鹃啼血"的事业。这也许是我们心中对景慕者最准确的评价。

当然，我也知道正谷兄的《中国梦文化》和《中国梦文学史》在发表出版之前和之后，在学术界和朋友中就引起了不同的反响，比如傅著中所提的梦幻主义的创作方法论，或是梦幻主义文学也是中国古代文学主潮之一的提出，就是有的赞成，有的不完全赞成，有的反对。其实，在我看来，正谷兄的学术观点，并不代表别的人，他也并不强求人家同意，当然也不以学术观点的异同来定亲疏。百家争鸣，他只是一家，权利与别的学者均等。人家可以认同，也可以反对，乃至提出批评。他的梦幻主义的论点，早在多年前天津社联组织天津学者进行讨论时，老中青不同年龄层次的专家教授和作家看法就很不相同，记得我当时就是属于那持有异议的一群。1994年年初，京津两地的很多学者齐集一堂对正谷兄的梦文化和梦文学史开了整整一天的学术讨论会，会上仍有不少学者发表了不同的看法，这个会开得很成功。与会者的发言都经过了认真准备，无论看法多么分歧，大家都是严肃、平等而又心平气和地交换了意见。当时，我就发觉我的认识有了很大的提高，我原来的观点就有了不少的改变。我想，这不能不说是正谷兄的梦文化系列著作对我的启蒙和同行们认真的学术研讨之功吧！由此也可以看出，学术研究既为创造，就不可能有固定的模式和永存的标准，它常常是双向运动：给定与未定，同一与差别，阐释与独见乃至于猜想等等。所以在人们常常把作家比喻为远离家乡的游子或孤独的狩猎者时，我想，学术研究者何尝不是一个寻找精神家园的游子呢？不同的是，他往往面对着书，而又凝结成书，从而获得一丝丝安慰，把远行后的疲惫，稍稍缓解，然后再走上坎坷的山路。

就在此刻，我脑海忽地产生了一个鲜明的对比。记得过去的思想文化界，积极性思维的命运是何等凄惨，几乎凡是正面建树的东西往往在各个历史时期都遭到不公平的批判，被扣上形形色色的帽子，而那些从事粗暴的、简单化的、非科学的批判，却被误认为是马克思主义的。这样就逐渐扭曲着不少学人的文化性格。一方面是这种被扭曲的文化性格拒绝艰苦的精神劳动，蔑视任何创造性的积极思维，而走上一条破字当头的捷径，拿着几种现成的公式去寻觅积极性思维中的某些破绽，然后给予整体性的否定；另一方面是这种被扭曲的文化性格的自我否定：虽不甘心但又不能不顺从那可悲的当头棒喝。只有极少数的学人硬挺过来，保持了他们应有的文化性格，他们的文化良知和心灵良知保证了他们积极思维的不被扼杀。无疑，这是我国社会生活和思想文化界中的一种奇特的病态的精神现象，很值得反思。但是，近年来出现了令人鼓舞的情况，这就是大批的文化研究者正在改变或已经改变了这种文化性格，抛弃了那种破字当头的痼疾，而是进行认真、踏实的积极性思维。他们已把研究的重心放在正面的建设上，或写文学史，或研究文化史上的某个方面，或构筑一种理论系统，或运用一项或几项新的方法去阐释复杂的文化现象。他们立足于建设，即使在研究中对许多已有的观念和方法提出质疑和挑战，也表现出另一种积极的文化性格。在这个行进着的学人行列中就有正谷兄在。

1994年12月22日

# 送别继馥

——傅继馥《明清小说的思想与艺术》序

一

李汉秋先生经过一段辛勤的劳动，把继馥研究明清小说的论文结集成书，嘱我作序，我没有丝毫理由推却。但是，已经好多天了，在我面前铺着的依然是一张白纸。不知为什么，我总是难于命笔，而又总是陷入沉思。继馥的音容笑貌，宛然在前，他那真诚、刚正、勤奋的品质和对中国古典小说孜孜不倦的探索精神，总是萦绕着我的心际，而随着时日的推移，翻滚起的却又是一幕幕绵长的回忆。

我认识继馥虽然很晚，相处的日子也不长，但是，他的名字，他的论著我是非常熟悉的，应当说是心仪已久了。1977年发表在《安徽劳动大学学报》上的《论李逵》一文，读后，我深深被他的鞭辟入里的分析、风韵精致的文字所倾倒。从此以后，我便成了他的热心的读者，只要发现有他名字的论文，我总是急切地找来细读，有时甚至为买不到有他的文章的刊物，我会寄钱到杂志社，求他们为我找一本寄来。而他的每一篇新作总是能给我以会心的喜悦和理性的启迪。1979年经李厚基先生的介绍，我们认识了继馥。而当时正值安徽劳大进行调整，我们想借此机会请继馥执教于南开大学。虽然后来这件事没能如愿，但他还是慨然应允了南开的聘请，担任我们中文系的兼职副教授。他在南开的两次有关《红楼梦》研究的报告，以他的精辟的论证和深刻的雄辩，给全系师生留下了极深的印象。

1980年在哈尔滨成立全国"红学会"，我们又在一块生活了几天。他在大会上就中华人民共和国成立后"红学"研究的历史、方法、经验和教训发表了独到的精深的见解，充分表现了一个文学教授的理论勇气。这次发言虽然引起了一些争论，但对我来说，是又一次直接领略了继馥的丰赡的才力和守正不阿的风度。他那实事求是的精神以及深厚的审美修养、理论根底和雄辩艺术不能不使我折服。

翌年，继馥同汉秋、泗珠等诸多朋友筹备吴敬梓诞生二百八十周年纪念活动，我又有一次机会见到他。当时他担任大会秘书长，整天忙于会务工作，但继馥总是忙里偷闲，一有空就到各地代表处聊一聊。他事事考虑得极周到，表现了他是一位殷勤好客的主人。那时我看到继馥仍然是精力旺盛，感情浓烈，而且我还是第一次发现了这位"书生"办事的干练，有很强的组织能力。更难得的是，继馥在百忙中还写了一篇文章——《一代文人的厄运》。在这篇文章里，他对《儒林外史》的主旨进行了新的探索，提出了《儒林外史》勾画的并非儒林百丑图，而是谱写了一曲知识分子的痛史。他那精当的意见，谨严的学风当即受到与会朋友们的广泛好评。

1981年以后，我们都各自忙于自己的一摊事，但还是书信往还。在他的来信中，却从未谈及过他的身体情况，而我们也一直认为他现在心情舒畅，身体健康，工作顺当。但是，万万没想到，1983年2月底我们突然听说继馥患了肝癌，而且病情已经恶化。这个消息震动了继馥在天津的几位挚友。当时厚基、滕云诸兄都力主派人到上海去探视，并主张带一些抢救药品去。于是我受朋友们的委托立即登程。可是成为我终身遗憾的是，在我下车直奔华山医院时，听到的却是继馥已谢世的消息。当时我极度地悲怆，转而又是木然。我不能想象这一切会来得这样迅疾。生离死别失之交臂的遗憾油然而生。我不能不痛悼正在盛年的富有才气的继馥过早离开我们，离开他衷心热爱的事业。

3月15日我和继馥的夫人陈载涟女士一道到龙华火葬场为继馥安放骨灰。这一天天气阴霾，我的心情也格外沉重，在我脑子里盘旋的是这样一个问题：在风雨如磐的日子中挣扎过来的继馥，为什么却在春风和煦、万象更新的日子里竟被病魔无情地夺走了生命，而且他走得是那么快！这到底为什么，为什么？

流光飞逝，几个月又过去了。今天展读继馥的遗稿，重新勾起的仍是我那时的悲怆心情，而伴随这种感伤的却又是更加深切的痛惜与惆怅。

二

听陈载涟女士和安徽大学的朋友介绍，继馥虽然患病，精神却一直乐观。他在发现病情以后仍忙于教学，并力疾撰写论文而不稍懈怠。他的篇篇论文都凝结着他的智慧、心血和生命的热忱。因此，对于继馥学术功力、著述风格和研究方法，我想谈谈自己的真切体会。

治学之道，不外学识与方法。然而学与识实际是两种功夫。不博学当然无识力，而无识力则常常能费学之功。识力与博学，是互相促进、相辅相成的。继馥才思敏捷、博学多才，有深厚的艺术修养。他具有一个文学研究者必备的深度观察力和敏感，这一点我觉得是难能可贵的。正因为如此，他的论文，实在都是厚积薄发，深入浅出，功力很深的杰作，几乎每篇都有新意，都有新的探索，新的突破。虽然他谈的是一部作品，一个形象，但总是力图总结出一些艺术规律来，给人以启迪，这就远非就事论事者所能企及了。

继馥的论文总是带着火一样的热情，不仅启开理智的大门，而且叩动情感的心扉。热情、勇气而无卓识，那只能是鲁莽，它必须同科学精神相结合，这热情才能持久。继馥研究古典小说，总是出之于赤诚，衡之以客观，多能秉持公心，"评不加罪，褒不溢美"，这正是科学的态度。

继馥的古典小说研究始终遵循在美的领域中进行思维。对美的思维，除了坚持正确的科学的理论指导和对艺术规律的探索外，如何使其成为文学的评论，使它获得应有的、与被思维对象相对应的感性形式，即坚持评论的文学性，使之成为美的形式，这是文学评论能否争取读者和生存空间的关键。继馥是实践了在美的领域进行思维的。他的文章，不仅洋洋万言的长篇宏论如行云流水，自然多姿，即便是篇什短小的文艺随笔，也常有角度巧、构思妙、开掘深的佳作。各种文体风格相互辉映，琳琅满目，情味幽深，亲切感人，如友朋切磋，如月下散步，不板起面孔训人，没有令人望而生畏的八股气，这是诗化的评论。

继馥主张"用美学分析方法，多研究些形象"，"对形象作美学分析，就要遵循形象思维的规律，充分考虑到形象的全部生动性、复杂性、丰富性"。继馥是实践了他的理论的，他的古典小说论文多侧重形象分析，而又善于作出审美判断。他决不停留在就事论事和简单复述情节上，而是一方面发掘作品的形象蕴涵的"言外之意"，另一方面评论本身又启发读者思维的"言外之意"，使人举一反三，融会贯通，更好地欣赏、理解文学作品。继馥长期以来从事古典小说的研究，苦心孤诣追求的似乎正是这一目标。

这里接触到一个重要问题：一个文学评论家不仅应当是最好的欣赏者，还必须是一个创造者。他不但要在自己心里把作者的创造再创造一番，就连他所写的评论文字也应当是创造的。他不但应当在评论文字中把作者的作品复活起来，并且要借了他的评论使读者感觉得更多，理会得更深。正如丹麦文学史家勃兰兑斯所说："最好的批评应当是描写的。"继馥文章的读者都喜爱他那种含有欣赏情趣和创造意味的文学评论。我相信这本论文选集呈现到众多读者面前时，唤起的也是这种感觉。

三

继馥离我们而去了。在继馥的生命之舟驶向彼岸之前，他几乎从来没有离开过中国古典小说。他对精美的古典小说的爱，已经化作了他血肉之躯的一部分。我把这看作是他身上的"小说魂"。今天，他的生命之幕虽然已经降落，但是显示他新的生命的《明清小说的思想与艺术》之幕紧接着又升起了。

　　是的，在继馥的生活日历上，尽管也有伤心的日子，也有苦闷的春秋，可是他热爱祖国文学遗产的心却是年轻的，是经霜不凋的。纸张寿于金石。他的所有论著将永存下去，真正有生命的东西是不朽的。

　　今天我含着眼泪又重读了他的部分论文，为了它给我唤起的崇高的情感，我衷心地感谢他。

1983 年 7 月 9 日

# 两条平行线的对接

## ——读来新夏文史随笔

　　文史学界熟悉来新夏先生的读者和朋友，都深知他原是传统文化的饱学之士，在其心灵深处有着对自己传统文化永难割舍的爱恋与执着，尽管他对之进行过无情的解剖和评骘。于是在我的印象中，十多年前，他的著作似还未越过他长期积淀的专业范围，即使在我的小小书房中，仁立于书橱上的也是他的《近三百年人物年谱见知录》《中国近代史述丛》《林则徐年谱新编》《中国地方志》《志域探步》《古典目录学》《古籍整理散论》《中国古代图书事业史》等近二十种之多。可是，就是在近几年，我突然发现新夏先生的影响竟然超出了他的专业领域，他的随笔专集联翩而至，仅在我的案头就有了并不单薄的四册，几近百万字之大关。即东方出版中心的《冷眼热心》、中国青年出版社的《路与书》、山西古籍出版社、山西教育出版社合作出版的《依然集》和南开大学出版社的《枫林唱晚》。在我解读这些文本的同时，我又在追寻其古稀之年"变法"的演进轨迹，我发现了一个我自认为能得来公学术和心灵真诠的现象：在史学和文学两条平行铁轨上，他进行了从容的对接。也许这对我来说并不感到惊讶，因为一个时期以来我始终认为，历史从一定意义上说乃是人类的心灵史。也许正是根据这一认识，我主张把文学作为"心史"来研究。因此，如果说新夏先生在几十年治近代史、地方志、目录学和图书事业发展史方面，是在铺陈文化和文化人的命运史、注重的是反映重大历史事件和文化衍演变革的话，那么与这种"编年史"的纵向宏观的叙述方式不同的是，他近年却在横断面上逼真地展示了人世百态和各有一方天空的学术文化，这就既体现了他的学术见地，又说明了他文化焦虑和现实关怀之深。所以与他的"编年史"不同，作为横断面的随笔的展示方式是描绘人、事、书、物、山川的品格与气韵，性质与形式，从而也就暗示了纵向的历史沉积过程。因此，你读先生的大部分随笔，给人的强烈印象好像总是能不断地听到一连串的声音：这就是人生，这就是文化，这就是活着的历史！于是它证明了一点，历史过程和发展及其诸种生活方式，影响着人们的心灵，而心理结构正是浓缩了的人类历史文明；于是史与文在新夏先生的随笔中得到了契合。

有成就的文史大家总是有创造思想和介入现实的双重使命感，因此他们总是能把历史的思考和现实的思考紧紧地统一起来。新夏先生的随笔最突出的特点正是以当代意识审视历史，又在历史的背景上思考当代，真正做到了当代意识与历史深度的融合。比如新夏先生对林则徐的研究用力最勤、也最见功力的是《林则徐年谱新编》，这是一部搜罗既广，采掇且备的长篇力作，它在学术史上的价值已是不争的事实。而作为典型的人物随笔如《林则徐的取法前贤》《林则徐的书札》《林则徐死因之谜》《林则徐的禁毒思想》《林则徐的诗》和《林则徐禁烟与当前的肃毒》以及《林则徐对传统文化的接受与奉献》等篇什，我却并未把它们看作是厚重沉实的《年谱》的浓缩本或派生物；相反我有意识地把它们看作是独立的人物速写。而当你一旦面对他时，你会很快地对这位伟大的历史人物有了文化血脉上的亲近感。在生命体验上，几乎使我们更直接更强烈地触摸到了林则徐的一颗深邃而伟岸的高贵灵魂。同时，我们也就发现了来公内心的力度和浩瀚。所以我把有关林则徐这一组随笔视为《年谱》的姐妹篇，或可径直地称之为文史双璧。

在《兼资文武、六艺旁通的女科学家王贞仪》《自制望远镜的郑复光》和《化学家徐寿的生平与成就》等篇，来公给予我们的绝不仅是表层的历史知识和科学家们的伟大贡献，从而让人们了解我们民族文化史的光辉传统。其实值得注意的倒是来先生的当代意识，它让我们通过这些文化精英，真正领略到了他们秉天地之气、妙悟其潜藏的人生底蕴。来公笔触所至真是洞幽烛微，出神入化。于是人们从王贞仪、郑复光、徐寿等人物身上看到了我们民族文化的"龙虎真景"，这才是历史家的眼光和文学家的感悟力的有机融合。

有一句读书人都很熟悉的话，"人类一思考，上帝就发笑。"这当然是对人类理性思维的一种无奈和反讽。倒还是马克思说得深刻："思考使人受伤，受难使人思考。"先生正是把自己经历的苦难，化作冷静的沉思，化作对历史的深刻理解。《也无风雨也无晴》乃是《依然集》的代序。我拜读此文，可以说是心潮起伏。而我之所以特别看重它，是因为该文是来公心灵的一次曝光或曰是他心灵的折射。他谈及在没有纷扰和半夜静思的时候，他不断地重温少时反复读过的东坡翁的《定风波·莫听穿林打叶声》。他写道："……这首词确曾给我一种解脱，无论在明枪暗箭、辱骂诬蔑的风雨中，遭到天磨和人忌；还是在几度闪光的晴朗时，傲啸顾盼，我总在用这首词的内涵使我遇变不惊，泰然自处。"看了这样的文字，我真是大吃一惊。因为在我一贯的思路中，"无悲无喜"乃是一种极高明的参禅境界，像来公这样一个人，怎么会一下子上升到佛界四禅天呢？当然不是，他只是在追求一种淡泊宁静的情趣，一种回归到依然故我的纯真境界。一则短序，我发现了先生倾注浓烈的情感，因此你同样可以把它看作是作者心灵史的一角。

　　既然有了这样的心灵境界，于是为文时，你又可感受到先生内心虽难免仍有激愤，但少大言，而大义自显。至于凶猛的指责或者吹鼓手式的吹吹打打却与他的所有著作了无因缘。所以他的随笔少用断语，而提供你的仍是深层次的生活的和心灵的真实，却又把作出判断的权利留给读者。《漫说"势利眼"》《诔墓之文》等都是有感而发之作，然而绝无剑拔弩张之势，行文心平气和，娓娓道来。所以我常说，作家越老灵气越足，在自我消解的过程中，他们的"天目"洞开了，看见的不再是青壮年时代的梦中幻景，而是超越现象界的人性的弱点。于是，在我们读惯了过去和现在那种急于臧否、勇于判断、致力于结论的文章，再来读来公的大作，不禁想到中国当代的随笔，原来可以有这样一种从容一些、具体一些、情绪平静一些的写法和路数！在这个问题上，它给予我这样的启示：在历史的天平上，一个有社会良知、文化良知的知识分子，应该经受得住心灵的煎熬，而绝不能以付出人格为代价。

来先生说，他读的书除了用文字写成的书外，还读了大千世界芸芸众生的无字书（参见《路与书》序）。对于后者，人与人之间都不可重复，而对于前者，后学只有仰慕：先生读的书真多！请看四本随笔集中就有那么多的读书札记式的"书话"。比如《依然集》中的那两组小品："清人笔记随录"和"清人北京风土笔记随录"尤堪一读。先生之文吞吐古今，胸中经纶，若浩浩烟波之无垠。这使我想到：进入成熟时代的作家，有在高深层次上重新认同传统文化的能力。然而这认同并非无批判、无反省，而是一种智慧者的沉潜，既保持着现代人的理性批判意识，又力求对独特的民族文化之精要产生深邃的感悟。所以我说，来公乃是深谙书话写作之道的大家。因此我读他的这些书话小品，确实读出了他的学识，读出了他的才情，更读出了他的人生况味。

听出版社的朋友说，来公尚有随笔集《邃谷谈往》《温故知新》两册即将面世，我真的希望能尽早领略他的人生精要续篇。

1998年6月28日

# 探寻心灵的辩证法

## ——读幺书仪《元代文人心态》兼论心史之研究

我们早已熟悉幺书仪是从事元代戏曲研究的专家。所以这就使我们很自然地产生一种感觉、一种企盼，仿佛元代文人心态的研究应该落在她的身上，甚至这个题目就会选择幺书仪。果然在几年里，她被这个研究课题纠缠上了，命中注定地与它撕掳不开。1993年我们终于看到了幺书仪这部用清新脱俗的笔墨，深入地描述元代文人群体心灵发展轨迹和复杂游移心态的长篇力作。

一

毋庸置疑，对元代知识分子[①]心态的研究，本身就意味着这是一个艰难的选择。这首先是因为，再没有比元代知识分子的心灵更沉重的了。朝代的更换、民族的压力、职业的跌落、世俗的白眼、昨日的荣耀只能留在心灵的底层，它既如此遥远，又如此亲近，现实有一份寂寞，胸中便有一份燃烧。当我们凝视和沉吟元代众多的诗文戏曲作品时，不难发现，在字里行间泛出的那种

---

①本文在写作过程中，文人、知识分子、士等称谓，是从广义上来理解的，因此只凭行文的需要而不作严格的界定。

失却了"四民之首"地位的辛酸又苦涩的心理潜流，那么浓重，又那么复杂。

面对如此复杂的研究对象，幺书仪在构思全书的框架上是十分缜密和谨慎的。幺书仪在1992年从东京给邓绍基先生的信中说得十分清楚，她说：

> 元代文人面对蒙古族君主和动乱年代，所需选择的问题也更尖锐和复杂，内心的痛苦也更激烈，人格的分裂状况也更普遍。我希望能初步接触这个问题，试图描述一下这百年间的文人所遭遇的环境和内心的痛苦。选择的人物有耶律楚材、元好问、谢枋得、赵孟頫、刘因、戴表元、顾阿瑛、杨维桢和危素等，一是考虑他们较"知名"，也较"典型"，二是相对来说他们有较多资料可稽，三是他们处于从元初到元末的各个时期，也照顾到出身、经历的不同。……①

幺书仪写作该书的意旨及框架，在这里已说得相当明确了，无须我们多费笔墨。然而，在这里有一点值得我们注意，即幺书仪极看重选择对象的典型性。这就让我们想起了王瑶先生的一段言论，他认为文学史要求通过对大量文学现象的研究，抓住最能体现文学特性的典型现象，从中体现规律性的东西。王先生十分看重现象与本质（规律）之间的"典型现象"这一中间环节，这是具有普遍方法论意义的结论，幺著一开始也正是注意到了这"典

---

① 幺书仪著《元代文人心态》，文化艺术出版社，1993年10月，序言。

型"人物的选择。从表层看，幺著似乎是一个个个案构成的历史，然而只要你通读全书，就会立即发现十几个典型人物构成和联系了一个元代文人的群体网络，而读者就是对她笔下这些人物进行了一次哲学的巡礼。从一定意义上说，幺著是以一种深刻的历史哲学去观照元代的生活，尤其是文人的内心生活，她提出了一个群体命运的问题，因此，她不是去探寻个别人的心灵历史，而是从总体上去把握元代知识分子的心灵脉搏。她既注意到了政治文化的外显层次，也洞察到了民族文化的深隐层次，特别是注意到了因社会的剧变而牵动着知识分子的心理、伦理、社会等多种生活层次的文化冲突，并以此透视出人文知识分子和政治知识分子的心灵轨迹，传导出时代变化的动律。所以从整体意识来观照幺书仪的元代文人心态研究，它具有体大思精的品格。仅从结构布局来看，它像一颗打磨得晶莹剔透的钻石，其众多的平面上闪射出众多的光彩，读者在眼花缭乱之际，看到的又分明是一颗棱角分明、结体严谨的钻石。这是人们读这部专著时不能忽视的"形式"特点，但这"形式"的特点却决定了心态史研究的得以深入和准确表述。

二

窃以为，心态史的研究应有别于思想史和性格史的研究。思想性格、人格气质等等在成熟后，具有一定的恒定性，而心态则是一种精神流动体，它更受社会的、精神的影响而变动游移。心态不是在过去就已经凝结成型的，而是尚未被规定的精神现象，它永远在"制作"之中、"创造"之中。幺著在观照元代文人心态时，最大的特点正是打破了长期以来对历史人物只看到链索两端的环节，即只看到心理过程的开端与结局的陈旧模式。她在把握文人心态时，是过程本身引起了她的无限兴趣。她尤为擅长的是把那种士人内心生活的依稀可以捉摸的瞬间心态牢牢把握住，以其特有的细腻、敏锐的分辨力加以剖析，并把它交给读者，让读者心领神会，心悦诚服地跟随她得出应有的理解。这种注重"过程"就是注重心理运作的辩证法，它从一个侧面反映出我们学术界的思维方法越来越走向成熟——从单向思维向多向思维的发展。

印证这一点的也是全书最具学术魅力的是幺书仪试图重新塑造一个与人们所熟知的耶律楚材完全或在很大程度上相异的形象。非常明显，幺书仪的这部苦心经营的心史具有深刻的论争性。但一个不争的事实是，你绝不能否认，幺书仪是如此细腻地观察、洞悉、窥测到了这位文学家、政治家的心智历程。这本书为你提供的第一个人物就如此复杂。耶律楚材本身即是一个充满着深刻矛盾、多层次、多侧面的有机体。幺著的视点直逼耶律楚材的心理内核：他既燃烧着不断探索追求的进取精神的火焰，又流露着把握不住人生的痛苦、犹豫；既闪耀着一个智者的高尚情操的光辉，又表现出独耶律楚材才有的坚韧中带有脆弱的气质。像一切探索人类灵魂奥秘的学者一样，她首先遇到的正是特定时期一位融合着既热烈又孤独，既痛苦又执着于理想，有爱有恨，感情交锋极为强烈的典型士人。用我的体验来理解，幺书仪笔下的人物是这样一个矛盾体：身在地狱，心向天堂；忧郁之中有理想在呼唤。这就是幺著对耶律楚材的精神史、从政史和文学贡献的独具特色的描述和阐释。

在幺著中，"发皇心曲"的研究，还体现为细致入微的心理分析。对赵孟頫的评价，历来是言人人殊，莫衷一是。幺著则是强调人物心理的真实性，不去看重人物的完美性。她几乎完全把握住了赵孟頫感情变化和心态流动的微妙处，因而也就道出了一个心理研究的真谛：人并不只有一种面目。在幺著中的赵孟頫，不仅仅是一声叹息，一曲哀歌，一腔愤懑，一缕飘忽的情绪，而是一个活跃的心灵在跳动。不可排解的忧郁，执着却软弱的追求，深刻复杂的悲剧情绪，深厚的人道主义精神，构成了赵孟頫全部的心路历程。

幺著敏锐地看到了在儒家政治和道德理想受到打击的卑琐、沉闷的元代，遭受到各种挫折的书生们的精神和行动，也相应地有了改变。那就是"改变了怀旧的习惯，而开始注重在精神上为自己构筑新的巢穴"。她认为赵孟頫、程钜夫、戴表元等人的心理历程最富于典型意义。于是，她的全部观察和着力点必然由"结果"转向了"过程"。

拿破仑曾对歌德说：政治，那是近代无法躲避的东西。对于中国的知识分子来说，政治更是无法躲避的东西。几乎每一个真正想有所作为的文士都逃避不了政治给予的精神磨难。这就应了美国电影《不可征服》中人物的一句台词："每一个政治家都患有心灵上的气喘病。"元好问这位"纯文人"的从政悲剧再好不过地证明了这一点。在幺著中，我们看到的是元好问的复杂的精神史和他同样复杂的文学世界的独特结合。在幺著中，我们在以阐释文本和以诗证史或以史笺诗的过程中，透过纸背，可以一步步地发现她的传主皆有一颗郁勃的心灵，从而由此也感受到了士阶层感情的喷薄和气质的涵茹。当然这一切又都必然是时代的狂飙带来的社会心理意识在文人身上的结晶。从幺书仪的元代文人心态研究中，可以看到一种深刻的认识历史的悲剧意识。她把伤心史揭开给人看，无疑大大提升了我们认识历史的深度和反思的力度。

幺著的这些独特和精彩的发现，窃以为得力于她最感兴味的心理过程和心理的真实性。车尔尼雪夫斯基在对托翁的小说进行评论时说：

> 心理分析可以采取不同的方向：有的诗人最感兴趣的是性格的勾描；另一个诗人则是社会关系和日常生活冲突对性格的影响；第三个诗人是情感和行动的联系；第四个诗人则是激情的分析；而托尔斯泰伯爵最感兴趣的是心理过程本身，它的形式，它的规律，用特定的术语来说，就是心灵的辩证法。[1]

幺著当然不是小说创作，但道理却有极相似之处，她的学术兴趣和操作程序的重点显然是在心理过程本身，它的形式，它的规律。这就是幺书仪对心灵的辩证分析的鲜明特点。

---

[1]《古典文艺理论译丛》第五册，人民文学出版社，1963年2月，第161页。

# 三

　　幺著真正关心的是士人在不同环境中所呈现出的不同的生命状态。她的兴趣在于对人性淋漓尽致地表达。她走的是双向交流和相互观照的路子。她通过对文人的相对恒定的和流动的心态观照，写出时代的变迁对个人命运的影响，又从个人命运与心灵历程的走向，反射出时代的变迁。试想，在中原陆沉、王朝易祚之时，被征服的民族总要承受巨大的精神创伤，这一点在传统文化最忠诚的信守者——士阶层中反映得尤为突出。社会格局的变化，迫使他们必须做出新的人生选择：或归顺新朝，或矢志守节。前种选择无疑将受到舆论和个人心理上的谴责；后种选择将意味着终生的寂寞无为。这种进退两难的境遇以及最后做出不管是哪一种选择，都会使他们的精神陷入极端痛苦之中。诗为心迹，这种精神痛苦反映到文艺创作中，就会呈现出特有的风范和品格。其中尤为典型的是前朝遗民谢枋得的心理历程。幺著对谢枋得的描述似未充分展开，但在运笔时我们同样清晰地看到传主的一条精神活动的曲线。诗人的心灵旅程和精神搏斗虽以失败告终，但其悲剧性的心灵冲击力仍具有强大的震撼力。

　　幺著对于元代的特定历史时期的思考是发展的。关于元代文人在这一特定社会环境中的历史命运的探索，既有现实的政治学领域，又有文化学的领域。

　　在社会动荡不宁和纲纪隳坏的年代里，文人很自然地将儒家的人生信守和道家的无为哲学、佛家的空寂观念糅合在一起，对人生进行超越现实的思考。投身于自然大化，使精神与大化合一，以求得自我人格的完善和精神的慰藉。幺著在这里除了占有大量社会史资料以外，反映文人们心灵的诗文序跋与信件自然成为她观照的中心。这是因为瞬间的心态流程几乎都刻印在诗心上了。这些特定的社会环境和心态中产生出来的历史折射之光，带有强烈的主体意识和自我表现的功能。他们的诗文词曲中所体现出来的情感意识，不仅仅是属于个人的，而且是社会现实所决定的社会意识在不同层面的集中反映，从而具有了社会心灵的普泛性和典型意义。

英国历史哲学家汤因比在深刻地分析人类灵魂的分裂是社会表面呈现的任何分裂的基础时，不厌其详地论证道：

> 一个灵魂由于在社会解体的悲剧里扮演着角色，失去了创造性行动的机会……对于这个灵魂来说唯一还剩下的自由就是在主动和被动的取舍之中做一种选择……灵魂分裂的灵性经验是一种动力的运动，而不是一种静止的状态。

> 这个溃败的灵魂，由于认识到不能控制环境，因而就屈服，于是就相信这个宇宙，包括它自己，完全受一个既非理性的又不能征服的权力所支配：这权力是两面邪恶的女神，或者在"命运"的称呼下，求得它的恩佑；或者在"必然"的称呼下，忍受它的强制……①

---

① ［英］汤因比著《历史研究》（中册），上海人民出版社，1962年3月，第236—238页。

如果我们用汤因比的话语与幺著所分析的文人心态现象比照，就会发现有许多相似之处。无论是"动乱年代的选择"，还是"先天下之忧"与"全一己之愚"；无论是"用世、弃世与玩世"，还是"维护本身的退避"；无论是"寻找新的精神归宿"，还是"心理的变态"，总之，杨维桢多变的生活道路，危素的身败名裂，戴表元的新生活理想以及刘因的操守……都使我们想到恩格斯在论及英国工人状况时所说的：他们的灵魂冲撞，是由于几乎都是"没有自由意志的物体"。凄惨和得意，失败和胜利，形成强烈的对比，物质和精神，现实和幻想尖锐地冲突，悲剧和喜剧，眼泪和笑声高度地交融和统一，形成一股巨大的情感冲击波，轰撞着读者的灵魂。作者由痛苦的反思转为心灵的真实揭示；而读者则由心灵的真切感受转入痛苦的沉思。

与历朝历代有所不同的是这样一种现象：元朝统治集团，在政治上抑制了汉族士人的进取，而在文学艺术领域则留下了一大块供文人们发挥才情的宽阔天地。在他们手中，创造了高度个性化的艺术意象和形式手段——戏曲，传导出本阶层复杂多层面的思想情绪。他们成功地创造了适于表现人生情结的艺术形象，成为这一时代社会文化的精粹，在戏曲史乃至文化史上具有永恒的价值。

笔者有一种感觉，幺书仪对于元代书会才人怀有异代知己的感情，因此在论述中不仅注入了悲剧意识，而且在"发皇心曲"时有一种特有的智性和灵性在文字中运行。在"失去了庄严感之后"的标题下，幺著展示和剖析了两个世界的内部：戏曲作家的精神世界和书会才人们足迹所及的物质世界。也就是说，一个在痛苦中挣扎的作家和敌视、压迫他们的强权世界。书会才人所走的道路，既不是摧毁这个世界，幻想建立一个新世界，也不是投入这个世界，成为它的和谐的一分子，而是通过批判、讽刺、诅咒以及放浪形骸，来与这个世界相对抗。所以我能认同幺著的这个辩证分析："双重身份，使他们产生了既互相冲突，又互相渗透的思想、性格的'二重性'，包括对于传统观念的信守和一定程度的突破。这种'双重身份'又使他们常有观察生活的两种视角——书生的和市民的视角。""浓重的自卑，强烈的自尊，这是现实社会中失去了'治国安邦'的庄严的社会责任感之后的文人最容易产生的心理状态的两极。"这种灵魂深处的精彩开掘实见功力。因此，读《元代文人心态》后，我把它看成是特定历史时期内我们民族的精神现象史。幺著的清晰而有序的描述还使我们感到它不是抽象的哲学性心态表述，它的鲜明特点是：它展示的是一个个立体的灵魂世界。于是一个逼真的心灵轨迹和感情流程构筑的有元一代文人的灵魂世界以其整体形象呈现在我们面前。

## 四

幺书仪女士的《元代文人心态》是研究元代知识分子的开拓性著作。作者不囿于文史学界的观点，对元代知识分子进行了创造性的综合性研究。作者从全新的视角分析元代的政治环境及对智能的需求入手，阐述了知识分子是从事精神产品生产的一个知识层、思考层，是一个智慧的阶层，有很大的智慧潜在力。作者以坚实的史料为基础，论证士之所以为士，是因为士在整体社会精神生活中扮演着主角。由于这种情况，统治集团不仅需要与文人对话，而且需要求救于士的帮助，于是就出现了礼贤下士的场面，士也会一跃而成为统治行列中的成员。这时，士由认识而走向实践，由后台走向前台。士的认识有赖于一定的社会条件，而在社会诸条件中，最重要的恰恰是政治环境。然而一旦和政治联姻，绝大多数的文人就会这样或那样成为悲剧命运的承担者。因为吹花开的是"人主"，吹花落的权力也依然掌握在"人主"手里。从《元代文人心态》所描述的众多人物的行迹中，你几乎都可以挖掘出隐蔽在心灵深处的悲剧性潜流。即使为著者着墨不多的几位文人也都有值得深思的社会文化心理内涵。

当然这一切又绝非偶然。一方面，我国的知识分子皆有与生俱来的忧患意识，甚至从一定意义上看，一部知识分子史就是一部知识分子的忧患意识史；另一方面，如果从中国文人心态的深层结构来观照，文人多偏爱悲剧，或曰偏爱悲剧是文人的一大"审美特征"。借用尼采的一句话，悲剧乃是人生的最高艺术。不妨这样说，文人在肯定生命，连同从包含在生命中的痛苦与毁灭中生出的悲剧性，也作为一种"审美快感"给予认同。有人甚至说，爱好悲剧，几乎是古代文人的天性。但是，对于元代文人来说，悲剧，只是对民族，对社稷，对历史，对处于社会关键时刻的那些"主人公"命运而言。因此，我们真切地看到幺著不只限于描述，同时还考虑和把握了他们的价值。但是，经验告诉我们，价值标准，在实际运用中，却又表现为千差万别。我深切体会到，如果把思想史、哲学史中判断是非的方法简单拿来用于心态史，是难于说清问题的，也许正是在这一点中幺著的明智令人激赏。作者的睿智使她了解到：只有永恒的问题，没有永恒的答案。

五

幺著还有一个不可忽略的特色，这就是她在全书中始终用心灵的语言去研究元代文人的心态。她像一位当今小说家所说的那样，是以将心比心的方式，以自己的心去捉摸几百年前文人的心。这是因为对他人的理解来自对自己的理解，心理的洞察来自自我意识。她善于透过字里行间，穿透纸背去体验、把握当时文人的痛苦、孤独、脆弱、强悍、愤激、诚实、虚伪、爱和恨。她特别能抓住当时文人的内心矛盾，抓住他们的自我折磨，抓住他们的欲说还休。将心比心是一种真切的内心体验，是一种平等的对话关系。她能紧贴自己的人物，逼真地描述出他们的心理流程，又始终与他们保持着根本的距离。细致的观察与冷静的描述以及含蓄的语气，都体现着传统文化中"静观"的审视态度。所以她既不想与她的对象之心相悖，更不会与她的对象之心重合。对元好问、谢枋得、郝经和赵孟頫不时表露出伤感情怀，但全然没有妨碍作者冷静而理性的分析与评论。即使对一些保持名节的有识之士，撰著者也没有忘记作为史家所应保持的冷静。所以说，作者既多怀同情之心，抒怜惜之情，又具冷眼旁观之自觉。这就是幺书仪的史笔诗心。因此我们说她首先恪守了传统的中国史学中的心史观念，又具有"中立旁观者"的态度。幺书仪在书中体现出深邃的透视力、洞察力和强烈的感受力，她确实把史识、今识和诗识水乳交融在一起了。

总之，在幺书仪的笔下和心灵语言中，那些令平凡人感到惊心动魄的各色元代文人的命运都真切地展现于我们面前了。于经营和睿智的谋划里，在燃烧着感性和理性的冲突中，在扑向她描述的人物的心的一瞬间，在悲辛的反思中，我们真切地体验到了百年知识分子起伏跌宕的心路历程，看到了当时复杂的现实政治的景观，也感受到了历史转折时期在前进过程中的几分迟滞，特别是一个少数民族入主中原的特定历史时期，它使人们更分明地感到：民族融合的过程是一个痛苦的、流淌着血泪的过程。呵！历史本是无情物。

## 六

陈寅恪先生早在1964年11月18日撰写的《论再生缘校补记后序》中就提醒我们，"所南心史，固非吴井之藏"，而应着眼于民族心灵历史的准确理解与把握。"心史"作为传统文化观念，表达的应是民族的心灵历程，或是在民族危机时所必须具有的人格精神、文化良知、心灵良知和气节。所以，"心史"在中国文史学科中才构成了一个独特范畴，具有很强的民族文化情结。幺著的学术价值表现在，它既恪守了传统史学中的心史观念，又于思维的多元和视野的扩大中，把心史的传统观念与国际上的心态史学、心解史学和心智史学接轨，这就是以当代意识观照传统文化的结果，或者说初步尝试了与当代国际文史学研究同

　　　　　　　　　　　　　　教书人手记

步发展的积极的富有成效的试验。

当然，"心史"的研究只是社会史研究的一部分，它不可能代替一切历史研究。当代年鉴派大师雅克·勒高夫在题为《年鉴运动及西方史学的回归》的讲话中说：

> 从前有人犯了用经济解释一切的错误，而今有人犯着用心态解释全部历史的错误，必须把心态史维持在它所属的范畴之内。

信然！

1997年1月

# 倾听民间的心灵回声①

## ——研究通俗小说的意义

长期以来我们似乎接受了这样一种观念：有史无情是史官所长，有情无史乃诗家之风。事实也正是，对于历史人物，古代的历史学家记载的大多是他们的事迹，比如学说、政绩等等。而其丰富的内在情感世界，这本应是他们所有事迹的出发点，却恰恰被一般的历史学家所不介意而又常常成为文人们虚构和演绎故事的素材。在这种认识的局限下，那些波澜起伏的时代心潮，那些在各种各样物欲和意志支配下活动着、较量着的人们，他们的心态变迁的历史似乎都不见了。其实，历史过程和发展及诸种生活方式影响着人们的心灵，而心理结构正是浓缩了的人类历史文明，民间的创作则又是打开时代灵魂的心理学。基于这一点，历史从一定意义上说应是人类的心灵史。而文学艺术作品，则又可以称之为大众审美化的心灵史。也正是基于这种认识，我的学术理念，一直置于文本实证与理论研究相互应照的思路上，并以文本研究为核心，追求文本的心灵史意味，从而倾听中国知识分子心灵的声音，并以此为基点，勘察浩瀚的文化现象，揭示民众的

①本文是为复旦大学张兵先生主编的《五百种明清小说博览》一书所写长序的一部分。

灵魂奥秘。

基于这种使命感，私心认为张兵先生和我有一种特殊而又共同的认知感受，或者就是一种心灵的契合吧！由他创意和主编，并诚邀全国各地从事古典小说研究的专家学者共同参与编著的大型学术著作《明清小说五百种博览》（以下简称《博览》）正是他和他的精神同道长期思考的成果。

如果仅从全书整体构架上来观照，我会很自然地把它看作是一部串联起来的中国古代民间艺人、书会才人和知识精英的精神链条，从中现出的是六百年来民众的心灵史。它以文本解读为主，使我们感受到时间的流程和民众的现实姿态和心灵的历程。

然而，当你进一步体味这部大书的构想，你就会发现主编及他的合作者的强烈的拓新意识构成该书的很多特色。

众所周知，一部中国小说发展史有它自己繁荣的季节、风景，有自己的起伏波动，而明清时代正是中国小说史上的高峰期、成熟期，它是一个出大家的时期，更是一个出天才的时期。那么要研究这段历史上的小说文本，除视野必须开阔，资料必须充分外，最不容易也是最重要的是如何把握中国传统文化的命脉和中国小说自身的内在逻辑。常识告诉我们，小说创作的起伏波动无非是小说作用在人们的社会生活和心灵生活的一种曲折活动，有时表面看起来繁荣，其实是小说观念浮在表层的现象；有时看起来是萧条、不景气时，也可能地火在运行、积累，这就需要用整体的观念看小说。比如明代前期小说，色彩并不繁杂，可以按传统类型分为历史演义、英雄传奇和神魔小说三大块。然而到了明代后期，小说即出现多元思潮和多样的姿态。这对研究者来说把握小说的脉息就显得艰涩多了。而《博览》一书的审视对象（不可能是一般文学史和小说史的传统格局）必须面对前后两个小说发展的时段。古代小说进入后期，恰恰是杂花纷呈、意象迷离、千岩竞秀、万壑争流。因此在具体观照时，既需要每个研究者心中有一个全景式的宏观把握，又需要与微观的作家作品个案分析相交叉，历史的纵向与小说的横向相交叉。正由于《博览》的主撰者有一个完整的小说史观，于是主编才能为之提供一个全新的述史模式和框架，把纷繁复杂、流派丛生的小说现象纳入其中。事实是，五百部小说仅从书目上来说，似乎就是一部小说史的雏形了，但就新近出版的中国小说史来说，在明清一段，没有一部能够涉及五百部小说文本。所以《博览》在一定意义上说它又"大"于一般小说史，更何况，编这样一部大书，之前有遴选，之后有评价、有比较，这里已经孕育了小说史的观念。如果让我大胆地说一句，一切小说评论都是小说史；当然，反过来，一切小说史都是小说评论。正是在这个意义上，我才把《博览》一书看作是有拓新意识的、有断代小说文本史意味的大书。

我们还不妨把《博览》比喻为一座桥，因为它的应用价值和特色所在就是把原著和对它的解读沟通。提供五百部小说书目，属于遴选，那是撰述前必备的本事，这当然就有了沟通的意味。而解读则是桥的另一意义的体现，它使很多学者专家的解读和认知方式，特别是他们的智慧转化为大众能够接受的信息。然而这里不可避免地会派生一个难点，即个人化或曰私人化的解读与客观的价值标准即公论的问题。

20世纪90年代，被认为是一个"重读"的时代，人们几乎开始根据个人的生命体验和情感方式，来感知和注解每一位作家的作品。每个写作者都有权表达他自己的认识和看法，尤其在学理的层面。虽然一百个人心中有一百个贾宝玉，但他们只是想说出他们心中的"这一个"。它的好处是排除了一元话语体制。可是《博览》一书毕竟属于"导读"一类的书。在某种意义上它是排斥"当事人"的，因为对某人某时重要，并不意味对历史重要，何况这个历史还是小说的历史。在这里，我认为《博览》一书总体说是非常好地处理了"公论"与"私论"的关系。所谓"公论"即公正之论，它应该是客观的；而"私论"则是个人见解，个人见解只有达到客观才接近公论。因此，像《博览》这样的导读之作，应该既是个人的，又是客观的。

如果把"私论"与"公论"的问题说清，我们就可看到《博览》的一个不可忽略的特色：以将心比心的方式解读文本。将心比心是以自己的心去捉摸几百年前作家的文心。这是因为对他人的理解来自对自己的理解，心理和行为的洞察来自自我意识。欣赏者善于透过字里行间，穿透纸背去体验、把握当时小说家的爱与恨，强悍与脆弱，激愤与孤独，伪善与真诚……将心比心是一种真切的内心体验，是一种平等的对话关系，他们既不想与他们的对象的心相悖，又不会与他们的对象之心重合，既多怀同情之心，抒怜惜之情，又具冷眼旁观之自觉，这就是"史笔诗心"，因此我们说这是一种既恪守传统史学中的心史观念，又具有中立旁观者的理性态度。它需要的是解读者深邃的透视力、洞察力和强烈的感受力。即把史识、今识和诗识融合为一体。这种阅读与阐释的策略，就具有了发现与创造的意味，它完全避免在"好小说"与"坏小说"的层次上玩弄价值标准，而会在有意义和无意义的层面上进行智性与灵性相结合的思考。

《博览》作为一项小说文化工程，它属于时下学界倡导的"经典互动"的范畴。当然，明清五百部小说不可能都属于经典①，这是不言自明的事。然而它必然是以经典为标志、为代表、为范本的。我这里说的"经典互动"的核心指的就是广大读者与经典之间的互动。小说的功能最终是感动人的心灵，当读者被深深地感动了，才能说这部作品是真正成功了。另外，大众经典又是经典与大众共创的，且不说《三国演义》《水浒传》本身就是几代人集体创作的结晶，《红楼梦》等经典如果没有众多读者的心灵共鸣，也不能成其为经典；经典不是象牙塔中的供品，任何一部小说如果不能得到大众的欣赏就不是经典；再有就是大众与经典的互动。其实有什么样水平的读者，才会有什么样水平的小说艺术品，只有伟大的读者才能催生伟大的艺术品，没有伟大的读者，任何艺术也会退化。正在这个意义上，《博览》一书在"经典互动"上是寻找到了一条切实可行的策略。

《博览》是一部可分可阖的大书，而从读者角度看又是一部可拆可接的大书。以我的私见，《博览》作为明清小说博览之作，总体上自有其碧海掣鲸的历史大场面，自有其云蒸霞蔚的

---

①经典小说与好小说、畅销书是不同的概念。"经典"永远有一个不断被阐释的过程，它们几乎是在被反复地述说、感悟中变为常识，并且通过文学教育的指认，成为一个民族乃至人类共同认同的东西。写进文学史与小说史的，大都具有了某种经典的意味。《博览》共收五百种小说，当然不都是经典，而且绝大多数不是经典。然而为了叙述方便，同时又考虑"经典"具有范本的意味，所以这里主要以经典小说为例证。

人文大景观。所以能吸引你去从容涵泳，放眼考量，步入其中则如渡云海，如观沧溟，也自有一番难忘的无限风光。它虽包容着150万字，但每卷可自成段落，自有中心，自有布局，自成独步范围，自有门户可接纳不循序而入的观览者。你若好整以暇，顺序读之，可睹洋洋大观，可寻伏脉千里之草蛇灰线，可窥心灵史的起伏跌宕，可窥作家之忧患心、现实感勾绘出的历史运行轨迹；倘若你世务丛胜，劳人草草，或偶然掠读，或随意抽读，或竟破卷检读，亦可睹一段山阴道、富春景，可见别有洞天之旖旎风光。这是一种极符合读者阅读心态和阅读趣味的极聪明的编排法。

罗素在《西方的智慧》一书引述了一句话："一本大书就是一个灾难。"我想：看这部《博览》的读者，可能不会有遭遇灾难的感觉，因为人们可以自由地在古代小说文本与现代解读中游走，从而得到愉悦与启迪。

最后我还要啰唆两点感受：一是《博览》的成书如此地顺利是跟一大批优秀学者专家的支持分不开的。为什么会有这么多的小说研究者的支持、参与呢？我想就是这些学者身上有可贵的大众情怀。而一直致力于中国古代小说研究、取得丰硕成果的张兵先生又把学者们的思想精华加以整合，用一种通俗的文本表达出来，让公众分享他们思考的愉悦。主编把学者的思想汇集在一起，构成的是一个整体的声音。也许这声音有高低音之别，但对读者的欣赏与思考必有裨益。

这部大书的出版，也标志着出版事业的一个方面。我们都知道，纯学术著作和普及读物与通俗著作之间有一个非常广阔的中间地带，而我们过去在这个中间地带还缺少显著的建树，总是偏于两头。而《博览》却在这个中间地带作出了不同凡响的建设。这种文体本身会更加贴近读者的口味。质而言之，《博览》于内行来说固然兼有可读性、资料性之长，于一般读者而言，也能从中吸取不少有关明清小说的知识。至于文风的生动活泼，应是赢得广大读者的不可或缺的手段。

2000年6月

# 整合与发现：
# 21世纪《金瓶梅》研究的新起点[①]

历史久远的沉默，往往是一种久远的期待，期待着公平、客观的认知和耐心的品位。

现代文学史上的著名作家林语堂先生在他那部《生活的艺术》一书的自序中，列举了十来位他认为是中国文化史上杰出人物的名字。他赞扬"这些人全是不依传统的人，这些人因为具着太多的独立见解，对一切事物具着太深的感觉，所以不能得到正统派批评家的喜悦，这些人因为太好了，所以不能遵守'道德'，因为太有道德了，所以在儒家的眼中是不'好'的。"他认真地预言，这些人物的名字"在中国恢复他们的重要地位，不过是时间问题"[②]。

我不知道林先生是有意回避那位更富有"独立见解"、更具有挑战性的人物——兰陵笑笑生，还是同样漠视这位小说巨擘的巨大存在。因为在我的印象中，笑笑生要比林先生提到的张潮更"感觉敏锐"，更"熟悉世故"；比袁中郎更"戏谑诙谐，独出

---

① 本文是我为何香久先生编注的《综合学术本〈金瓶梅〉》所写的长篇序文。

② 万平近编选《林语堂选集》（下册），海峡文艺出版社，1988年3月，第68页。

心裁"，而同李卓吾则同样"深刻沉着，堂皇伟大"，即同样"不依传统"，而富有更强的叛逆性。令人遗憾的是，早在1937年林先生作出的预言，在他提到的人物中，确实在今天一个一个地开始成为现实。而兰陵笑笑生和他那部给他招来无数灾难的《金瓶梅》，却始终不为更多的人认同，笑笑生仍然是一个"孤独者"，一个被看作是"另类"的人物，他的书还要被一删再删！

时过境未迁，关于《金瓶梅》，过去了的时代是何看法，我们暂且撂在一边不去管它。而在今天，我还是看到了《金瓶梅》无论在社会上、人的心目中，乃至研究者中间，它似乎仍然是一部最容易被人误解的书。而且我自己就发现，在一个时期内，我虽然曾殚精竭虑、声嘶力竭地为之辩护，原来我竟也是它的误读者之一。因为我在翻看自己的旧稿时，就看到了自己的内心的矛盾和评估它的价值的矛盾，这其实也反映了批评界和研究界的一种值得玩味的现象。我已感觉到了，中国的批评界和读者看问题的差异，其中一个重大差别就是研究者比普通读者虚伪。首先因为读者意见是口头的，而研究者的意见是书面的，文语本身就比口语多一层伪饰，而且口语容易个性化，文语则容易模式化——把话说成套话，套话就不真实；同时研究者大多有一种"文化代表"和"社会代表"的自我期待，而一个人总想着代表社会公论，他就必然要掩饰自己的某些东西。在这些方面，普通读者就少有面具，往往想怎么说就怎么说，怎么想就怎么说，比如对《金瓶梅》，其实不少批评家未必没有普通读者的阅读感受，但他们一旦写成文章就冠冕堂皇了。尽管我们分明地感到一些评论文字的作假，一看题目就见出了那种做作出来的义正而辞严，可是这种做作本身就说明了那种观念真实而强大的存在。它逼得人们必须如此做作。且做作久了就有一种自欺的效果，真假就难说了。《金瓶梅》竟然成了一块真假心态的试金石，这也够可笑的了。

首先，就拿《金瓶梅》最惹眼的性行为的描写来说，必须承认，在我过去的研究文章中就有伪饰。现在再读《金瓶梅》时似经过了一次轮回，才坦然地说出了自己心底的话：我们既不能苟同以性为低级趣味之佐料，也无法同意谈性色变之国粹，当然我们对弗洛伊德的性本能说的被无限夸张有许多保留意见。现在，也许经过一番现代化开导，我们真的认识到，性行为所揭示的人类生存状态，往往是极其深刻的。因为，在人类社会里，性已是一种文化现象，它可以提高到更高的精神境界，得到美的升华，绝不仅仅是一种动物性的本能。所以，我一直认为《金瓶梅》可以、应该、必须写性（题材、主旨、内容这样要求），但是由于作者笔触过于直露，因此时常为人们所诟病。但是，我更喜欢伟大喜剧演员 W.C.菲尔兹的一句有意味的话：有些东西也许比性更好，有些东西也许比性更糟，但没有任何东西是与之完全相似的。信然。

至于对作为接受主体的读者来说，我倒是更同意《小说美学》的作者阿米斯如下的一番话：

> 人摆脱了动物状态，既能变成魔鬼，也能变成天使。最坏的恶和最好的善都属于心灵，而这二者都在文学中得到了

最完整的再现。因此，对那些学会了阅读的人来说，他们的灵魂是染于苍还是染于黄都由自己掌握。

基于此，再回到过去了的时代，我非常欣赏清人张竹坡所写《批评第一奇书〈金瓶梅〉读法》中所说的大实话：

> 《金瓶梅》不可零星看，如零星，便止看其淫处也。故必尽数日之间，一气看完，方知作者起伏层次，贯通气脉，为一线穿耳下来也。
>
> 凡人谓《金瓶》是淫书者，想必伊止知看其淫处也。若我看此书，纯是一部史公文字。

在我看来，这位张竹坡先生的意见比国粹派、谈性色变者、窥私癖者以及伪善者更懂得如何读《金瓶梅》，包括如何看待此书的性描写。

具体到《金瓶梅》的内容，我们既看到了裙袂飘飘，也看到了佩剑闪亮。这场关于情欲的奇异之旅在语言的纠缠里达到了最充分的展现。西门庆对潘金莲、李瓶儿和王六儿等的性爱是疯狂的，更是毁灭性的。也许这正暗含了不朽之经典所能具备的元素。

这也就从一个侧面证明了性是一把美好和邪恶的双刃剑。而将性沦为卑下抑或上升至崇高，既取决于作家也取决于读者的审美与德性。

说句实在话，围绕《金瓶梅》中的"性"，人们已经说了几百年（是不是还要说下去呢？）。但是，当我们把这个问题置于人性和人文情怀中去，对它的解读就真的会是另一种面貌了。人们认为最羞耻、要去极力隐讳的东西，其实恰恰是最不值以为耻、要去隐讳的东西。大家以为是私情的东西，其实也正是人所共知的寻常事。真正的私情的东西恰恰是每个具体人的感情，那是最个性化的、最秘而不宣的东西。而事实上，历史行程已走到了今天，人们对性已失去了它的神秘性、隐讳性。人们在闲谈中带些性的内容都已变成司空见惯的了，但谁又会将心灵深处和感情隐秘——流露和轻易告之他人呢？为什么对性，就不能以平常心对待呢？性不需要任何理由，它只是存在着。在我们以往的《金瓶梅》解读中，对性的态度与行为往往是一种道德评判的标准，其实，这对于小说的本质而言是徒劳的。小说最应该表现也难以表现的是人的复杂的情感世界和游移不定的心态。人的道德自律在于要正视纯粹、自然和真诚。评论界开始明智地指出：劳伦斯将性的负面变为正值，公然提出性就是美，并把笔下的主人公的性关系以浪漫的诗意来表现。而像已故的青年作家王小波在《黄金时代》对以往的道貌岸然的反讽中，将性价值全然中立化，他让人们在净化中理解两性关系的意义，于平淡中体味人的温情，人性之美自然溢出。我当然理解，笑笑生不是劳伦斯、王小波；《金瓶梅》也非《黄金时代》和《查泰莱夫人》。我只是希望我们从中能得到这样基本的启示：在未来的生活和文学作品中，将性的价值尽量中立化；在净化中理解两性关系的意义，以及以平常心对待性，这也许会变得可能。

第二个问题是丑。从小说美学角度看，笑笑生把丑引进了小说世界，从而引发了小说观念的又一次变革，这无疑是《金瓶梅》对中国小说美学的一大贡献。然而习惯了崇仰真善美和看惯了英雄如云的时代，又极愿领略雄伟劲直的阳刚之美的中国读者，很难接受和发现笑笑生的意义。

其实小说艺术的空间正因丑的发现被大大拓宽了。晚出于笑笑生三百年的、伟大的法国雕塑家罗丹才自觉地悟到：

> 在艺术里人们必须克服某一点。人须有勇气，丑的也须创造，因没有这一勇气，人们仍然停留在墙的这一边。只有少数越过墙，到另一边去。

罗丹破除了古希腊那条"不准表现丑"的清规戒律，所以他的艺术倾向才发生了质变。而笑笑生这位先行的发现者，也因推倒了那堵人为地垒在美与丑之间的墙壁，才大大开拓了自己的艺术视野。他从现实出发，开掘出现实中全部的丑，并通过对丑的无情暴露，让丑自我呈现，自我否定，从而使人们在心理上获得一种升华，一种对美的理想的渴望和追求。于是一种新的审美原则随之诞生。

笑笑生敏锐的审丑力是独一无二的。如果说"三国""水浒""西游"的艺术倾向已经不是一元的、单向度的、唯美的，而是美丑并举、善恶相对、哀乐共生的，那么《金瓶梅》的作者则在小说理念上又有了一次巨大发现，即"丑"的主体意识越来越强，它清楚地表明，自己并非美的一种陪衬，因而同样可以独立地吸引艺术的注意力。在《金瓶梅》的艺术世界里，确实没有一切美文学中的和谐和诗意，所以它缺少理想的闪光，也没有美的存在。它让人看到的是一个丑的世界，一个人欲横流的世界，一个令人绝望的世界。它如此集中地写黑暗，在古今中外也独具风姿。总之，在《金瓶梅》中，我们没有发现任何虚幻的理想美，更少有通常小说中的美丑对照。因为作者没有用假定的美来反衬现实的丑。这当然是一个崭新的视点，也使小说创作在传统基础上升腾到一个新的美学层次。因为所谓小说艺术的哲学思考的关键，就在于寻找一个独特的视角去看人生、看世界、看艺术。这个视角越独特，那么它的艺术就越富有属于他个人的、别人难以重复的特质，这就是作家的原创性。笑笑生发现了"这一个"世界，而又对这一世界做了一次独一无二的巡礼和展现。

进一步说，对于一个读者来说，面对一部小说，首先要尊重、承认它的作者审视生活的角度和审美判断的独立性，我们无权也不可能干预一位古代小说家对生活的时代采取的是歌颂还是暴露的态度。事实是，歌颂其生活的时代，其作品未必伟大；暴露其生活的时代，其作品未必渺小。《金瓶梅》的作者构筑的艺术世界之所以经常为人所误解（误读），就在于他违背了大多数人一种不成文的审美心理定势，违背了人们眼中看惯了的艺术世界，违背了常人的美学信念。而我们却越来越感到笑笑生之所以伟大，正在于他根本没有用通用的目光、通用的感觉感知生活。《金瓶梅》的艺术世界之所以别具一格，就在于笑笑生为自己找到了一个不同于一般的审视生活和反思生活以及呈现生活的视点的叙事方式。是的，笑笑生深入到了人类的罪恶中去，到那盛开着"恶之花"的地方去探险。那地方不是别处，正是人的灵魂深处。他远离了美与善，而对丑与罪恶发生兴趣。他以有力而冷静的笔触描绘了一具身首异处的"女尸"，创造出一种充满变态心理的触目惊心的氛围。笑笑生在罪恶之国漫游，看到的是绝望、死亡，其中也包括他对沉沦的厌恶。总之，笑笑生的世界是一个阴暗的世界，一个充满着灵魂搏斗的世界，他的恶之花园是一个惨淡的花园，一个豺狼虎豹出没其间的花园。小说家面对理想中的美却无力达到，那是因为他身在地狱，悲愤忧郁之中有理想在呼唤，然而在那残酷的社会里，诗意是没有立足之地的。这一切才是《金瓶梅》独特的小说美学色素，它无法被人代替，它也无法与人混淆。

以上所言，实际上涉及《金瓶梅》的整个"阅读行为"，即读者群和评论者如何首先拓宽阅读空间和调整阅读心态这样一个亟须解决的理论和实践的问题。面对《金瓶梅》评论者是否"高级"读者可以不论，但他首先是一个读者，他的评论始于阅读，甚至与阅读同步，因此有什么样的阅读心态，就会有什么样的阅读空间。在一个开放的、多层次的阅读空间中，有多种并行的或者相悖的阅读方式和评论方式，读者可以择善而从，也可兼收并蓄，甚至可以因时因地而分别取用。但任何封闭的、教条的、被动的，甚至破坏性的心态都可以导致阅读的失败。对于《金瓶梅》这样惊世骇俗的奇书，面对这早熟而又逸出常轨的小说巨构，必须进行主动的、参与的、创造的阅读，从而才有可能产生出一种开放的建设的创造的研究与批评。

是不是在我们捧读《金瓶梅》时，不妨把它看作是一个有许多窗口的房间？你从不同窗口望去，看到的会是不同的天地，有不同的人物在其中活动。这些小天地有道路相通，而这些道路则又是由金钱、权力和肉体铺就的，于是在我们面前就会出现一个完整的世界——封建晚期的明代社会。比如：

从一个窗口望去，我们看到了一个破落户出身的西门庆发迹变态的历史，看到了他占有女人、占有金钱、占有权势的全过程，看到了一个市井恶棍怎样从暴发到纵欲身亡的全过程。

从这个窗口，我们看到西门庆家族的日常生活，妻妾的争风吃醋，帮闲的吃喝玩乐，看到了一幅市井社会的风俗画。

换一个窗口，我们看到了卖官鬻爵、贪赃枉法的当朝太师蔡京等市侩化了的官僚群的种种丑态。

再换一个窗口，我们看到了……不，在所有的窗口外面，我们几乎都看到了潘金莲的身影。她是《金瓶梅》中一个无所不在的特殊人物：一方面，她充当着作者的"眼睛"，迈动一双性感的三寸金莲奔波于几个小天地之间，用她的观察、体验、分析，将其连接成一个真实的世界；她又是一个发展中的人物，开头她被西门庆占有，而后西门庆的生命终点又是她制造的。因此，潘金莲这个形象在一定意义上又比西门庆更显突出。

…………

总之，《金瓶梅》的许多窗口是朝着这些"丑恶"敞开着，读者置身其间，各种污秽、卑鄙、残忍、诱惑、欺诈、挑拨、陷害、闹剧、惨剧等等无不历历在目，尽收眼底。这是我们从文本背后一次次发现的精神意蕴。

这说明，要想解读《金瓶梅》，就需要一个开放而智慧的头脑，同时还需要一颗丰富而细腻的心灵。进一步说，它还需要营造一种自由精神气氛、一种人文情怀。

正是基于以上的理解，我从整体上初步把握到了这部"另类"小说的历史文化内涵：《金瓶梅》是一部人物辐辏、场面开阔、布局纷繁的巨幅写真，腕底春秋，展示出明代社会的横断面和纵剖面。《金瓶梅》不像它以前的《三国演义》《水浒传》以及和它大致相近时间的《西游记》那样，以历史人物、传奇英雄和神魔为表现对象，而是以一个带有浓厚的市井色彩、从而同传统的官僚地主有别的恶霸豪绅西门庆一家的兴衰荣枯的罪恶史为主轴，借宋之名写明之实，直斥时事，真实地暴露了明代中后期中上层社会的黑暗、腐朽和不可救药。笑笑生勇于把生活中的"丑"作为主人公，直接把丑恶的事物细细剖析来给人看，展示出严肃而冷峻的真实。《金瓶梅》正是以这种敏锐的捕捉力及时地反映出明代现实生活中的新矛盾、新冲突，从而体现出小说新观念觉醒的征兆。

笑笑生以无畏的艺术勇气把性和丑引进了长篇小说世界，于是他突破的同时也发展了传统小说审美学，他引发的小说理念的变革是不能低估的。

对《金瓶梅》，我说了不少"好"话，属于"褒派"，但我并未忘记，笑笑生的市民题材作品的贡献在于对市井生活的精细描绘，但它过多地认同了市民生活的价值观念，无助于当代精神生活（包括过去的和现在的）的提升。这是事实，容不得否认。

时间是敌人，也是朋友，这印证了《金瓶梅》自"淫书"走向经典之作的无限可能性，它的艺术张力也会在历史行程中得到充分的发挥。

直到现在，我还是说，《金瓶梅》是一部永远说不尽的伟大小说。

我和《金瓶梅》总是通过不同渠道结缘。

2000年10月下旬，第四届国际《金瓶梅》学术研讨会在山东五莲召开。根据大会负责人的安排，我有幸和魏子云先生分别在大会上致辞。就是借着这次世纪盛会和发言的机会，我把十年来的绵长思绪说了出来："中国《金瓶梅》学会是一个大家庭。在这个来自各地的朋友组成的家庭中，我感到温馨。从众多师友中，我不仅获得了丰富的人文知识和富有启示的思想，同时更获得了真诚的友谊。"这里说的"真诚的友谊"，就包括香久兄对我的情意。在五莲，会议时间不长，我又因故提前返津，但是我和香久还是有过两次深情的谈话。我们的话题广泛，并未专注于"金学"。然而，我只是在一个多月后收到香久的散文选集《一壶天地小如瓜》，读了他的《一部书的罪与罚》后，我才真的感到一部小说巨著如何把我俩的心更紧地连在了一起，一种相知相契的感情油然而生。我治"金学"虽然也历经磨难，但我对"金学"研究付出的并不大，所谓浅尝辄止而已，因此在没取得什么成果的情况下，我的心态始终很平衡。香久可就不同了，为了一部《金瓶梅》，他受到的是大惊、大恐和大委屈，如果换了我，我会一生躲着这部书，免得它给我再招灾惹祸。可是香久却不这么想，他竟以十一年的心血岁月（1989—2000）拿出了一部前无古人、独标异彩的厚重之作——《综合学术本〈金瓶梅〉》。这是何等顽强的毅力！说他有一股为学术文化献身的精神绝非过誉。而从另一角度说，香久这次在《金瓶梅》研究领域取得的实绩也绝非偶然。

在新时期青年研究群体中，香久真是多才多艺。他在北大读书时即受名师指点，此后依恃着丰厚的文学与史学功底以及敏锐的文化感悟力，在文学创作与文化研究上都取得了显著成绩。举凡诗歌、散文、小说创作、文艺评论、古典文化研究都有所建树。比如，他的历史文化散文就有自己的特点。这突出映示为：行文落墨、布局谋篇的斜出旁逸，无拘无束而终不失法度，以及对诗文掌故、趣事逸闻的信手拈来，巧妙化用。它们无形中酿成了作品缤纷摇曳，挥洒自如的叙事风度，贻人以参错繁富之美。这种文人的真笔真墨在商业时代显得很珍贵。对于诗，我的理解很肤浅，但读香久的诗作，仍然感知到它们的灵动高华、精微郁勃、文采焕然，妙语迭出。如果做什么"历史定位"的话，这当属香久的"性情之书"。

至于香久的"学术之书"则在古典文化研究上。他的几部代表作让我感受到的是他善于凭借他的研究对象（除《金瓶梅》以外还有纪晓岚）去寻求文化灵魂和人生秘谛，即对中国文化的历史命运和中国知识分子人格构成的深入探索。

香久关于纪晓岚年谱之作，涉题广泛，思想丰闳，富有现代精神，过去，考据和文本与理论研究往往隔阂，甚至相互排斥，结果三者均得不到很好的发展。香久却把三者纳入历史和方法的体系中加以审视，从而体现了考据和文本以及理论的互补相生、互渗相成的新的学术个性。有时明明是一部资料书，却显得血肉丰满、有理有据，无枯燥乏味之弊，而是灵气十足，富有可读性。

香久的拿手好戏当然是《金瓶梅》研究。从已出版的三部专著中，似可总结出一点经验：即小说研究要求相对的稳定性和连续性，需要学识与才情，广博与精深，新颖与通达等等的平衡与调适。香久以过去《金瓶梅》研究中的问题为鉴，在深沉反思的起点上，力求突破长期以来这个领域中的陈旧模式，楔入新的感悟和理解。而在文字上的特色则是叙笔与论笔互呈，叙笔灵俏，论笔机锋，彼此相映，从容道来，从而深刻揭示了《金瓶梅》在小说文化史上的重要地位和独特价值。不难看出，香久在三部"金学"研究专著中，更看重的是条分缕析的理性剖析，用以构筑自己的论说框架。比如在情与欲的正负价值上，在美丑的区别上，在中国小说模式的开放性论说中，都贯穿着细致而新鲜的见地，显示了他与失去活力的僵化的研究路数的不同思路。

现在我们看到的是香久"金学"研究的集大成之作了。作为一种具有整体性的全新文本，《综合学术本〈金瓶梅〉》集甄别、整理、校注、评点、纪事于一炉。香久倾其心血，发挥其学识之长，真正做到了精勤与博洽、细密与敏锐相得益彰，而细琐与难考之事亦以求实之精神，做出合理之诠释。另外全书的注释常有开掘前人未发之新意，和修正前人的某些谬误的思维勇气。

写到这儿我不能不横插一笔，谈谈香久明确标举的"学术本"的问题。"学术本"三个字无疑是全书的关键词，也是香久标新立异、独辟蹊径之处，更是他为自己提出的一个大难题，当然还是一个全新的思路。"学术本"不仅意味着全书的学术性，同时更可看出作者极重视学术的规范化。从学界专家的观点来看，学术首先讲究客观与理性，来不得一点天马行空、酣畅淋漓，即太多的主观化；其次，要讲"学术本"那就要讲究规范。尤其今日之治学术，其中"术"的因素越来越强，而"学"又越来越与特定的技术、程序与方法（"术"）联系在一起，于是它也就越来越学科化、体制化，以至于不术便无学，而不是"不学"则"无术"，因而也就越来越需要"训练"。这部"综合学术本"的《金瓶梅》是对香久国学功底和现代学术规范的一次考验。就我浅薄之见，他是通过了道道难关，而又较好地实现了他创制的"学术本"的新规范。

一部书的结构框架是十分重要的，它往往显示编著者面对研究对象的一种宏观把握的能力。常有这样的情况，当你尚未展读全书，但由它的目次所揭示的体系的概貌便引发你强烈的阅读兴趣。香久的《综合学术本〈金瓶梅〉》正是这样一部书。可以想见，《金瓶梅》虽是一部小说，但涉及文化的方方面面，何为大端，从何着笔，乃是操作时颇费斟酌的问题。香久的这部大书称得上恢宏大度，疏而不漏。所以通观全书，体系编排，井井有条，有注有评，且有"史"有"论"，亦"史"亦"论"，史论相依，结合成一个纵横相交的主体坐标轴。于是《金瓶梅》便在其中确定了在小说史上的地位，同时又因这部书属综合性学术本，从而显示出它在学术史上的地位。所以仅从框架建构上来说，作为一部综合性文本，它显示了编著者的功底和眼力。于是，我突然想到了陈寅恪先生的一个重要主张。他认为治史要有所"发现"。也就是说，要在历史的观察中注入主体独特的目光，看到别人不曾看到的东西。今天，我们读到香久的这部新书，从建构到书写同样体现了他具备敏锐的"发现"意识。香久因为拥有多年修成的较为深厚的文学功力而显得睿目炯炯，卓尔不群。从这里我们还获得了一个重要启示：学术研究的意义不仅仅在于成果，也许更重要的是思考。是的，成果是重要的，思考同样重要，而这又恰恰需要智慧、巧思和责任感。香久和许多真正的学者作家一样，他在默默地为我们做着这些工作。

《管子·水地》篇中说得很妙："人与天调，然后天地之美生。"我想古人是看到了"天"是变化发展的，"人"也是在变化发展的。人之为万物之灵，正是由于人在不断发展演进的社会实践中有着自觉的目的，即通过锲而不舍的韧性和进取，把天人关系逐步改变为人天关系。这个目标的逐步实现，也就是人类历史奏响的美妙悦耳的乐章。那么，我想任何严肃的认真的科学的文化研究也必定会在一代代学人的努力下，奏出雄壮的交响乐的。而伟大的小说《金瓶梅》也必将是这大型交响乐中最动人最富艺术魅力的一个乐章。


一篇序言写得这么长，早应停笔了。但是当香久把电话打过来，又把材料寄过来以后，我就处于极度不安和兴奋中。香久对我的信任我是有深切体会的，但是为他的大书写序我是意想不到也是愧不敢当的。我在为一位研究生的专著写序言时就说过自己曾反复诵习杜牧为李贺诗集所写的序，并且真的有所领悟：古人对于为人写序，是看得很重的，是非常负责的，杜牧是谦让再三才命笔的。我辈才疏学浅，绝对无法与杜牧等大家相比，但看到香久的研究成果，特别是他的《金瓶梅》研究与整理的第五部书的出版，欣慰之余，我才大胆把平日的一点感想写出，与香久共勉。

2001年的钟声就要敲响了。我有一种冲动，一种像恩格斯说的那种企望"将头伸到下世纪探望一下"的冲动。就在这神圣的日子立刻要来临时，我轻轻地放下了笔，为香久写就了这篇上不得台盘却有纪念意义的序言。

2001年1月1日钟声响时

**附记：**

2000年10月下旬，第四届国际《金瓶梅》学术研讨会在山东五莲召开。根据大会的安排，我做了题为"21世纪《金瓶梅》研究走势臆测"的发言。何香久先生认为有一些新意，此时他正在编注《综合学术本〈金瓶梅〉》一书，乃约我写序，于是经改写权充何著引言。

# 门外人语

## ——吴裕成《中国的门文化》读后跋语

几年前，中国文化研究界在这样一个问题上取得了共识：现在要多搞一些专题的研究，例如有关古今中外的衣食住行各个方面，对婚姻、家庭、饮食、起居、房屋、交通、服饰、礼仪、风俗、僧侣、道士、侠客、文人、娼妓、流氓等等做出微观的研究。或描述或记述或论说，那么，在这个具有广泛深入的专题研究探讨的基础上，再来从总体角度比较论辩文化中的传统与现代、中与西、南与北，那不更多一点客观真理吗？不此之图，老停留在抽象的空泛议论上，所谓的"文化热"也会很快转化成"文化冷"。

其实，在我看来，有分化，才能有深化。文化学的学科建构只有在分化研究的基础上，具有各个击破式的深化研究，才能在本体上加以把握。这种分化，既包括研究职能的分化，也包括研究视野的分化，即从多学科的视角对文化作多层次多侧面的深化研究。在这种分化—深化的研究趋势中，每位文化研究者都应依据自身的志趣、素质，选择属于自己的研究领域做深入的开掘和独到的职能把握。因此，文化学的建构，无论精英文化抑或俗民代表的生活文化，愚以为，必须以科学之精神开创研究的多元化格局。

在这里，我真的由衷地敬佩民俗文化研究专家吴君裕成的精神毅力和学识理论的勇气。自从我得识裕成以来，就了解到他在繁忙的编辑工作之余，一直对民俗文化进行孜孜矻矻的韧性探索，同时也深深地体会到了他对民俗文化的特殊偏爱。果然，在不长的时间里，他的皇皇巨著一本接一本地出版了。先是1992年夏季我收到了他的《十二生肖与中华文化》，而现在又是一个夏季，摆在我案头的是他的《中国的门文化》。匆匆阅读下，真是令我怦然而心动。虽然我对中国的门文化知之甚少，但从中我深切地感受到了一种极为可贵的学术精神：裕成是把沸腾的热血和青春的生命，献给了他挚爱的中华民族的传统文化。且不说他的厚重沉实的专著，单看这种用生命去换取的近六十万的文字，就不能不使我动容。

我始终把文化看作是人类智慧的社会应用。而我们的祖先在历史上却创造了那么多色彩纷呈的门。门，如吴裕成全书所论述的中心主旨：它是衡量人类文化与文明的标志物，所谓门脸也。于是，中国的建筑文化才有了这一页缤纷的乐章。请看，作者一气呵成如数家珍地指出中国门的类型之多，造型之美，它在工艺技术诸多方面的变革与进步，这些都是中国门文化成就中很重要的文化蕴涵与话题。比如我在读第一章《门是建筑物的脸面》时，开始认识到了门乃是民族文化中最基层的因素，具有很悠久的历史和传承性，但不同时代又赋予它新的特征，使它能直接地反映出社会生活的新动态——由简到繁，有趋奢又有返璞归真等等。至于第三章的《面向历史的洞开》，更使人领悟到门文化中还涵蕴着较多的政治意识等等。不过出于个人的爱好，我更看重

第二章的《门的民俗》。因为我从它丰富的材料和精彩的描述中，读出了那么多的象征意味。因为，门的象征性更能体现门俗文化的本质。试想，如把人生理解为一个流程，理解为必须经过的一扇一扇大门组成的链条，迈过一个又一个门槛，然后才能到达生命的终点，那么每一个人的一辈子不正像来往于各式各样的门和迈过高高低低的门槛吗？

作者在《门的民俗》一章中谈了门神、对联和匾额、岁时习俗、人生礼俗、五行四象与门的厌胜、门镜门符辟邪物、建房风俗等，真是洋洋大观，美不胜收。在论述中，从婚丧嫁娶到生老病死，从起居行旅到互通有无，从爱情到事业，从生理到信仰，一直延伸到梦幻、思想以及行为。举凡涉及人生的方方面面，几乎都可通过门来象征。而当你再结合第三章的内容，它竟使你联想多多，包括文化之门本身的封闭与开放，国家之门的封闭与开放等等。

作者的学术使命感以及他做出的学术贡献，是他把长期在你身边而又被你忽视的非书写文化转化和提升到书写文化，并阐释其存在的合理性。这也是我很久以来斟酌的一个问题：文化无疑会散落在大量的典章制度和历史著作中，但是，它是否更深刻地沉淀在人们的活动环境以及日常生活的日用百货中？因此要寻找文化现场，我认为首先应到寻常百姓中去勘察。然而令我们最痛心的具有永恒遗憾的是，历史就像流沙，很多好东西都被淹没了，而有着心灵和象征意味的文化现场更被乌云遮蔽得太久了。

裕成这部关于门文化的专著，是他对中国传统文化的一个分支进行深入研究的成果。他经过数年的朝夕研磨，铢积寸累，成就可观。要而言之，裕成终于用他辛勤的汗水，填补了文化史与民俗文化中的这一空白，不能不说他是门文化研究者行列的开路先锋之一。

我和名著

# 政治史的战争风俗画①

　　元末明初，横空出世的《三国演义》和《水浒传》在中国小说史上是一个奇特的现象。一写据地称雄，一写山林草莽，都把英雄的豪气作了深刻而富有社会意味的描写。尽管这两部长篇巨著的气韵风貌和美学意蕴迥不相同，然而却都是共同生根在中国土地上，并吸取了中国文化的深厚滋养而成长起来的两株参天大树。具体到《三国演义》，六百余年来，它不仅作为一部典范性的历史小说，被我们整个民族一代一代地不断阅读，得到各个阶层人民的共同喜爱，而且作为我们民族在长期的政治和军事风云中形成的思想意识和感情心理的结晶，对我们民族的精神文化生活产生过广泛而深远的影响，今天，它已被公认为世界名著之一。

　　《三国演义》原名《三国志通俗演义》，也称《三国志演义》，是我国第一部章回体历史小说。它取材于东汉末年和魏、蜀、吴三国的历史，从东汉灵帝中平元年（184）黄巾起义起，

_____

　　①本文是为人民文学出版社的"世界文学名著文库"之一的《三国演义》所写的前言。

到晋武帝太康元年（280）西晋统一三国止，叙事近一个世纪。

《三国演义》成书以前，关于三国的故事就广为流传了。南朝宋人裴松之为晋朝史学家陈寿所著《三国志》作注，就辑录了大量的三国人物的奇闻轶事。在隋朝，隋炀帝观看水上杂戏表演，已有曹操谯水击蛟、刘备檀溪跃马的节目（见杜宝《大业拾遗记》）。唐初在民间流传着"死诸葛能走生仲达"的故事（见刘知几《史通·采撰》）。晚唐诗人李商隐《骄儿诗》说："或谑张飞胡，或笑邓艾吃。"连孩子都在谈论三国人物，这说明三国故事在唐代传播十分普遍，而且有些人物身上还涂上了一些神异的色彩。

三国故事在群众中广泛流传的时候，也正是"说话""杂剧"等通俗文艺逐渐成熟的时期，三国故事很自然地成为民间艺人们讲述、演唱的重要题材。据宋代孟元老《东京梦华录》记载，当时"说话"的"讲史"类中就有说"三分"的专门科目和讲说三国故事的专家霍四究。其他如皮影戏、傀儡戏、南戏、院本也都纷纷搬演三国戏（参见高承《事物纪原》、吴自牧《梦粱录》等）。三国故事在宋代广泛流传，已具有鲜明的"拥刘反曹"的倾向和强烈的艺术感染力。宋代张耒的《明道杂志》云："京师有富家子，少孤专财，群无赖百方诱导之。而此子甚好看弄影戏，每弄至斩关羽辄为之泣下，嘱弄者且缓之。"苏轼《志林》也记载，"王彭尝云：'涂巷中小儿薄劣，其家所厌苦，辄与钱，令聚坐听说古话。至说三国事，闻刘玄德败，频蹙眉，有出涕者；闻曹操败，即喜唱快。'"

宋代讲说三国故事的话本，没有流传下来。现在我们所能看到的最早的三国故事话本，是元英宗至治（1321—1323）年间建安虞氏刊刻的《全相三国志平话》。全书上栏图相，下栏正文，分上中下三卷，约八万字。正文从桃园结义开始，以诸葛亮病死结束。全书已粗具《三国演义》故事的雏形，但故事叙写简率粗糙，可能是说话艺人讲述故事的底本。又有题"至元新刊""照元新刊"的《三分事略》（今藏日本天理图书馆，共三卷），其实它与《三国志平话》是同一书而在不同时间刊行的两个刻本。当时类似这样的话本可能不止一种。元人王沂《虎牢关》诗云："君不见《三分书》里说虎牢，曾使战骨如山高。"（见《伊滨集》卷五）又《虎牢关》诗云："回首《三分书》里事，区区缚虎笑刘郎。"（见《伊滨集》卷七）这里提到的《三分书》的情节不见于《三国志平话》，可能出于另一种话本。

元代杂剧盛行，三国故事又被大量搬上舞台。据今存元人杂剧剧目记载，就有近五十种是三国戏。《三国演义》中一些重要关目，如桃园结义、过五关斩六将、三顾茅庐、赤壁之战、单刀会、白帝城托孤，几乎都有剧本。

元末明初的杰出作家罗贯中即在这样长期的群众创作的基础上，依据陈寿的《三国志》和裴松之的注，并结合自己的生活经验与人生感悟，进行创造性的艺术构思，最后编纂了《三国演义》这部概括和熔铸了较长时期封建统治集团内部斗争的长篇巨著。

关于罗贯中的生平，我们所知甚少。贾仲明《录鬼簿续编》中有简略记载："罗贯中，太原人，号湖海散人。与人寡合，乐府、隐语，极为清新。与予为忘年交，遭时多故，各天一方。至正甲辰复会，别来又六十余年，竟不知其所终。"贾仲明是元末明初人，他的《录鬼簿续编》作于明永乐二十年（1422）。他说至正甲辰（1364）与罗贯中见面，又是忘年交，由此推知罗大约生活在1330—1400年之间。据传说，他曾一度参加了反元斗争，和吴王张士诚也有过接触。明朝建立后，罗贯中即结束了自己的政治生涯，专心致力于通俗文艺的创作了。罗氏一生写过数十种小说、戏曲，今存署名由他编著的小说计有《三国志通俗演义》《隋唐两朝志传》《残唐五代史演义》《三遂平妖传》以及杂剧《宋太祖龙虎风云会》等。

　　《三国演义》描写的重点是封建社会内部各个政治、军事集团之间尖锐复杂的矛盾冲突，作者很少表现和政治斗争没有直接关系的情节。在这里，一切可能出现的斗争方式都出现了：军事的、政治的、外交的、公开的、隐蔽的、合法的、非法的，而且所有这些斗争，都是在漫长的封建统治集团内部斗争所积累起来的经验的基础上进行描写的。比如"曹操煮酒论英雄"，刘备假托闻雷失箸，借此使曹操产生错觉，"遂不疑玄德"了。又如孙权赚杀关羽后，把首级转送曹操，以此嫁祸于魏；而曹操不仅不受其骗，反而"将关公首级，刻一香木之躯以配之，并葬之以大臣之礼"，来表示魏对蜀的好感，使刘备全力伐吴。孙权看到吴蜀联盟破裂，形势不利于己时，又遣使上书曹操，"伏望"曹操"早正大位"，表示愿意"率群下纳土归降"。这是孙权转移矛盾、保存自己的策略。而曹操比孙权更狡猾，指出"是儿欲使吾居炉火之上"。诸如此类斗争，在小说中是屡见不鲜的。他们为了满足自己对权力、财富的欲望，为了使自己在激烈的争夺战中不被消灭，总是玩弄各种手段，演出了一幕幕钩心斗角、尔虞我诈的活剧。

在《三国演义》里还可以看到，各政治集团为了自己的切身利益，几个集团今天分，明天又合，今天势不两立，明天却又杯酒言欢。他们既争夺又勾结，而且这种斗争渗透到生活的很多方面，连家庭、朋友、婚姻等，都毫无例外地被卷入了斗争的旋涡，甚至成为斗争的工具。利用婚姻来达到自己的政治目的，在《三国演义》中就不乏其例。王允用貂蝉同时引诱吕布与董卓的所谓"连环计"，便是著名的例子。至于像孙权为夺回荆州，把自己的妹妹当作牺牲品，都有着明显的政治功利的目的。人们正是从这些人物形象和事件中清晰地看到，贪欲和权势欲如何主宰了封建社会中君臣、兄弟、夫妇、朋友等关系。

战争是政治的继续。《三国演义》表现各个政治集团通过各种方式，运用种种手段，以达到消灭敌对势力的目的，但主要凭借武装力量，于是战争就构成了他们之间斗争的主要形式。小说中写了众多大大小小的战役，其中描绘的许多战略战术的运用，大体上符合军事科学的原则，在一定程度上揭示了战争的客观规律。

《三国演义》的历史主题，主要是通过各个政治集团中的代表人物的描绘具体表现出来的。小说写了近五百个人物，其中诸葛亮、曹操、刘备、关羽、张飞、赵云、孙权、周瑜等人物形象鲜明，脍炙人口。由于《三国演义》的政治思想倾向是"拥刘反曹"，所以它把刘备集团和曹操集团作为主要对立面，并把蜀汉当作全书矛盾的主导方面，把诸葛亮和刘、关、张当作小说的中心人物。罗贯中正是紧紧把握住曹、刘两个集团这条矛盾主线，从而刻画了政治、军事冲突中的群像。诸葛亮是作者以自己的审美理想倾心赞颂和精心描绘的忠贞智慧的政治家和军事家的艺术典型。曹操形象是一个既奸诈又颇具雄才大略的政治野心家和军事家的典型。而刘备则是一个与曹操奸诈性格相对立而出现的理想"仁君"形象。孙权用人精当，但缺乏政治远见，重视眼前利益，没有统一全国的雄图壮志，是一个守成者的形象。

总之，《三国演义》除了给人以阅读的愉悦和历史的启迪以外，它更是给有志王天下者听的英雄史诗。它弘扬民心为立国之本，人才为兴邦之本，战略为成败之本。正因为如此，《三国演义》在雄浑悲壮的格调中弥漫与渗透着的是一种深沉的历史感悟和富有力度的反思。

《三国演义》的艺术成就是多方面的。首先罗贯中在战争描绘上表现了他的宏伟构想。这部小说写了一系列的战争，展开了一幕幕惊心动魄的场面。虽然战争总是在紧张、惊险、激烈的气氛中进行，但并不显得凄凄惨惨，而是富于英雄史诗的高昂格调。另外，作者不仅善于错综交织地表现矛盾，而且善于在紧张斗争中，用抒情的笔调进行点染。如"赤壁之战"，在紧张杀伐之际，插入抒情短曲，虽着墨不多，但摇曳多姿。其范例如诸葛亮草船借箭、庞统挑灯夜读、曹操横槊赋诗等等"悠闲"插笔，这样山里套山，戏中有戏，推波助澜，逐渐把故事引向高潮。整个赤壁之战的八回书，大起大落，波澜壮阔，而节奏又富于变化，时而金戈铁马，时而凤管鸾弦，光风霁月，如此布局，极见匠心。

《三国演义》通过惊心动魄的政治、军事斗争，塑造了一批鲜明生动的人物形象，构成了一幅绚丽多彩的图卷。

作者刻画人物往往通过不同的矛盾冲突，反复渲染人物的主要性格特征。张飞怒鞭督邮一段痛快淋漓的描述，使张飞的疾恶如仇、不畏强暴的性格跃然纸上；"三顾茅庐"时，又显示了张飞口快心直、粗豪莽撞而又内心十分单纯的性格。

《三国演义》还善于通过渲染气氛和用对比、陪衬的手法表现人物的精神面貌和性格品质。如关羽斩华雄，并不具体描写交战过程，只写关外鼓声、喊声如地塌山崩，正当人们为关羽担心时，关羽已提华雄之头掷于地上，出战前斟下的那杯热酒尚有余温。在这里，关羽的威风气势和勇猛善战的形象，传神地表现了出来，读之令人神往。

《三国演义》的艺术结构，既宏伟壮阔，又不失严密和精巧；既曲折变化，又前后贯串，宾主照应、脉络分明、布局严谨，从而构成了一个基本完美的艺术整体。至于小说的语言，正如蒋大器《三国志通俗演义序》所说"文不甚深，言不甚俗"，具有简捷、明快而又生动的特色。


《三国演义》在中国文学史上影响巨大，可以说还没有哪一部作品能像《三国演义》那样与民间文学、与民俗学有着如此密切的关系。根据《三国演义》一书故事情节改编的各种讲唱文学和各种戏剧蔚为大观，而且大量的民间传说故事也仍然继续流传在极其广大的地区。

《三国演义》不仅是中国人民的文化瑰宝，随着世界文化的进一步交流，《三国演义》也被多次译介到许多国家，其影响亦甚巨。

最后，关于本书的整理情况再做一简要说明：人民文学出版社对《三国演义》的历次整理，都是采用毛宗岗本为底本。毛本是据明代版本加工修订的一个通行本，流传已久，文字上有好些优点较便于广大群众的阅读。但毛本也存在不少问题，有明本原来不误的，毛本却改错了；有明本文字明显优胜的，毛本反改坏了。再者毛本初刊本已不易得，在它流行近三百年间，经过无数次的辗转翻刻、写印、排印，其中种种讹误，不一而足。因此，底本虽采用通行的毛本，但人民文学出版社在1954年整理时，即注意到上述情况，于是乃参照明嘉靖壬午（1522）序刊本加以校订。若干毛本改错、改坏了的，皆斟酌情形，加以纠正。这次，人民文学出版社又就重排的机会，对全书再次作了核订。除据大魁堂藏版的毛本，校改了旧排本沿袭的误植外，又顺着历次整理的途径，作了一些补苴罅漏的工作，以便使其成为更利于阅读的一个通行本。

1994年10月16日

# 刚性的雄风①

    阅读《水浒传》，我们会感到一种粗犷刚劲的艺术气氛扑面而来，有如深山大泽吹来的一股雄风，使人顿生凛然荡胸之感。它豪情惊世，不愧是与我们伟大祖国相称的巨著。据我所知，在世界小说史上还罕有这样倾向鲜明、规模巨大的描写民众抗暴斗争的长篇小说。

## 《水浒传》的成书经过和作者

    《水浒传》的诞生不是偶然的。首先，它是伟大的人民群众抗暴斗争现实的产物；同时，也是人民群众抗暴斗争的精神成果。

    宋江等三十六人为首的起义是《水浒传》创作的主要依据。北宋末年，我国曾经发生过多次群众起义，其中规模较大的有两次：一次是方腊所领导的；一次是宋江所领导的。方腊所领导的起义在南方，活动地区在今浙江、安徽一带；宋江所领导的起义

---

    ①本文是为文化艺术出版社编辑出版的"名家导读小说经典"之一的《水浒传》所写的导读文。

在北方，活动地区在今河北、山东、河南、江苏等省交接的地带。这两次起义差不多同时发生，后来都由于宋朝政府的镇压而失败。

关于宋江为首领的起义事迹，在《宋史·张叔夜传》《东都事略·侯蒙传》等史书中，曾有过简略记载；另据记载，说宋江投降后曾参加过征方腊之役。从这些记载里，可以知道这支起义队伍人数不多，战斗力却很强，他们纵横转战，所向披靡，锐不可当，曾经给宋王朝造成一定威胁。

宋江领导的起义虽然最终失败了，然而名垂千古的英雄事迹和英雄形象却一直铭记在广大人民的心里。在《水浒传》成书的两百年前，宋江等英雄人物的故事已经在民间广泛流传，他们反抗朝廷的事迹还被染上了非常浓厚的传奇色彩。特别是南宋以来，社会矛盾激化，广大人民群众生活在水深火热之中，他们遭受着重重的压迫，内心有着种种不平，因而在描绘和讲述那些"劫富济贫""抱打不平"的"草泽英雄"时，往往寄托了自己反抗暴政和残酷剥削的愿望，同时也用自己的斗争经验和事迹来丰富和补充宋江等人的起义故事，创造群众自己理想的英雄形象。

水浒故事在群众中广泛流传的时候，也正是"说话""杂剧"等通俗文艺逐渐发展到成熟的时期。宋江起义故事很自然地成为民间艺人们讲述、演唱的重要题材。从南宋人罗烨的《醉翁谈录》中"小说开辟"条所记当时"说话"目录看，已有"公案类：石头孙立""朴刀类：青面兽""杆棒类：花和尚、武行者"等，这当是说的孙立、杨志、鲁智深、武松的故事。这说明在南宋时，说话人已经根据民间关于宋江等人的传说，编出了有系统的故事。南宋末有龚开的《宋江三十六人赞并序》，序里说："宋江事见于街谈巷语。"并说在龚开之前有画院待诏李嵩，曾画过宋江等人像。现在看到的最早写水浒故事的作品是《大宋宣和遗事》，它或出于元人，或为宋人旧本而元时又有增益。它涉及水浒故事的部分，虽内容粗略，可能只是说书人的提纲，但给我们展示了《水浒传》的原始面貌，是现传讲说水浒故事的最早的"话本"。其中关于"梁山泺聚义本末"的叙述中，已有劫取生辰纲、杨志卖刀、宋江私放晁盖、刘唐下书、宋江杀阎婆惜、玄女庙得天书，直到受招安平方腊等事，这些已与《水浒传》的情节片段基本一致，并且已有了"天罡星三十六人"姓名。

在元杂剧里，有不少水浒传说，它使水浒故事和英雄人物的创造有了进一步的发展。其中对李逵、宋江、燕青等已有生动的描绘，对梁山泊的描写更趋具体，反映民众的切身感受、爱憎及理想更加明显，梁山人物已由三十六人扩展为"三十六大伙，七十二小伙，半垓来的小喽啰"了。这说明民间文艺家对于民众起义斗争的历史和英雄人物给予了极大的热爱。

元末群众性的反抗运动风起云涌，激荡全国。从1334年山东益都、河北真定的农民暴动，直到1351年刘福通、郭子兴、张士诚等先后起义。在这风雷激荡的日子里，水浒故事对于斗争中的人民起着特殊的作用。一方面，在群众的精神生活中盛传着起义英雄的抗暴故事，他们从水浒英雄的斗争事迹中吸取力量和反抗勇气；另一方面，在严峻的现实生活中所产生的许多可歌可泣的事迹，又不断丰富着水浒英雄的故事。时代迫切地产生了用长篇小说的形式来反映群众性抗暴斗争事迹的要求。

元末明初的作家施耐庵担起了这项历史使命。他在长期积累的群众性创作基础上，以同情人民群众抗暴斗争的思想观点和关于元末频繁的民变的实际知识，把那些表现在口头传说、杂剧、话本中彼此不连缀的水浒故事集中起来，进行创造性的艺术构思，给水浒故事以更细致更集中更典型的描写，使作品体现更深广的社会内容，艺术上也有了极大的提高，最后编纂成《水浒传》这部熔铸了宋元时代人民和人民艺术家心血的长篇巨著。

关于施耐庵的生平事迹，不见史传。1949年后，有关部门曾对施耐庵生平进行了一次调查，至少证明了施耐庵是实有其人。民间传说他曾参加过元末张士诚的起义，并和其部将卞元亨为好友。有的研究者推测，施耐庵大约是为"书会"执笔的下层知识分子。至于从20世纪20年代以来，陆续发现的一些有关施耐庵的材料，因存在真伪问题，学术界意见颇不一致，所以尚待进一步研究。

## 民众反抗斗争的历史画卷

《水浒传》作者施耐庵依据自己对元末明初民众抗暴斗争的亲身体验，把草泽英雄推上了舞台，叙写了"乱自上作""官逼民反"的过程，这就在更广阔的领域内反映了宋元之际的社会生活。作者以"一百零八将"为重点，以梁山泊起义的发生、发展、高潮、衰落和失败为轴心，上至昏君佞臣，下至村野细民，从城镇到农村，触及社会生活的方方面面，揭示了社会现实的黑暗，反映了群众性抗暴斗争的正义性和人民的社会理想。

《水浒传》结构上的主线，就是起义的英雄人物怎样从四面八方汇集到梁山泊，形成一支强大的武装部队同宋朝政府对抗。在长篇结构的开端，为了突出"乱由上作"和"官逼民反"，作者首先把抨击的矛头，直指宋王朝的皇帝宋徽宗赵佶。正是在这个浪子皇帝的怂恿下，以高俅、蔡京、童贯、杨戬等"六贼"为首的统治集团把持朝政，狼狈为奸，卖官鬻爵，残害忠良，鱼肉人民，欺压良善，无恶不作。高俅这个"浮浪破落户子弟"只因踢得一脚好球，受到皇帝的青睐，半年之内就当上了殿帅府太尉。他像一根无形的黑线，把出现在书中的那些从中央到地方的大大小小贪官污吏全部串联起来。"专一爱淫垢人家妻女"的高衙内是他的螟蛉之子；"依仗哥哥势力"而"无所不为"的高唐州知州高廉是他的叔伯兄弟；蔡京、童贯是他在朝廷上狼狈为奸的朋党。另外，江州知府蔡得章是蔡京的儿子，"为官贪滥""做事骄奢"；蔡京的门人华州贺太守，更是个"非理害民"的家伙。再加上青州知府慕容彦达、清风寨知寨刘高等人，在统治集团中织成一片黑暗的统治网，对人民进行残酷的压榨和迫害。王进亡命延安府、林冲刺配沧州道、杨志流落汴京城，都是高俅迫害的结果。

此外，《水浒传》中还写了一大批布满社会基层的剥削者、压迫者的丑恶形象，如毒死武大、霸占潘金莲的西门庆；为一只虎而讹诈猎户解珍、解宝的毛太公；骗娶卖唱女子金翠莲，蹂躏后又抛弃，还要追讨典身钱的郑屠；还有祝朝奉和曾长者等等。至于那些为虎作伥，见钱眼开的差拨、役吏，更是形形色色，不一而足。这样一群社会压迫阶级，肆意掠夺，横行无忌，使得整个社会暗无天日，人民饥寒交迫，痛苦不堪。"赤日炎炎似火烧，野田禾稻半枯焦。农夫心内如汤煮，公子王孙把扇摇。"小说中引的这首民歌深刻地道出了当时社会矛盾的日趋激化。

压迫愈深，反抗愈烈，蓄之既久，其发必速。就是在当时黑暗的封建统治下，在忍无可忍的情势下，人民群众的造反精神像火山一样地迸发出来了，并以势不可当的冲击力，揭开了反抗宋王朝的斗争帷幕。"农夫背上添心号，渔夫舟中插认旗"，被压迫的老百姓高举造反的战旗，和统治集团展开了你死我活的大搏斗。

到处是抗暴烈火在燃烧，到处是民变风暴在呼啸！除梁山泊以外，还有少华山、桃花山、二龙山、对影山等多处起义，东至山东，西到华山，南至江州，北到蓟州，遥相呼应，相互配合，最后，从四面八方汇合成一股汹涌澎湃、波澜壮阔的斗争洪流。武装斗争的风暴猛烈地冲击着封建秩序，震撼着宋王朝。

小说正是通过展示这幅规模宏大、惊心动魄的民众抗暴斗争的历史画卷，倾向鲜明地歌颂了群众英雄。作者笔下的李逵、阮氏三雄、石秀、李俊、张横、张顺、解珍、解宝都是在赤贫的生活环境中和严峻的斗争中培养起来"不怕官司不怕天"的斗争性格的。李逵对梁山泊起义事业赤胆忠心，万苦不辞，奋战到底。他对宋王朝的最高统治集团深切痛恨，斗志激烈而高昂。虽然他性格莽撞、急躁，又有不讲策略、盲目行动、乱杀乱砍的弱点，但是疾恶如仇、反抗到底的精神却是极可宝贵的品格。他上梁山非常主动，没有丝毫的勉强，闹江州后，当宋江等提出上梁山时，是他第一个响应，叫道："都去，都去！但有不去的，吃我一鸟斧，砍做两截便罢！"他对宋王朝从不抱幻想，什么官府衙门、法律制度，他都予以否定。就是宋朝皇帝的宝座，他也不放在眼里，一上梁山就提出："杀去东京，夺了鸟位。"在作者充满激情的笔触下，李逵是藐视封建王法"尊严"的顶天立地的硬汉子。

"官逼民反"有各种不同的具体情况。小说着力描写的鲁智深，虽然做过下级军官，但是，他对于他生存的现实，他所看到的不合理的社会压迫，燃烧着强烈的仇恨火焰。他为了救金氏父女犯下血案，无可奈何藏身于寺院；为了搭救林冲，而受高俅迫害，连和尚也做不成，只好到二龙山"落草"。所以，鲁智深是为伸张正义而受到统治集团的迫害，最后走上了起义的道路的。武松与鲁智深的不同之处，则是从自身所受的血的教训中逐渐觉醒过来。他最初受到城市小私有者的思想影响，个人意识强，私人恩仇观念重。为哥哥武大郎雪冤，事前告状，事后自首；充军到孟州府后，又被施恩利用，大打出手。直到遭张都监诬陷，这才大闹飞云浦、血溅鸳鸯楼，在刀光剑影的生死搏斗中，他的怨怒之情才转化为反抗力量。从此以后，武松与压迫阶级势不两立，成为为抗暴斗争甘愿赴汤蹈火的英雄。

至于豹子头林冲，本来是东京八十万禁军的一个枪棒教头，社会地位并不算低，但是，也难免统治集团中当权派的迫害。明杀暗害，一连串的阴谋都倾泻到他头上。不反抗，就死亡，林冲是在家破人亡、无地容身的绝境中，爆发了反抗的怒火，拿起武器，踏上反抗暴政的道路的。林冲正是从血泊恨海中挺身出来的，所以他最终以坚定的造反者的形象屹立在水浒英雄的行列中。

群众性的抗暴斗争和此伏彼起的民变，沉重地打击了封建统治，使统治集团营垒的链条出现了裂痕和缺口，内部开始出现了分化的现象，以致像有"丹书铁券"的世袭贵族柴进、将门后裔杨志、大富户卢俊义等，也都相继卷进了起义的队伍。这说明，在激烈动荡的社会现实里，起义有席卷一切的威势，就是不想反抗的，在暴风骤雨的抗暴斗争的影响下，只好在进退不得、中立不能的处境里，被卷入到起义的旋涡中来。

值得注意的是，《水浒传》极其真实地再现了群众性的起义队伍的形成过程。如鲁智深与镇关西的对立，林冲与高俅父子的对立，武松与西门庆、张都监等的对立，虽然都具有阶级冲突的性质，但还属于个人反抗；"智取生辰纲"是最初的联合斗争，但还是属于小规模的反剥削压迫的斗争。随着反抗斗争的深化，起义事业的发展，涓涓细流，汇成浩瀚的江河，斗争规模发生了质的变化，它不再是三拳打死镇关西，也不再是风雪山神庙、血溅鸳鸯楼，而是攻城夺府、夺取政权了。

然而，伴随着起义队伍的扩大，起义军内部陆续参加的既有投机分子，也有被俘的投降的政府军官，他们必然用自己的思想影响起义队伍。这样，起义军中合乎规律地产生了两种思想的撞击。另外，宋王朝在实行军事围剿的同时，又采取了招安政策。这一政策，在梁山义军内不可能不产生强烈的反应。具体就表现为接受招安和反对招安的尖锐对立。这一对立集中表现在起义军领袖宋江的身上。

宋江虽然曾在郓城县做押司，"刀笔精通，吏道纯熟"，但并非一般官吏的爪牙。他讲义气，同情人民疾苦，憎恨贪官污吏，"好做方便，每每排难解纷，只是周全人性命"，因为好"济人贫苦，赒人之急，扶人之困"，被称为"及时雨"，深受群众爱戴。他接近下层人民，"平生只好结识江湖上好汉"，所以同情起义英雄，生辰纲事发，他冒着生命危险给晁盖通风报信。由于所处的地位，不能实现自己的政治抱负，加之贪官污吏的屡屡迫害，更增加了他对统治集团的强烈不满。浔阳楼题反诗以后，受到统治集团进一步的迫害，是梁山英雄冒着生命危险，把他从刀口下救了出来，他才终于下定了反抗的决心，卷入人民抗暴的浪潮里。

上梁山以后，在一段时间内，宋江采取了"散粮救民"等积极措施，分化了敌人，壮大了水浒义军，并且站在反抗暴政的最前列，领导起义军向统治集团展开猛烈的武装进攻，取得了击溃宋王朝多次围剿和粉碎地方武装的辉煌战果。

然而宋江对于皇帝和封建秩序始终抱有幻想，认为政治的黑暗乃是"奸臣闭塞"的结果。他放走了晁盖，却认为他们杀了公人，打败官军是"于法度上却饶不得"的"灭九族的勾当"，这就说明他的仗义行侠也仍超不出承认皇帝统治是正统的这个观念范畴。逼上梁山以后，宋江对统治集团的幻想和妥协，仍然没有放弃，一再声称逼上梁山是为了"权借水泊，暂时避难"，"专待朝廷招安，尽忠竭力报国"，所以对宋王朝只是"替天行道，并无异心"。

受招安的思想就是这样始终贯串在宋江的行动中，尽管义军中的几个坚定的骨干人物，如李逵、鲁智深、武松等出面反对，对宋江的决策表示强烈的反感；但是，随着起义事业的兴旺发展，降官降将以及大量从统治集团内部分化出来的人物越来越多地反上梁山，他们的不得已的、一有机会就要去"再理会本身的勾当"的思想，和宋江的受招安的思想一拍即合，这就更加重了宋江思想的动摇性，并在以后的领导路线上显示了强烈的反应。

从这里我们可以看到，宋江既是起义事业发展兴盛的一个重要因素，又是起义事业走向衰败的一个重要因素。宋江正是把思想中的一切复杂矛盾带到起义阵营来，而且又都始终交织在他的行动里，表现在他的领导路线上。从宋江这种矛盾的思想立场中，我们已经预感到起义军的历史悲剧了。

《水浒传》的作者写了水浒义军最终走上了受招安的道路。招安以后又去打王庆、田虎、方腊，终于成了宋王朝统治集团的奴才。当他们得胜还朝时，一百零八人只剩下二十七人。而这二十七个人表面上受到封诰，实际上却一个个仍不免死于非命。宋江饮了放有毒药的御酒而死，卢俊义吃了放有水银的御膳而丧生……一场轰轰烈烈的人民群众的起义，终于土崩瓦解。在作者歌颂招安的同时，宋王朝的昏暗与腐败却依然其旧，所以作者又陷入了深深的思想矛盾之中：既歌颂了宋江"男子平生志已酬"，又为"谗臣贼子尚依然"而感喟不已，在"落花啼鸟总关愁"的悲凉情调中结束了他的作品。

一段史实，作者据此敷衍开来，表现了宋江这位忠君而不得好报的悲剧人物。

## "替天行道"与"忠义"思想

作者在"单道梁山泊好处"这篇言语里描绘了一幅理想的生活图画:"八方共域,异姓一家","都一般儿哥弟称呼,不分贵贱"。这是要求政治上的平等和经济上的平均,无疑是正当的和进步的理想。然而这些纲领总是空想的部分多于现实的部分,在封建社会关系中,毕竟还只能是乌托邦式的空想。

《水浒传》除了提出"平等"和"平均"的思想外,还提出了"替天行道"的口号。行什么"道"呢? 小说写得很分明,是行"忠义"之道,即所谓"常怀忠义常贞烈,不爱资财不扰民"。这样,"忠义"就成了《水浒传》所要大力表现的中心思想之一了。

在《水浒传》中,"忠"和"义"的口号是连在一起的,但内容却不同。《水浒传》中的英雄实行的"义"字的实际内容,除了他们相互间亲如兄弟、誓同生死以外,还有更重要的一面,即"仗义疏财""劫富济贫""取不义之财"以"济困扶老""路见不平,拔刀而起",以及誓向迫害者报仇雪恨等等。这种"义"是人民群众在抗暴斗争中产生的一种道德观念,它主要是建立在起义人民共同反抗统治集团的基础上的,其基本性质是起义军团结、友爱、反抗的手段。因此,这种"义",曾经起过号召人民进行抗暴斗争的作用,如东溪村七星小聚义,是为了夺取生辰纲不义之财;白龙庙英雄小聚义,是进行大规模反抗斗争的前奏和预演;而梁山英雄大聚义,则是为了实现"替天行道"的政治目标所举行的誓师会。至于他们的攻城夺县、抗击官府，是为民除害；"散粮救民"，消灭祝家庄、曾头市的恶霸地主，就更是解除百姓负担的正义行动。所以"义"对于水浒英雄来说并非是一个抽象的概念，在很多时候，"义"的概念与反抗压迫的意思相通。"义"与"不义"意即是否同情与支持被压迫被剥削者，是否参加与坚持反暴斗争。所以，"义"是起义英雄社会行为的准绳。不义的人和不义的事，是不能容于水浒起义的纪律的，即使对于义军的内部亦是如此。因此，《水浒传》中的"义"，从其基本思想和主导倾向来看，它体现的是起义英雄之间建立在共同反抗统治集团的基础之上的政治关系。

但是由于时代的限制，以及封建道德的影响，在《水浒传》中也经常把大义和小义，尽义于私，尽义于个人和尽义于起义事业混淆起来，不加区别地加以肯定和歌颂。比如，武松为报施恩的"知遇之恩"所表现的"义"，显然就是小义，就是尽义于个人。至于武松受张都监的小恩小惠，就愿意为他死心塌地地效劳，这种"义"纯粹是为报私人的恩德，失去了原则，不仅不代表人民的利益，恰恰是违反人民的利益，这又可以看出"义"这个概念很容易模糊正义与非正义的界限。

总之，"路见不平，拔刀相助，死生相托，患难相扶，济困扶危"的"江湖义气"，固然反映了当时人民群众的反封建压迫，但是这种个人之间的互助终究是有局限的，它不是真正阶级、集团的觉悟。所以人民群众最后总是要打破个人之间的施恩和报恩的局限，团结起来，向压迫者进行义无反顾的斗争。

在水浒英雄的思想里，尤为复杂的是和"义"相连的"忠"的观念。照水浒英雄在梁山泊的实际行动看，他们反对"滥官污吏"，反对恶霸地主，反对"奸臣"。但是，混杂着各种出身的人物的水浒起义军，他们的"忠"的观念有很大区别，对"忠"的理解很不一样。像李逵，对于那个"赵官家"就没有什么留恋，大宋皇帝的"鸟位"更不在他眼里，因此，对于他来说，"忠"只表现为对梁山起义事业的忠诚。

宋江的"忠"的观念就和李逵截然不同。他一当上梁山首领就把"聚义厅"改为"忠义厅"，这不仅是一字之差，而是篡改了梁山好汉聚义的性质和注入"受招安"的因素。此后，宋江的一系列行动都说明，他的"忠"是对宋王朝的"忠"，即所谓"为国家出力"，"尽忠报国"，以便图个"荫子封妻""光耀祖宗"。更为复杂的是，不少出身下层的义军英雄中，也存在着忠君思想。他们在聚义反抗统治集团的武装斗争中，却不能彻底否定皇权。比如出身渔民的反抗很坚决的阮小五、阮小七，在他们和官府的第一次交锋时唱的是："酷吏赃官都杀尽，忠心报答赵官家"；"先斩何涛巡检首，京师献与赵王君"。本来，有所忠也就有所不忠。忠于皇帝就不能忠于造反，忠于起义也就不能忠于皇帝。杀尽滥官污吏和"忠心报答赵官家"，本来是互相矛盾的思想，但是在不少水浒英雄看来却是统一的。这种思想的矛盾，是起义队伍走上受招安悲剧道路一个极其重要的原因。《水浒传》的题旨，触及了封建社会里"忠君"这个延续千古的政治道德问题。它的深层意蕴就在于通过宋江等人物的人生转向，读者可以一嚼封建社会中挣脱羁绊又复归牢笼的生命抗争反复回旋的况味。

## 《水浒传》的民族美学风格

　　《水浒传》反映了时代的风貌，也铸造了独特的艺术风格。它线条粗犷，不事雕琢，甚至略有仓促，但让人读后心在跳，血在流，透出一股迫人的热气，这就是它的豪放美、粗犷美。它没有丝毫的脂粉气、绮靡气，而独具雄伟劲直的阳刚之美和气势。作者手中的笔如一把凿子，他的小说是凿出来的石刻，明快而雄劲。它的美的形态特点是气势。这种美的形态是从宏伟的力量、崇高的精神显现出来的，它引起人们十分强烈的情感：或能促人奋发昂扬，或能迫人扼腕悲愤，或能令人仰天长啸、慷慨悲歌，或能教人刚毅沉郁、壮怀激烈。《水浒传》的气势美，就在于它显现了人类精神面貌的气势，而小说作者所以表达了这种气势美，正是由于他对生活中的气势美有独到的领略能力，并能将它变形为小说的气势美。

　　《水浒传》标志着一种英雄风尚。这种英雄文学最有价值的魅力就在于它的传奇性。我们很难忘却李逵、武松、鲁智深、林冲这些叱咤风云的传奇英雄人物。在这里我们看到的是一个刚毅、蛮勇、有力量、有血性的世界。这些人物当然不是文化上的巨人，但他们是性格上的巨人。这些刚毅果敢的人，富于个性，敏于行动，无论做什么，都是无所顾忌、勇往直前、至死方休。在他们的传奇故事里，人物多是不怕流血、蔑视死亡、有非凡的自制；他们几乎都是气势磅礴、恢宏雄健，给人以力的感召。这表现了作者的一种气度，即对力的崇拜，对勇的追求，对激情的礼赞。它使你看到的是刚性的雄风，是男性的严峻的美。这美，就是意志、热情和不断的追求。

《水浒传》的这些美学风格得以出色体现，是缘于作者美的传达和美的表现的艺术技巧。

水浒英雄形象塑造的成功，是作品具有光辉艺术生命的重要因素。前人曾有所谓一百零八人，人人面目不同的说法，这话未免言之过甚，不过全书至少有一二十个个性鲜明的典型形象。这些典型形象和其他许多有血有肉的形象组成了它的小说人物画廊。

在人物塑造方面，作者运用现实主义艺术方法把英雄人物放置在典型环境中，从社会关系的各个方面集中地刻画起义英雄的性格特征。鲁智深的疾恶如仇、见义勇为的侠义精神和直爽粗犷、英勇豪迈的性格，是通过三拳打死镇关西、大闹桃花村、火烧瓦官寺、大闹野猪林等一连串激烈冲突突现出来的。武松刚正不阿的性格和机警、泼辣、光明磊落的英雄品质，是通过连续出现的斗杀西门庆、醉打蒋门神、大闹飞云浦、血溅鸳鸯楼等严峻的斗争确立的。作者正是把英雄人物放在冲突的焦点上，并以他为矛盾冲突的中心，随着矛盾冲突的层层推进，环环紧扣，冲突步步激化，一浪接一浪，逐步把这些英雄好汉丰富的性格特征、英雄本色揭示出来。

同时，《水浒传》在人物形象的塑造上，也表现了强烈的理想色彩。比如作者对一些草莽英雄痛苦生活的艺术画面，就着色不多；相反，他把自己的艺术雕刀，集中在反抗性格的刻画上，使这些英雄好汉的形象更加完美，成为理想的群众英雄的化身。以林冲和鲁智深来比较，他们同是军官出身，但作为体现人民理想的英雄，鲁智深无疑比林冲更理想化了。倒拔垂杨柳，棒打赤松树，作者的描写处处带有理想性的夸张。而唯其夸张了，鲁智深的疾恶如仇、见义勇为的英雄性格才得到更强烈的表现，从而成为那个时代英雄品格的理想典型，几百年来一直为人民群众所热爱。

《水浒传》充分吸取了民间文学的丰富营养，直接继承了"说话"艺术的优良传统，并有了新的发展。"说话"由于要说给人听，它必须一下子抓住听众的注意力，并且一回又一回地"粘"住不放。因而特别忌讳孤立、静止、冗长的关于外貌、风景、心理的描写；而是在人物所参与的事件的开展中，在决定人物命运的矛盾冲突中，适应事件或斗争的需要，通过人物本身的行动，逐步展现出人物的过去和现状、外形和灵魂。如武松打虎时，借哨棒打断的细节，表现了他全神贯注的紧张神态，渲染了这场恶斗的气氛，也为以后的赤手空拳打虎做了合理的铺垫，从而突出了武松的英勇豪迈和惊人的膂力。

《水浒传》在刻画心理活动时，不但利用对话，也利用环境和景色，但很少有一大段一大段的风景描写，只是在紧要处点染几笔，起到"画龙点睛"和渲染烘托的作用。比如小说第三十六回里的一段故事，写宋江被穆家兵赶到了浔阳江边，正在危急之际，忽然从芦苇荡里摇出一只船来，宋江便向艄公求救。不料那艄公张横亦是个强徒，拿出刀来竟要请他吃"板刀面"。正危急时，对面摇来另一只船，那船上的大汉李俊同张横原是一路，却也是宋江的朋友。他见张横，问起情由，疑那将被害的可能是宋江，便"咄"的一声喊了起来。作者描写这个惊奇场景时写道：

"咄？莫不是我哥哥宋公明？"宋江听得声音厮熟，便舱里叫道："船上好汉是谁？救宋江……！"那大汉失惊道："真是我哥哥，不是做出来！"宋江钻出船来看时，星光明亮，那船头上立的大汉正是混江龙李俊。

　　对于这一段描写，清代著名小说戏曲批评家金圣叹认为尤其"妙不可说"的是"钻出船来看时，星光明亮"这十一个字，他说这十一个字"非星光明亮照见来船那汉，乃是极写宋江半日心惊胆碎，不复知何地何色，直至此忽然得救，而后依然又见星光也。盖吃惊后之奇喜也"。金圣叹的分析确实入木三分：作者避开了正面描写宋江的喜悦心情，而是以景来烘托暗示。这样，言简意赅，含蓄隽永而又紧凑利落。我们可以想象，对于这个场面完全可以有不同写法：可以荡开去细致刻画先惊后喜、由悲转喜的戏剧性变化所引起的人物的心理活动；也可以捕捉这一过程中人物的种种表情、动作和姿态等。但是，即使这种描写是成功的出色的，让人感到别有滋味、别有情趣，也很难有这么紧凑利落自然传神的效果。

　　其他还有很多著名的例子，如林冲风雪山神庙中纷纷扬扬的大雪的描写，往往为人们所称道。

　　《水浒传》中的人物与情节的安排，主要是采取了单线发展的结构法，每组情节既有相对的独立性，又是一环紧扣一环，环环勾连，逐步发展到梁山泊英雄的大聚义。这种结构法固然是由于继承了"说话"艺术的表现手法的特点，但更重要的是从全书的主线出发，服从于作品的主题，即通过不同英雄好汉被逼上梁山的不同道路来展示起义斗争的广阔画面的。它像百川汇海一样，由分而合，推向声势浩大的梁山英雄大聚义的高潮。

《水浒传》结构的另一个特点是大量利用虚实交叉的写法，也使用插叙、倒叙等办法。例如第八回"鲁智深大闹野猪林"之后，就只按林冲这条线一直写下去，至十七回，才由鲁智深对杨志追述自己与林冲分别以后的遭遇。又如三打祝家庄，插入一整回解珍、解宝、孙立、孙新的故事。此外，不时插入韵文，使文情更富波澜；每一回总是在情节发展的关节戛然而止，以"粘住"读者；这些更是"说话"常用的结构法，但是已有创造性的发展。

然而，若作为完整的长篇看，有许多事件与场面的描写颇嫌越出全书主题范围，有的喧宾夺主，有的成为赘疣。例如武松杀嫂、杨雄杀妻和宋江杀惜等回目过于烦琐，影响了结构的完整。

《水浒传》的语言是在人民口语基础上经过反复加工提炼的文学语言。它具有洗练、单纯、明快、生动的特点，色彩浓烈，造型力强。正如鲁迅所说："《水浒》和《红楼梦》的有些地方，是能使读者由说话看出人来的。"如李逵等初见宋江时的一段话就非常精彩，贵族出身的柴进说"大慰平生之念，多幸，多幸"；鲁智深却说"多闻阿哥大名"，表现出这个粗犷、豪爽的英雄对宋江的亲切和仰慕；而李逵则说"我那爷，你何不早说些个，也教铁牛欢喜欢喜"，这样的语言是其他英雄的口中绝没有的，几句话传神地把天真、粗莽、憨直的李逵的性格显示了出来。

《水浒传》有着卓越的艺术成就，这些成就对中国小说的发展，起着积极的作用。当然，《水浒传》艺术上的败笔和漏洞也不少，除上面提到的以外，在地理、时间、情节和叙事次序方面，就有前后不符甚至矛盾的地方，细心的读者是易于发现的。

1996年1月

# 智慧的较量[①]

　　在15—17世纪之间，对于中国小说艺术发展史来说，是一个令人瞩目的历史时期。这个时期，小说开始往纵横两个方向伸展，展现了色彩斑斓、标新立异的繁盛景象，长篇、短制、文言、白话，构成了一个惊人的小说奇观，小说世界已蔚为大国。世称的"四大奇书"：《三国演义》《水浒传》《西游记》《金瓶梅》都产生于此时，它们都是耸立于艺术群山中的高峰，其中被鲁迅称之为"魁杰""巨制"的神魔小说《西游记》，就是吴承恩终其一生对中国小说史，也是对世界小说史奉献出的伟大的瑰宝。

　　吴承恩，字汝忠，号射阳山人。先世江苏涟水人，后徙淮安山阳（今江苏淮安县）。约生于明孝宗弘治十七年（1504），约卒于明神宗万历十年（1582）。吴承恩自幼聪颖慧敏，少年时代即以文名冠于乡里。他较早地进了学，但偏偏中了秀才后，却屡试不售，困顿场屋，蹭蹬穷年。明嘉靖二十三年（1544），吴承

---

　　① 本文是为人民文学出版社的"世界文学名著文库"之一的《西游记》所写的前言。

恩已到中年，才补得个岁贡生，又过了差不多七年之久，才到北京吏部候选，结果只获得个浙江长兴县丞的卑微官职。他不愿改变自己的傲岸性格以屈从上官意志，始终保持着刚直的风骨。

对于一个诗人兼小说家来说，忠实于自己的感受和发现，就意味着忠实于自己的诗魂。在众多的歌唱中，吴承恩的著名长歌《二郎搜山图歌并序》是一首气势伟岸的诗，也是他全部诗作中的一组强音符。他以纵横捭阖、浑灏奔放的笔触，为我们展现了一幅神话中二郎神搜山，使魑魅魍魉、狐妖魈龙，或断头授首，或束手就擒的奇幻景观。因此，这首诗同《西游记》一样应该看作是吴承恩向一切封建统治和腐烂没落的社会发表的抗争檄文。

吴承恩久经动乱，但是豪情与诙谐依旧，他没有在悲哀中消沉，其《送我入门来》一首词可看作吴承恩整个人生态度的自我表白：不为贫穷的处境、困顿的遭遇、世人的白眼、炎凉的世态所屈服，在严霜积雪的酷寒中，信心百倍地"探取梅花开未开"，它可视为诗人的自况。这洁白芳香的"梅花"正是象征着他那高洁的人格，也象征着他自己从事的文学事业。他的诗和他的小说一样，以乐观意识为轴心，或者说，终以乐观的调子完成悲哀的美。

诗人有幸，他不仅能以健笔参与中国小说史创造的巨大工程，而且能以他的诗篇保留下历史巨变时代的动人场面和音响。

我们说，没有吴承恩，自然没有《西游记》，但没有《西游记》也就不会有我们今天所理解的吴承恩。事实上，他们是互相创造的。虽然我们看到了吴承恩在《西游记》中，营造了一个属于他自己的独特艺术世界。然而它的题材和基本情节又不是他的首创，它的产生过程和我国优秀的古典小说《三国演义》《水浒传》等相类似。

作为《西游记》主体部分的唐僧取经故事，由历史的真人真事发展演化而来。唐太宗贞观元年（627），青年和尚玄奘独自一人赴天竺（今印度）取经，这一惊人举动，震动中外。玄奘在取经过程中所表现的坚定信念、顽强意志，令人敬仰。他所身历目睹的种种奇遇和异国风光，对人们具有极大魅力，他的行为和见闻本身，就具有不同寻常的传奇色彩。取经故事的真正神奇化是在它流入民间以后，愈传愈奇，以致离历史上的真实事件愈来愈远。在《独异志》《大唐新语》等唐人笔记中，取经故事已带有浓厚的神异色彩。据欧阳修《于役志》载，扬州寿宁寺藏经院有玄奘取经壁画，可知取经故事在五代时已流布丹青。

形诸文字刊印于南宋时期的第一本小说形态的《大唐三藏取经诗话》的出现，标志着玄奘天竺取经由历史故事向佛教神魔故事过渡的完成；标志着"西游"故事的主角开始由唐僧转化为猴行者；标志着某些离奇情节有了初步轮廓。因此它在《西游记》成书过程中有着重要意义。

由于《大唐三藏取经诗话》是晚唐五代佛教徒宣扬佛法的"俗讲"，一般属于宗教文学。与此同时，"西游"故事随"说话"艺术的繁荣，又以"平话"的方式出现，至迟到元末明初，就出现了更加完整生动的《西游记平话》。后来百回本《西游记》中的一些重要情节，在《西游记平话》里大体上已具备了。《西游记平话》的形式风格，比较接近于宋元讲史平话，文字古拙，颇像元刊本《全相平话五种》，描写亦欠精细。但无论从内容、情节、结构、人物诸方面看，《西游记平话》都很可能是吴承恩据以加工进行再创造的母本。

取经故事除了在话本和其他艺术形式中不断发展和流布外，还搬上了舞台。宋元南戏有《陈光蕊江流和尚》，金院本有《唐三藏》，元杂剧有吴昌龄的《唐三藏西天取经》，可惜都已失传。元末明初则有无名氏的《二郎神锁齐天大圣》杂剧和杨讷（景贤）所著的《西游记》杂剧。杨作共六本二十四折，以敷衍唐僧出世的"江流儿"故事开场，后面有收孙行者、收沙僧、收猪八戒、女儿国逼配、火焰山借扇、取经归东土、行满成正果等情节。吴承恩正是在前人艺术创造的基础上，博采众长，并受到多方面的启迪，才写出了《西游记》。郑振铎先生曾说："惟那么古拙的《西游记》，被吴承恩改造得那么神骏丰腴，逸趣横生，几乎另成了一部新作，其功力的壮健，文采的秀丽，言谈的幽默，却确远在罗氏改作《三国志演义》，冯氏改作《列国志传》以上。"（《西游记》的演化》）

历史赋予吴承恩创作《西游记》以客观和主观的条件。明朝自成化（1465—1487）以后，特别是嘉靖（1522—1566）、万历（1573—1620）两朝皇帝，都崇信道士羽客的妖妄之言，这股风气从上层一直蔓延到民间，神魔小说的崛起和风行，显然同这一社会风气下的精神状况有着密切关系。至于作家的主观条件，由吴承恩的诗文，已经证明他的文学才华是多方面的。而在小说创作经验的积累上，他的志怪小说集《禹鼎志》虽已亡佚，但此书或许是他写作《西游记》做准备练笔而用的。幸运的是，从此书的序中我们却又得到这样的信息："虽然吾书名为志怪，盖不专明鬼，时纪人间变异，亦微有鉴戒寓焉。"这"微有鉴戒寓焉"与《二郎神搜山图歌并序》联系起来看，其相通之处甚多，这就是作为小说艺术家的吴承恩兼具思想家某些品格的明证。

吴承恩虽然以其卓越的艺术创造才能，使原来的"西游"故事顿改旧观、面目一新，但他也不能不受传统故事基本框架的限制。《西游记》全书一百回，主要篇幅还是写孙悟空保护唐僧去西天取经，一路上降妖伏魔、扫除障碍、取回真经、终成正果的故事。小说也正是按其脉络布局的：从第一回至第十二回是整个故事的序幕，交代取经故事的缘起。第十二回后的八十八回书，才是吴承恩取经故事的主体工程。前七回集中写石产仙猴、闹龙宫、闹地府、闹天宫，主要是写西天取经的保护人孙悟空的非凡出身和神通广大的本领。第八回主要介绍取经集团中其他四名成员的出身经历。第九回至第十二回则是承袭第八回继续叙述西天求经故事的缘起。从整体结构看，前七回故事的主要作用与第八回一样，既然同是介绍取经集团成员的出身经历，自然也应视为序幕的有机部分。把前七回同七回以后截然分开，说成是两个不同的故事，从而把孙悟空大闹天宫等情节，从取经故事的序幕中剖离出来，显然既不符合小说作者的创作意图，也不符合中国古代小说思维的定势，更不符合神魔小说结构布局的一般模式。

吴承恩的真正的创造性，体现在《西游记》的情节提炼和故事剪裁的全过程中。如果把小说《西游记》与《大唐三藏取经诗话》和《西游记》杂剧相比较，有两点明显的变化值得注意：第一，《大唐三藏取经诗话》中的猴行者与杂剧中的孙悟空，虽已逐渐升格为主角，但本领与所起之作用都有较大局限，取经途中降妖伏魔的主要力量，实际是大梵天王与"十大保官"。而小说《西游记》，却把孙悟空的神通广大与求得真经的决定作用大大提高，并淋漓尽致地大加渲染，从而使之由取经集团中的一个重要成员，一变而为小说中名副其实的主角。事实上，《西游记》的主体工程和审美价值，只能是关于孙悟空"一生"的故事。如果没有孙悟空，就没有吴承恩《西游记》这部小说。第二，《大唐三藏取经诗话》把唐僧看作是取经的主要人物，所以故事的开端，也由叙述唐僧行状开始。猴行者的出身经历，直到"入王母池之处第十一"，才以补叙方式略加介绍。杂剧则承袭《大唐三藏取经诗话》所采取的做法，孙悟空的出身经历，到第三本才进行追叙。而吴氏的小说《西游记》则打破取经故事的传统格局，不仅把关于孙悟空出身的描写，由原来作为穿插而存在的"隐蔽"环节，一变而为重要的显现情节，置于全书的开篇处。这种布局显然是和吴承恩的整体构思和象征主旨密不可分的。

人们常说《西游记》是一部很"复杂"的小说，其实，这"复杂"并不在于人们所说，是题材本身的局限性和吴氏所处时代的局限。《西游记》的"复杂性"，正在于它是以庄严神圣的取经的宗教故事为题材，但在具体描写时，却使宗教丧失了庄严的神圣性，它写了神与魔之争，但又没有严格按照正与邪、善与恶、顺与逆划分阵营；它揶揄了神，也嘲笑了魔；它有时把爱心投向魔，又不时把憎恶抛掷给神；并未把挚爱偏于佛、道任何一方。在吴氏犀利的笔锋下，宗教的神道佛从神圣的祭坛上被拉了下来，显现了它的原形！"大闹天宫"这则故事，带有提纲挈领的意义，可以说是在主旨上为整个作品定下了基调。在取经途中，孙悟空的英雄形象又增添了新的光辉，他的"抗魔"斗争可以说是"大闹天宫"的继续。而且事实上在取经征途中，孙悟空对待诸神佛道，仍然是桀骜不驯，没有放松对他们的捉弄与揶揄，态度是一以贯之的。至于吴氏在小说中极聪明、极俏皮、极轻松地描写的那些妖魔鬼怪同天上诸神道佛的微妙关系，更不仅只是为了博读者一粲，它多数寓讥讽于笑谑。这里显示了吴承恩的宽广的精神视野，他把对宗教批判的锋芒转到了另一角度：原来宗教从来都是与蒙昧主义相依为命的。他们所编造的谎言，句句都要人当作真理般信仰——神是正宗，魔是异端，实际情况却大谬不然。吴氏在这里，只是撩起了幕布的一角，让人们看到神魔的关系，原来就是纠缠不清的，有时简直就是二位一体。它的讽喻蕴涵，似乎也不难把握。作者喜爱孙悟空身上的魔性甚于他身上的神性。另外，牛魔王虽然喜新厌旧，停妻再娶，但他那憨厚浑直之态也颇能令人解颐；花果山的精细鬼、伶俐虫，写得妙趣横生，十分逗人喜爱。看来，吴承恩对于神魔从不存偏见，也没框框，只是在娓娓叙述奇幻瑰丽的故事时，顺便给人物抹上一些谐谑的色彩。

创作《西游记》是吴承恩的一次精神漫游，想必在他经历了一切心灵磨难之后，他更看清了世人的真相，了解了生活的真谛，他更加成熟了。

当然，吴承恩对生活并未失去爱，小说处处是笑声和幽默，只有心胸开阔、热爱生活的人，才会处处流露出一种不可抑制的幽默感，他希望他的小说给人间带来笑声。《西游记》并非一部金刚怒目式的作品。它富于一个人文主义者温馨的人情味。讽刺和幽默这两个特点，其实在全书一开始就显示出来了，它们统一于吴承恩对生活的热爱，对人间欢乐的追求。

《西游记》是中国家喻户晓的古典小说名著，它问世以后即产生广泛影响。明清两代，续作、补作《西游记》的小说有多种。著名的有明末董说写的《西游补》十六回，明末无名氏写的《续西游记》一百回，清初无名氏写的《后西游记》四十回等。《西游记》故事在清代还被改编为戏曲搬上舞台，一直到现代，《西游记》故事仍然活跃在戏曲舞台上。《三打白骨精》《闹天宫》《真假美猴王》是经常上演而受到观众喜爱的剧目。

《西游记》不仅是中国人民的文化瑰宝，随着世界文化的进一步交流，《西游记》也被更多的外国朋友所喜爱。早在20世纪初，西方汉学研究先驱之一、英国剑桥大学文学教授贾尔斯所著《中国文学史》就专辟一章，评介了《西游记》及其作者吴承恩。1913年，蒂莫西·理查德出版了一本题为《赴天堂之使命》的书，是《西游记》最早的英译本。1977年开始，芝加哥大学的文学和宗教学教授余国藩首次出版了他的《西游记》四卷本第一卷，1983年最后一卷问世，终于使整个英语世界的读者第一次得以欣赏《西游记》全貌的风采。

1994年10月18日

# 奇异的情欲之旅①

　　《金瓶梅》在我国小说史上是一部里程碑式的作品，它的诞生标志着我国古代长篇小说艺术发展到一个新的阶段。

　　然而，关于《金瓶梅》的作者问题，从这部奇书横空出世、震惊文坛之时，一直到今天，仍然是一个尚未破译的谜。现知最早论及《金瓶梅》作者的是屠本畯，他在万历三十五年（1607）时写道："相传嘉靖时，有人为陆都督炳诬奏，朝廷籍其家，其人沉冤，托之《金瓶梅》。"（《山林经济籍》）万历四十二年（1614），袁中道则说："旧时京师，有一西门千户，延一绍兴老儒于家。老儒无事，逐日记其家淫荡风月之事，以西门庆影其主人，以馀影其诸姬。"（《游居柿录》卷九）到了万历四十四年（1616）谢肇淛又说："相传永陵（嘉靖）中，有金吾戚里，凭怙奢汰，淫纵无度，而其门客病之，采摭日逐行事，汇以成编，而托之西门庆也。"（《小草斋文集》卷二十四《金瓶梅跋》）但是他们都没有确切地说出小说作者的真实姓名，而且所用大多均为"相传"。《金瓶梅词话》刊刻面世后，论及它的作

---

　　①本文是为人民文学出版社的"世界文学名著文库"之一的《金瓶梅词话》所写的前言。

者的有两家影响最大：一是沈德符，他在万历四十七年至四十八年（1619—1620）时说："闻此为嘉靖间大名士手笔，指斥时事。"（《万历野获编》卷二十五）二是晚出的欣欣子《新刻金瓶梅词话序》："窃谓兰陵笑笑生作《金瓶梅》，寄意于时俗，盖有谓也。"于是，从明末清初始，人们都以此两点为据，去探寻《金瓶梅》的作者之谜，提出了众多作者名单，如王世贞、徐渭、卢楠、薛应旂、李卓吾、赵南星、李渔等。其中王世贞说最为盛行，直至20世纪30年代吴晗先生著文详论其不可靠，王世贞一说才根本动摇。

关于《金瓶梅》的作者，近年又有不少研究者，在验证前人诸说基础上，提出了新说，如李开先说、贾三近说、屠龙说、汤显祖说、冯梦龙说等等，形成了旧说犹存，新说迭起的热烈局面。迄今，提出《金瓶梅》作者的主名者已近三十人。

根据目前掌握的材料，想对《金瓶梅》作者的真实姓名作出确切的判断还为时过早。倒是《金瓶梅》本身大致向我们证明了它的作者的身份、阅历和学养。比如说，《金瓶梅》写了大量的人物，其中塑造得最出色的主要是市井人物，商人、伙计、荡妇、帮闲诸色人等，有许多都达到了传神的境界。而上层人物，如宰相、太尉、巡按、状元等大都写得比较单薄和平板，至于描写生活场面和事件，也是贩卖经营、妻妾斗气、帮闲凑趣等场景写得活灵活现，而对朝见皇帝、谒见宰相等礼仪显得生疏。因此，仅就人们的直观感觉来看，写作《金瓶梅》的人固然有丰富的生活阅历，却不可能是身居高位的大官僚。如果再从全书中穿插的各种时令小曲、杂剧、传奇、宝卷及话本等材料看，作者对此十分熟稔，然而作品中作者自己写的诗词大多不合规范。因此他不大可能是正统诗文功底深厚的"大名士"。仅就小说本身加以观照，他很可能是一位看透世情的沉沦士子，或以帮闲谋生而又不失人格精神的下层文人，也说不定竟是一位饱学的"书会才人"。

《金瓶梅》的版本也较复杂。在这部小说刊本问世之前，社会上已有各种抄本在不同地区流传。据文献记载，当时拥有抄本的有徐阶、王世贞、刘承禧、王肯堂、王稚登、董其昌、袁宏道、袁中道、丘志充、谢肇淛、沈德符、文在兹等人。这些抄本都未能传世。《金瓶梅》初刻于万历四十五年（1617），但初刻本不传。现存最早的刊本《新刻金瓶梅词话》一百回，系初刻之翻印本。其正文前顺序列欣欣子《金瓶梅词话序》、廿公《跋》和东吴弄珠客《金瓶梅序》。东吴弄珠客序署"万历丁巳季冬，东吴弄珠客漫书于金阊道中"。此后，约刻于崇祯年间（1628—1644）的《新刻绣像批评金瓶梅》，一百回，有图一百零一幅，首东吴弄珠客序。此本较《新刻金瓶梅词话》，从回目到内容，均作了大量删削、增饰和修改。如删去了原书约三分之二的词曲韵文，砍去一些枝蔓，对原书明显的破绽之处作了修补，加工了一些文字。另外结构上也作了调整，如《新刻金瓶梅词话》第一回是"景阳冈武松打虎"，此本改为"西门庆热结十兄弟"。此本传世有数种。另外还有一部清初通行本，即《皋鹤堂批评第一奇书金瓶梅》一百回，也就是彭城张竹坡评本。本书初刻于康熙乙亥年（1695），首有序，署"康熙岁次乙亥清明中浣，秦中觉天者谢颐题于皋鹤堂"。正文前有《竹坡闲话》《金瓶梅寓意说》

《苦孝说》《批评第一奇书金瓶梅读法》《冷热金针》等总评文字。正文内有眉批、旁批、行内夹批，每回前又有回评，均出自张竹坡之手。继李渔、张竹坡之后，《金瓶梅》的第三个重要的评点者是文龙。他对该书的评点始于光绪五年，光绪六年作补评，光绪八年再评，有回评、眉评、旁批约六万言。其回评极富特色，对全书的思想、艺术有较深入的分析。乾隆以后出现了各种低劣的《金瓶梅》印本，且大都标榜"古本""真本"，然而均系据《第一奇书》大删大改之本，完全失去《金瓶梅》原貌，可称为伪本。

《金瓶梅》是一部人物辐辏、场景开阔、布局繁杂的巨幅写真，腕底春秋，展示出明代社会的横断面。它不像以前及同时的《三国演义》《水浒传》和《西游记》那样以历史人物、传奇英雄或神魔为表现对象，而是以一个带有浓厚的市井色彩从而同传统的官僚地主有别的恶霸豪绅西门庆一家的兴衰荣枯的罪恶史为主轴，借宋之名写明之实，直斥时事，真实地暴露了明代后期中上层社会的黑暗、腐朽。它以巨大的艺术力量，描绘了封建社会的市井生活。它那样色彩炫目，又那样明晰；那样众多的人物面貌和灵魂，那样多方面的封建社会制度和风习，都栩栩如生地再现在我们眼前，我们每读一遍，都可以发现一些以前没有察觉到的内容和意义。

"金瓶梅世界"，展现了一个几乎包罗市民阶层生活各个重要方面的艺术天地，显示出他对这一阶层的百科全书式的知识。从而使经济的、政治的、宗教的、社会的、历史的、心理的、生理的、婚姻的、民俗的、艺术的等等知识，都在"金瓶梅世界"

中得到鲜明的显现。应该承认，在中国小说史上，特别是明代说部中，兰陵笑笑生提供的百科全书式的知识，其丰富性和生动性方面，几乎在文坛上还找不到另一位作家与之匹敌。因此，从"金瓶梅世界"中，人们虽未必能够得到多少可以考证的历史事实，但是，《金瓶梅》所展示的五光十色的社会图景和丰富多样的人物形象，却有助于我们认识当时社会生活的某些本质方面，具有一般历史著作和经济著作不能代替的作用，特别是更具有巴尔扎克所极力推崇的而又被许多历史学家所忘记写的民族文化风俗史的作用。

兰陵笑笑生的美学贡献，首先是他把现实的丑引进了小说世界。或者说，小说艺术的空间，因丑的发现而被大大拓宽了。兰陵笑笑生创作构思的基点是暴露，无情的暴露。他取材无所抄袭依傍，书中所写，无论生活，无论人心，都是昏暗一团，至于偶尔透露出一点一丝的理想微光，也照亮不了这个没有美的世界。社会、人生、心理、道德的病态，都逃不出作者那犀利敏锐的目光。事实是，《三国演义》和《水浒传》等巨著的艺术倾向，已经不是一元的、单向度的、唯美的，而是美丑并举、善恶相对、哀乐共存。那么，《金瓶梅》的作者，则在小说世界中又有一次巨大的发现，即"丑"的主体意识越来越强，它清楚地表明：自己并非美的一种陪衬，因而同样可以独立地吸引艺术的注意力。在《金瓶梅》的艺术世界里，缺少理想的闪光，没有美的存在，更没有一切美文学中的和谐和诗意。它让人看到的是一个丑的世界，一个人欲横流的世界，一个令人绝望的世界。它集中写黑暗，这在古今中外的小说史上也是独具风姿的。

《金瓶梅》是艺术上品，它在描绘丑时，不是为丑而丑，《金瓶梅》作者更不是以丑为美。他是从美的观念、美的情感、美的理想上来评价丑、否定丑的。《金瓶梅》表现了对丑的否定，就间接地肯定了美。它描绘了生活的丑，却创造了艺术的美。

　　应当承认，《金瓶梅》还是为世界小说人物画廊上增加了几个不朽的艺术形象的。如西门庆、潘金莲、李瓶儿、应伯爵等，堪称典型环境中的典型人物。如果进一步说，《金瓶梅》笔下诞生了几个不朽的人物，首先是它写人物不拘一格，它打破了以前中国小说那种好就好到底，坏就坏到底的写法，可能更能说明《金瓶梅》作者在小说美学上的贡献。

　　人不是单色的，这是《金瓶梅》作者对人生观察的一个极为重要的心得。小说中并没有把西门庆、潘金莲、李瓶儿、庞春梅写成单一色调的丑和恶，当然也没有把美丑因素随意加在他们身上，而是把这些人物放在他们所产生的时代背景、社会条件、具体处境和特定氛围中，按其性格逻辑，写出他们性格的多重性和多色素。可以这样说，《金瓶梅》的几个不朽的典型获得美学价值的关键，就在于让他们按照自己的性格逻辑走完自己的路。从小说艺术发展史的角度来审视《金瓶梅》，不能不承认，它的作者对于小说艺术如何反映时代和当代人物，确实进行了大胆的、有益的探索，他打破了或摆脱了旧的小说观念和旧的创作模式的羁绊，总之，它的叙事策略是值得我们重视的。因为这种新的探索既是小说史赋予的使命，也是现实本身提出的新课题，它意味着《金瓶梅》作者已经不再是简单地用黑白两种色彩观察世界和反映世界了，而是力图从众多侧面去观察和反映多姿多彩的生活和人物了。小说艺术史上，那种不费力地把他们观察到的各式各样的人物，硬塞进"正面"或"反面"人物框子去的初级阶段塑造性格的方法，已经受到了有力的挑战。多色彩、多色素地去描写他笔下人物的观念，已随着色彩纷繁的生活要求和作家观察生活的能力的提高，而提到了小说革新的日程上来了。

《金瓶梅》善于细腻地观察事物，在写作过程中追求客观的效果，追求艺术的真实。事实上，我们在《金瓶梅》中不难看到，作者用广角镜头摄取了这个家庭的全部罪恶史。作者以冷峻而灰暗的色调，勾勒出一群醉生梦死之徒如何一步步走向他们的坟墓。因此，《金瓶梅》具有历史实感的魅力。他用冷静而犀利的目光，观察着他身边形形色色的人，但细看之下，在这些篇章、段落以及字里行间，无不渗透着他对生活的精辟见解和入木三分的观察，他写的是"别人的故事"，却溢满自己的浓烈的感情，而这感情又是潜藏于画屏后面的作者的爱憎。所以，小说《金瓶梅》的色调虽然是灰暗的，缺乏所谓的"诗的光辉"，然而一部作品的色彩，是和它的题材、意旨以及作家的风格联系在一起的。《金瓶梅》的作者为了和他所选取的题材相协调、相和谐，同时也为了突出他的写作要旨，增加作品的说服力，而采用了这种色彩、调子，又是能够理解的。

事实正是如此，当我们把《金瓶梅》摆在中国小说艺术发展的长河中去考察，当我们把它和同时文坛说部中几部大书进行比较时，方显出它独特的美学价值和思想光彩，从而进一步认知它在中国乃至世界小说史上的不朽地位。它别树一帜，又不同凡响。它和中国传统小说的色泽太不一样了。因此，长期以来，往往不为人所理解，即使在毁誉参半中，毁也多于誉，这种历史的不公正，直到今天才开始有了转机，出现了恢复它的名誉和地位的氛围。

《金瓶梅》在小说史上不容置疑的地位，归结一句话，就是它突破了过去小说一般叙事模式和写作风格，绽露出近代小说的胚芽，它影响了两三个世纪几代人的小说创作，它预告着近代小说的诞生。

今天，研究《金瓶梅》的重要意义，在于《水浒传》《三国演义》《西游记》《儒林外史》《红楼梦》等伟大作品的存在，离不开与《金瓶梅》相依存相矛盾的关系；在于兰陵笑笑生及其《金瓶梅》代表了中国文化传统的一个方面，以及它与中国古代知识分子的历史性格、文化精神有甚深的联系。

1997年5月

# 市民社会的风俗画[①]

在中国，作为一种文类的成熟形态的小说艺术虽然晚出，可是，如果和欧洲文学史上的小说相比，则又是早产儿。在欧洲文学史上，14世纪的薄伽丘的《十日谈》是划时代之作，开始了小说的新纪元；而同样作为市民文艺式样的"宋元话本"，则早于《十日谈》两个半世纪。事实是：自从平凡而富有生气的市民进入小说界，小说王国的版图便从根本上改观了。作为市民文艺的宋元话本在中国小说史上承前启后，独树一帜，自成一个新阶段。它的兴起是中国小说艺术从内容到形式向生活突进的一大解放；同时又是中国小说艺术走向群众、走向艺术高峰的一道桥梁，它为中国小说开辟了一个崭新的天地，从而使小说这个文学上的"私生子"在文坛上争得了不容忽视的地位。

历史进入明代，我国的小说已蔚为大国。明代初年横空出世的两部杰作——《三国演义》和《水浒传》标志着一种时代风尚。它们几乎都是气势磅礴、恢宏雄健，给人以力的感召。明代中后期，小说又有了新的发展，神魔小说《西游记》俏比幽托，揶揄百态，折射出当时社会上的种种弊端和丑恶现象。世情小说

---

① 本文是为齐鲁书社1994年出版的"三言"所写的前言。

《金瓶梅》把现实的丑引进了小说世界，从而引发了小说观念的又一次变革。这些被鲁迅称为"时代精神所居的大宫阙"的长篇小说，充分显示了它们的作者百科全书式的知识和对历史与生活的特殊的人生感悟。

与此同时，另一个引人瞩目的小说现象是：一些有远见的通俗文学的爱好者，不仅将原来流传的话本加以改写和润色，汇集刊刻；有的人还运用话本形式创作新的白话短篇小说，鲁迅先生在《中国小说史略》一书中把这些作品称为"拟话本"。话本和拟话本都是白话小说，不同的是，后者已经不是艺人讲说用的底本，而是供阅读的案头文学了。拟话本的创作高潮，正是出现于明代中后期。其中代表人物冯梦龙和凌濛初就将古代白话短篇小说的创作推到了另一个峰顶。

一

明末天启年间（1621—1627）被人称之为"全能"通俗文学作家冯梦龙"因贾人之请"，先后纂辑了《喻世明言》（即《古今小说》）、《警世通言》《醒世恒言》（见绿天馆主人《喻世明言·序》）。小说史家一向把这三部集子合称为"三言"。《警世通言》刊行于天启四年（1624），《醒世恒言》刊行于天启七年（1627），而《喻世明言》的出版，又早于两书。"三言"虽非同时刊刻，但是它们的编印，却无疑是一个有计划的工作。传本《古今小说》扉页上有书铺天许斋的三行题识，中云："本斋购得古今名人演义一百二十种，先以三分之一为初刻云。"而在

《古今小说》目录之前，也题有《古今小说一刻》。这说明《古今小说》本来是编者给自己纂辑的几部通俗小说选集所拟定的一个总名。当《古今小说一刻》增订再版时，书名已改为《喻世明言》。而二刻和三刻正式出版的时候都各自标明了自己的书名，即《警世通言》和《醒世恒言》。结果，《古今小说》反而成了《喻世明言》的一个异名了。

冯梦龙不是一个普通艺匠，而是个心底有生活的独具只眼的文史大家。他对于这120篇小说，并不是单纯的收藏和交付书商刻印，而是进行了一次谨慎的去芜取菁的遴选工作。人们只要拿早于冯氏的洪楩编选的《清平山堂话本》和"三言"比较一下，就不难看出，除独具艺术魅力的优秀之作《快嘴李翠莲记》未被收进"三言"中以外，其他冯氏书中没有入选的，大多是一些平庸之作。因此，我们不妨这样看：尽管"三言"还不是宋、元、明三代话本小说的全集，但它几乎把当时广泛流行的脍炙人口的作品网罗无遗了。正因为如此，冯梦龙的同代人、另一位著名的小说家凌濛初在他的《拍案惊奇·序》中说：

> 独龙子犹所辑《喻世》等诸言，颇存雅道，时著良规，一破今时陋习。而宋元旧种，亦被搜括殆尽，肆中人见其行世颇捷，意余当别有秘本，图出而衡之，不知一二遗者，皆其沟中之断芜，略不足陈已。

事实上，"三言"一出，就不胫而走，其流传之广，读者之多，以及影响之深远，在古代短篇小说中几无与其相颉颃者，也是明证。

冯梦龙生于明万历二年（1574），正当明代盛极而衰的时候。他的生平，在《苏州府志》卷八十一"人物"中，有简明的记载：

　　冯梦龙，字犹龙，才情跌宕，诗文丽藻，尤明经学。崇祯时，以贡选寿宁知县。

他约卒于南明隆武二年（1646）。他的一生只有那短促的四年游宦生活，而主要精力都用在编辑、创作方面。已知著述不下六七十种，堪称宏富；所涉猎的范围极为宽广，经、史、子、集，无所不治。尤精于戏曲、小说、俗曲等通俗文学，规模宏伟的"三言"，更使他获得了不朽的声誉。今人魏同贤先生经多年搜集，选择海内外最佳版本，审慎整理，影印出版的《冯梦龙全集》共27种，约两万页（上海古籍出版社1993年版）。这说明冯梦龙绝非轻材小慧的作家所能比拟。他把自己编选的小说分别题名为《喻世明言》《警世通言》《醒世恒言》是同他本人长期形成的小说观念特别是对小说功能的理解有着密切的关系。许自昌《樗斋漫录》卷六说他"酷爱李氏（卓吾）之学，奉为蓍蔡"。李卓吾文学思想上一个重要特点是敢于突破封建正统文人鄙视通俗小说戏曲的偏见，把通俗小说中的《水浒传》等和《史记》、杜诗并列，并认为至文无分古今。冯梦龙也是如此。在"三言"的各篇能体现冯氏小说观的序中，都一致强调了小说的社会教化功能。他把小说当作严肃的"经国之大业"，治世的手段。在署名"绿天馆主人"的《喻世明言·序》中说，好的小说能使"怯者勇，淫者贞，薄者敦，顽钝者汗下。虽小诵《孝经》《论语》，其感人未必如是之捷且深"。他重视小说所以能吸引人的原因，是它的艺术感染力和它激励人、影响人精神的作用。在《醒世恒言》的序中，除了反复强调小说的教化作用以外，甚至还把小说的意义提高到了以为有国者借鉴。同那些把小说当作雨窗寂寞、长夜无聊的消闲解闷的传统观念相悖，他公开为自己的小说选集命名为《喻世》《警世》《醒世》。用冯氏的话说："明者，取其可以导愚也。通者，取其可以适俗也。恒，则习之而不厌，传之而可久。三刻殊名，其义一耳。"（可一居士《醒世恒言·序》）很明显，冯氏是想通过小说来劝谕世人、警诫世人、唤醒世人的。当然，今天看来，这些提法是过分夸大了小说的社会功能和社会效果，不免有失之偏颇之处，但他提出的却是属于具有反封建正统观念的为人生而艺术的理论。

如果说小说是文化的特殊形态和特殊的文化载体，那么，冯梦龙的"三言"堪称中国中世纪封建社会的百科全书。这120篇故事的题材极为广阔，几乎涉及了当时社会各个阶层，反映了生活的各个侧面，特别是对于城市市民的生活，有着更多的精彩的描绘（这一点极其重要，因为什么人物成为小说的主角，往往反映一定社会力量的成长、强大以及发挥的作用）。其中有写青年男女爱情的作品，有揭露官僚罪恶的作品，有写诉讼案件的作品，有写朋友之间友谊的作品，有写文士风流韵事的作品，有写神仙灵怪的作品，还有一些涉及少数民族苦难生活的作品。而这一切的表现，大多又是出于市民的思想意识和市民的视角。这从一个方面来说正是市民日益强大并在小说领域寻求表现的反映。

在"三言"中，人物塑造，称得上典型性格者，也不是寥寥几个，而是群像罗列，相互辉映；即使一些次要人物，有的也写得颇为传神。在编织故事上，既有紧张激烈的冲突的营造，又有气象万千、惊心动魄的纽结；而在节奏的处理上，又善于在错综交织的矛盾中，用抒情的笔调进行点染，从而获得荡气回肠的诗意效果。至于艺术手法，既有大笔勾勒，也有工笔细描，繁笔简笔交错进行；而且在作品的许多节骨眼上，都倾注着作者的强烈感情。

然而，"三言"的思想内容，毕竟又是复杂的。这种情况固然同各篇小说并非出自一个时代，又非出自一人之手有关，但归根结底还是和社会经济和社会思潮有着极为密切的联系。宋元以降，社会的基本经济形态是封建经济，但在封建社会内部发展起来的商品经济已经达到了较高的水平，它日甚一日地侵蚀着封建的自然经济，瓦解着古老的宗法制度。在思想领域，"三言"的编纂正处在一个狂飙突起的时代，正是一个思维世界跌宕起伏的时期。16世纪与17世纪交替之际，随着明王朝命运的日薄崦嵫，朝政专横腐败到了极点，社会风气淫靡堕落到了极点，上上下下一片浑浊污秽的空气。但是理学家们却仍然摆出一副道貌岸然的架势，抬出"理"来窒息社会的生机和人性的生机，以维系他们在思想界摇摇欲坠的统治。当时一些头脑清醒、富有叛逆精神的思想家、艺术家，如徐渭、李贽、汤显祖、袁氏三兄弟无不希望吹起一股强劲的心灵之风，来荡涤这恶俗浇漓的世道。在这狂飙时代中，再次是个性发展思潮在文艺创作和美学思想中形成怒涛

　　　　　　　　　　　　　　教书人手记

澎湃的时期，一反前一个时期僵化古板、扼杀性情的颓风。

　　冯梦龙得天独厚，他在这一反理学的带有个性解放意味的氛围中生活，又得以不断地吸收哲学的新成果，很自然地使他的文艺创作和文学思想的主体哲学意识得到率先强化；重视个性，描写个性，表示他对违反人的天然之情的"理"的批判。但是，这种具有民主主义思想因素的思潮只是不断在萌生成长，它还不能彻底摆脱封建正统观念的羁绊而形成系统的民主主义的体系。冯氏的"三言"产生在这样复杂的社会和思想氛围中，必然表现出相当复杂的思想内容。即使同一部选集中，思想倾向也颇不一致，甚至在一篇作品中，往往也有彼此矛盾着的思想。虽然其中优秀之作对中世纪社会中新与旧错综交织的复杂生活有所描绘，揭示出社会矛盾的某些本质方面，但是也有一些作品思想显得混乱。这又是我们客观评价"三言"时不容否定的事实。

　　说"三言"堪称中国中世纪封建社会的百科全书，还有另一层内涵，即冯梦龙在他编辑和创作小说时极其关注民风世俗。在这120篇小说中，在刻画自然环境与社会环境时，小说家们常常怀着浓厚的兴趣挥笔泼墨描写出一幅幅绚烂多彩的风俗画面，成为刻画人物、表现主题的文化背景。举凡礼节习俗、宗教习俗、生活习俗、山野习俗、江湖习俗、匪盗习俗、城市习俗、乡间习俗、娱乐场所习俗、行会与市场习俗、口语习俗、文艺习俗，乃至军事习俗、格斗习俗等等。可以说，人世间所有的民风世俗几乎都可以在"三言"中找到，为我们积淀着生动形象、丰富多彩的风情习俗大观。由于内容过于丰富，在此不再赘述。

# 二

小说是文化学系统中最富有感染力的情愫层面，同时也是反映人的物质生活、特别是揭示人的精神世界最出色的文化形态。因此它不仅可以充分展示人的全部情感，而且可以描绘人的思想意绪的变化轨迹，形象地反映出意识嬗变。这种功能决定了小说是情感文化的载体。

于是，在"三言"中，爱情和婚姻问题就成了一个极其引人瞩目的题材。其实，文学中的爱情婚姻主题，似乎是和文学本身同时来到人间的。正因为这个主题带有普遍性，以致在中国从《诗经》开始的文学发展过程中就一直没有中断过。但我们这里要谈的宋元明白话短篇小说则是在更广阔的社会生活背景中展开了这个主题，而在它提供的特异的艺术世界里，还贯穿了新的思想因素。

在"三言"中对爱情、婚姻的描写与传统文学中的爱情描写大异其趣。它是按照自己的原则处理爱情婚姻主题的，是真正"为市井细民写心"（鲁迅语）。正因为如此，市民的反封建主义斗争使小说史上留下了不少独放异彩的爱情题材的名篇。

与众多的流行爱情小说相比较，《崔待诏生死冤家》（"警"8）[1]中描写的爱情称得上卓然不群。在秀秀和崔宁的爱情史中，我们几乎看不到"女性的娇羞"和"爱的甜蜜"等老套

---

①此括号中的"警"8，代表《警世通言》第八卷，其他《喻世明言》《醒世恒言》各卷皆依此类推。

子，它也没有以后才子佳人类小说的模式，更没有搜集、记录生活中两性关系上的庸劣、鄙俗的事实。在秀秀和崔宁的奇特爱情中，小说让我们一览无余的是真实的人物和真实的人生。秀秀式的爱情，在中国小说史上还是第一次呈现在读者面前。

说这种爱情差不多还是第一次呈现在读者面前，这首先是因为小说中的秀秀是中国文学史中以前从未出现过的形象，更准确地说是第一个女奴形象。富有浪漫精神的市民阶层的生活在宋元时代经常激起说话人的诗情。在他们的口头讲述和笔底记录中，市民特别是市民中的女性常常是以豪放不羁、热爱自由、性格奔放的形象出现。他们把市民阶层的女性那种在爱情上的"野性"和自由不羁同贵族少女的矜持、做作形成对照。他们在较少受封建文明侵蚀、具有几分强悍泼辣性格的人物身上，发掘出某些不平凡的动人的东西，来对照虚伪、苍白、卑劣的封建的"文明社会"。同《崔待诏生死冤家》相似的是《闹樊楼多情周胜仙》（"醒"14）也具有这种特色。

《闹樊楼多情周胜仙》着重表现的也是市民女子追求个性解放、恋爱自由和反抗封建门阀制度和道德束缚的斗争精神。周胜仙冲破封建礼教的牢笼爱上了樊楼酒店的范二郎。但是她父亲因为对方门第太低，不准他们结婚。她始终没有屈服，为了范二郎，她曾死过两次，甚至做了鬼还要和他相会。这种生前相爱，死后缠绵，充分表现了她生生死死都要为挣脱封建礼教束缚而斗争到底的精神。从整个故事情节来看，它和《崔待诏生死冤家》同样包含着许多荒诞不经的成分，但是，作者同样以赞赏的态度描绘了周胜仙为了追求自主爱情所采取的大胆泼辣的行动，严厉地否定了封建家长的专横和封建道德的冷酷，这无疑是中世纪市民社会妇女民主意识觉醒的反映。

这两篇小说有同也有异。说同，是由于两篇小说都着重表现青年妇女对自由爱情的执着的追求；说异，则是作为女奴的秀秀比商人的女儿周胜仙更具有反抗性，更加泼辣，更加不受世俗观念的羁绊，要而言之，秀秀更具有"野性"。她完全不属于小说史那种闺阁淑女或高贵命妇的人物体系。小说作者更多地赋予了秀秀这个形象以某些闪光点。因为她总是自觉地站在这个黑暗王国的对立面，对那个异己的封建专制社会的道德规范公开表示轻蔑。秀秀是这个社会的真正的叛逆者。因此，如果说众多的爱情小说的诗意多表现为温馨的、柔美的意蕴的话，那么，《崔待诏生死冤家》通过秀秀表现的爱情的诗意，则是粗犷和豪放的。

《小夫人金钱赠年少》（"警"16）叙写王招宣府的二十多岁的小夫人失宠被弃，嫁给一个年过六十的富商张员外。她十分痛苦，不久便爱上了张员外店里的张主管。后来她被迫自缢而死，其鬼魂继续追求张主管；而张主管始终以主母相待，不为所动。虽然小说意在宣扬张主管的"志诚"，有不尽理想之处，但小夫人的不幸遭遇和对自由爱情的热烈追求，在中世纪的专制国家具有现实意义。这种抒写为"情"而生，为"情"而死的作品，在"三言"中还很多。《乐小舍拼生觅偶》（"警"23）和《金明池吴清逢爱爱》（"警"30）都是把爱情的力量强调得很高。前者的赞诗说，"钟情若到真深处，生死风波总不妨"；其他篇小说也有"隔断生死终不泯，人间最切是深情"的诗句。这里，我们想到了冯梦龙的同时代人汤显祖在《牡丹亭》"题词"中提出"情"的真谛："情不知所起，一往而深。生者可以死，死者可以生。生而不可与死，死而不可复生者，皆非情之至也……第云理之所必无，安知情之所必有邪！"这是汤氏创作《牡丹亭》的哲学基础。而"三言"中的这些爱情故事，同样肯定了"天理即在人欲中"，所以冯氏同汤氏一样，他们分别在小说和戏曲中热情地歌颂了"情"，而又都跟这一时代的先进哲学思潮密不可分。他们虽然叙写的都是男女的爱情故事，但它们并不仅仅限于爱情，也不仅仅限于青年男女，它们都超越了题材自身。情与理的冲突，美好的梦想与严酷的现实的矛盾，这在每个时代都以不同的形式重演着。所以这类小说、戏曲作品既是属于它的时代，又是超越了它的时代。

明代的白话短篇小说在描写爱情婚姻题材时，显得比宋元话本更为细腻，情节更加曲折复杂，而市民意识越显得强化，这些特点集中反映在《蒋兴哥重会珍珠衫》中。可以说，这是一篇典型地反映市民生活的、并以全新的市民视角观照爱情、婚姻的作品。这篇小说的主要人物几乎都是市民：蒋兴哥世代都是"做客买卖"的，陈大郎也是安徽新安的商人，至于卖珠薛婆更是小商贩一类人物。作品所展示的生活场景也多是市民生活的画面。蒋兴哥抛下娇妻经年不归，是因为在外经商；陈大郎从安徽到湖北是为了"贩籴米豆"。其他如蒋兴哥与陈商在苏州的邂逅、薛婆的骗局、蒋兴哥的人命官司等重要情节都与当时的商业活动有关。所以，这篇小说给我们展现的是当时市民生活的风俗画和写生画。更为重要的还在于小说所反映出来的市民意识和市民的精神风貌。比如当蒋兴哥发现自己妻子王三巧与陈商通奸后，内心十分痛苦，但却没有对三巧采取狂暴的行为，而是不动声色地把妻子休了。在王三巧改嫁时，还把十六只箱子的嫁妆送还给她当作陪嫁。这表明他的贞操观念并不十分浓厚。而王三巧对蒋兴哥的感情原来也是很深的，被休以后，想到的也是自己负了丈夫的恩情。读此小说，不禁产生一个使人深思的问题，即除了恶与善以外，有没有这种可能：它既非善，也非恶，而是可以从高于善恶的角度来观照这个故事、来囊括它所反映的社会人生内容。芸芸众生所从事的人生活动，一旦纳入艺术家的视野之中，僵化的道德评判在此也就丧失了它的作用。在这类小说中，生活表象直接从社会的深渊中浮出，呈现为一种平易质朴的形态。即使那坦露的性行为的描写，也是从又一个侧面表现了理学的说教已不能再控制文化思想。窃以为，这可能就是这篇典型的市民小说给我们提供的新思维。

爱情婚姻题材中的轻喜剧是《乔太守乱点鸳鸯谱》（"醒" 8）。小说写了三对青年男女的婚姻纠葛。刘、孙、裴三家先由儿女亲家变成冤家，最后由乔太守乱点鸳鸯谱而重新组合结为亲家，皆大欢喜。小说的喜剧性来自计中计，错中错，经过几起几落的盘旋，既让我们看到了一幅绝妙的封建社会男婚女嫁的风俗画，又让我们领略了小说家结构喜剧情节的艺术才能。读者在捧腹大笑中还获得了不少哲学启示。

"三言"中此类作品还有不少佳作，如《金玉奴棒打薄情郎》（"喻" 27）、《唐解元一笑姻缘》（"警" 26）、《白娘子永镇雷峰塔》（"警" 27）等等，在生活色彩、思想深度、艺术魅力等方面，都有可称道之处。

通过以上的代表作，我们可以看到，爱情、婚姻题材的小说总是要表现某种不平凡的东西：或感人的故事，或热烈优美的情操，或深刻的社会意义，或隽永的哲理。在一定意义上说，"三言"中的爱情、婚姻小说，它几乎兼而有之了。然而更为重要的是由于这些爱情小说响彻着民主主义理想和热烈的爱的旋律，使它不同于一般庸劣、鄙俗的爱情小说而发出了异彩。可以这样说，这些优秀的小说所具有的特殊价值就在于，它具有强烈鲜明的社会批判性，或者说，它把社会批判性与忧郁动人的抒情性结合在一起了。

事实上，历来的封建势力总是把富有民主精神的爱情，看作是造反精神的表现，并残酷地镇压这些造反者。青年男女对于不受封建桎梏束缚的爱情的任何追求都被看作是破坏封建制度的行为。因此，渴望自由和不屈服，便成为一种危险的反抗既定的社会秩序的行动。世界上有那么多仿佛只是单纯描写爱情悲剧的艺术作品，却包含着那样巨大的爆炸力，这绝非偶然。例如19世纪俄国伟大的文学批评家杜勃罗留波夫从奥斯特洛夫斯基的《大雷雨》中卡杰琳娜的爱情悲剧中就看到了这种力量。从世界文学史的角度看，当文学还未最后冲入革命主题的广阔园地以前，作家主要是通过社会和恋人们之间所发生的冲突来表现被压迫人民的爱好自由的性格，这并不是偶然的。数不尽的渴望自由的青年男女们的殉情史，清楚地说明了这一点。这就是为什么我们在看到真正美的爱情被毁灭时，就会更加痛恨那凶恶、残暴、吃人的封建势力的根本原因。

封建社会的妇女中最悲惨的一部分是被抛掷到商品地位的娼妓。"三言"中的妓女，大多有美好的心灵、纯真的爱情和反抗的性格。不少作品描绘了她们在婚姻和爱情生活中的悲喜剧。《杜十娘怒沉百宝箱》（"警"32）和《卖油郎独占花魁》（"醒"3）就是其中的佼佼者。

杜十娘虽然是一个被侮辱被损害者，但她在精神上并没有沉沦。她厌恶卖淫生活，追求真挚的爱情，希冀这样的爱情能使她跳出火坑，过真正人的生活。为了这个理想，她对李甲的爱情表现得无比强烈、执着，做出了一个女性所能做的一切。但是，李甲这个官宦子弟，在恐吓和利诱下，终于残忍地把她抛弃、转卖了。她面对任意作践她的负心之人和邪恶势力，报以冷笑，投以轻蔑，最后以一死表示了对这个不公平的社会的最后决裂。值得注意的是，杜十娘这一人物性格，不仅有斗争性，而且显示了新思想的火花。为了维护做人的尊严，她决不把自己当作他人的附属品而向李甲低声下气地委曲求全，更不把自己降为商品而用金钱去向孙富赎买，她决不会为了再失去自由而向罪恶势力俯首就范。杜十娘投江前，把自己的百宝箱让李甲、孙富一一过目，然后全部投入江中，并对李甲说："妾椟中有玉，恨郎眼内无珠。""今众人各有耳目，共作证明，妾不负郎君，郎君自负妾耳！"李甲眼内无珠，正是由于他把杜十娘当作商品看待。而杜十娘形象的光辉，正在于她表现了做人的尊严。杜十娘的死，说明杜十娘的真正觉醒，也表明，她对封建伦理道德所进行的最大限度的抗争。

别林斯基曾说：悲剧是诗的高峰。《杜十娘怒沉百宝箱》这篇小说，是一首崇高悲壮的诗。它写的是美的毁灭，所以，感人肺腑的悲总是和美水乳交融在一起。回味一下杜十娘的悲剧，震撼我们心灵的正是她的人格的力量。她的毅然投江，谁能不为之动容？但是，悲剧主人公并非弱者，她已经从弱者走向了真正强者的道路。因为她的心是向着真善美的，所以这篇悲剧小说从始至终贯穿着一种道义的力量，表现出了悲剧的壮烈美，又表现了壮烈的悲剧美。

和《杜十娘怒沉百宝箱》这一壮烈的爱情悲剧相反，《卖油郎独占花魁》为我们写了一出渲染着微笑气氛的喜剧。作品中的莘瑶琴，是杭州名妓，她一心想从良。卖油小贩秦重，攒了钱去会她，对她十分体贴尊重。但是名妓的生活限制了她，使她虽然感激和喜爱秦重，却不肯把他作为从良对象。后来大官僚之子对她任意凌辱，使莘瑶琴对自己受人轻贱的社会地位有了深刻的体验，彻底看出了所谓衣冠子弟不过把她当作玩物，唯有志诚的秦重才是尊重自己的人，最后下决心自己赎身，嫁给了秦重。

这篇小说通过生动的情节，宣扬了婚姻和爱情问题上，可贵的不是门第、等级和金钱；而是彼此知心如意、相互尊重。正是在这一点上，显示了小说所描写的市民爱情生活的又一特色。这种特色说明了在当时的社会生活中，市民已经在用自己的感情去回击当时牢牢附着在爱情、婚姻上的财产、地位和门第观念。这篇小说以"市井小辈"与"衣冠子弟"相并比，把美与丑、善与恶、崇高与粗俗、光明与黑暗相对照，从而对市民和市民的爱情生活作了充分的肯定。因此，小说既让我们看到了被践踏的人性，被侮辱的灵魂，听到了处于生活底层、遭受蹂躏的妇女痛苦的呻吟；同时，也使我们看到了那些市井小民的精神美，听到了那尊重人的呼唤。

三

在"三言"中的一部分代表作中，构成小说基本冲突的是市民阶层和封建上层统治集团的冲突，这在《汪信之一死救全家》（"喻"39）和《宋四公大闹禁魂张》（"喻"36）中可以看得很分明。

《汪信之一死救全家》的思想内容比较复杂。小说的主角是一个冶铁工场的场主。最初他丝毫没有背叛朝廷的意思，他一直"志在报国"，并无"二心"。但是由于无赖的诬害，贪污怯懦的差吏们的造谣、刺激，和上下官府的罗织入罪，被逼得真的在荒湖中落草造反。然而，在起事之后，他向往的最终目标也依然是"就朝廷恩抚，为国家出力，建万世之功业"。所以当斗争受到挫折时，他为保全身家财产，自己向官府"束手投罪"了。汪信之作为一个反抗者的形象诚然是不彻底的、不坚决的，然而小说却通过他的境遇，宣告了封建统治下人民生活的没有保障。即使自己多么不愿意，可是无情的现实却逼迫着他们，使他们不能不起来作生死存亡的斗争。这个故事和《水浒传》所写的卢俊义等上层人物被逼上梁山的经历颇相似，写出了封建统治集团的残酷迫害，造成了官逼民反。

《宋四公大闹禁魂张》中描述了宋四公、赵正等一伙侠盗，不仅惩罚了为富不仁、鄙吝贪婪的财主张富；而且偷走了钱大尹的玉带，当面剪走京师府尹的腰带挞尾和马观察的一半衫褾，把天子脚下的东京地面闹得惶惶不安，从中表现了市民对统治者的直接抗争，对封建官府的大胆挑战，对颟顸昏庸的官吏的蔑视。

在传统的"公案"小说中涉及的社会生活面极为广阔，反映的社会内容也十分复杂，它揭露和批判的锋芒是直接指向草菅人命的官府和"糊涂"官吏的。著名的《十五贯戏言成巧祸》（"醒"33）就是以低沉的笔触，黯淡的色调为我们描绘的一个动人心弦的悲剧。作者针对这一对青年男女无辜被杀的冤狱，愤慨地指出：

> 这段冤枉，仔细可以推详出来。谁想问官糊涂，只图了事，不想捶楚之下，何求不得？

在这里，它主要的内容是揭露，主要的情感是愤怒。它形象地指出了人民之所以惨遭杀害，是由于官吏昏庸，滥用刑罚，草菅人命。故事是用一连串巧合构成的，而巧合只能是造成事件的假象；而任何假象又都是可以通过周密的调查研究去识破的。但官府却全凭主观臆断，便把复杂问题简单地处理了。这说明，被剥夺了生活权利的市井细民，完全可以不明不白地被处死。小说通过这个悲剧故事发出了重视人命的呼声。尽管这个呼声还十分软弱，但这毕竟是和视人命如草芥的封建专制思想根本对立的新思想。

《简帖僧巧骗皇甫妻》（"喻"35）也是一篇对封建官僚机构有所暴露的小说。它深刻地反映了封建社会善良无辜的妇女任人摆布的悲剧，也批判了官吏的昏聩残酷；动辄严刑逼供，置他人死活于不顾。如果仅从表象上看，小说中对那个和尚的诡谲淫恶的揭发和嬉笑怒骂，都是咏史诗式的，使读者从作品杼轴一新的艺术意匠中强烈地感到了这个和尚的阴险、狡狯、毒辣和老谋深算。但是深入挖掘这篇小说的生活底蕴，人们不难发现，杨氏之所以在两个男人中间反复易手，并遭到一系列不幸，其根源仍然是那个在保护人民的幌子下残害人民的整套官僚机构。府尹虽然认为证据不足，不能为杨氏定罪，但又允许皇甫松休妻，实际上是封建政权支持了封建夫权。这篇小说正是通过开封府处理刑事的苟且、草率，反映了封建官僚机构的腐朽。

以上两篇故事的复杂描写都是着眼在一个"错"字上。作者无疑是看到了昏官的率意断狱是造成陈二姐、崔宁和杨氏冤狱的重要原因。但是当他们寻觅和探索这幕悲剧的最后根源时，却又迷失在次要的矛盾之中了。即如《十五贯戏言成巧祸》中，作者就把"错斩"直追到"人情万端""世路崎岖"这些表面现象上去，于是得出了"口舌从来是祸基"的错误结论。所以冯梦龙同样认为"戏言"是这一悲剧的祸源，因此在他编纂《醒世恒言》时索性把题目写"十五贯戏言成巧祸"。这种看法是不十分准确的，因为它模糊了人们对真正祸源的认识。但是，"戏言是祸基"却也在一定程度上反映了小市民在长期的黑暗的封建统治下所造成的畸形的心理状态。所谓"謦笑之间，最宜谨慎"的告诫，就不是没有意义的了。

在公案小说中，"清官"形象也已大量出现，如《三现身包龙图断冤》（"警"13）、《况太守断死孩儿》（"警"35）、《陈御史巧勘金钗钿》（"喻"2）和《陆五汉硬留合色鞋》（"醒"16）等皆是。在强大的封建势力黑暗统治下，广大人民的生命、财产统统没有保障，随时可能被权豪势要耍弄得家破人亡。在这样的情况下，人民对肆意摧残百姓的封建统治集团和一切恶势力切齿痛恨，希望刽子手们得到应有的惩罚。这一实质上是弱者的愿望，就在歌颂"清官"的小说中获得了一定的表达。这里不论是包青天还是况太守、陈御史，他们的突出特点是敢于"为民请命"，为民申冤，即所谓"民间苟有冤抑，便当力为昭雪"。但是，对"清官"的歌颂和盼望既是一种斗争的表现，又是软弱的表现。因为"弱者总是靠相信奇迹求得解放，以为只要他能在自己的想象中驱除了敌人就算打败了敌人。"[①]"清官"形象之所以在小说戏曲中出现还有一定意义，就在于"清官"形象中往往体现出人民自己的智慧以及对事件的健全的判断能力，体现了人民对于罪恶社会的裁判。清官的形象的出现是人民要把自己对社会和事件的看法和政治权力结合起来的一种幻想。

以统治集团的内部矛盾为主题的小说，在"三言"中也占有一定比例，且不乏佳作。《沈小霞相会出师表》（"喻"40）、《木绵庵郑虎臣报冤》（"喻"22）、《滕大尹鬼断家私》（"喻"10）是为代表。

《沈小霞相会出师表》故事内容是发生在明朝嘉靖、隆庆年间的一件真人真事。它通过写沈鍊一家的遭遇，揭露了明末权奸

---

① ［德］马克思、恩格斯著《马克思恩格斯选集》（第一卷），人民出版社，1972年1月，第607页。

严嵩父子结党营私、谗害忠良的罪行。严嵩是明末有名的奸臣，他与儿子严世蕃垄断朝政，横行无忌，不可一世。刚正的官员沈錬因为揭露严嵩的罪行而被反诬，贬至新保安为民。严嵩又派心腹杨顺去新保安，诬沈錬谋反，先后将沈錬及其二子杀死。作者用主要笔墨写了沈錬对严嵩的斗争，和长子沈襄的侍妾机智勇敢地协助丈夫反抗严氏父子迫害的情景。中间也写进了义士贾石、冯主事等人敢于在严重的政治恐怖中，援助沈錬一家的情节。小说刻画了一群从上到下的反动统治集团的成员。上层的有严氏父子等当朝权贵；中间的有杨顺、路楷一批心腹爪牙；最下面一层则有张千、李万这伙鹰犬走卒。而和这群人面兽心相对峙的是一组反抗权奸恶势力的正面人物。高洁、正直的沈錬在和罪恶势力进行斗争时，不畏权势，刚正不阿，至死不屈，表现了富贵不能淫、威武不能屈的凛凛正气。沈襄的侍妾闻氏，也给人以极深刻的印象，是她不避艰险，跟随丈夫，长途跋涉，和如狼似虎的差役周旋，从绝境中使丈夫转危为安。这一勇敢、智慧的女性，在话本小说中也是罕见的。

《木绵庵郑虎臣报冤》里的南宋权相贾似道，完全是一个政治上的暴发户。他依靠身为贵妃的堂姐的汲引，一步登天，爬上宰相的高位，他陷害忠良，独揽朝政，鱼肉百姓，杜绝贤路。政治上无能，生活上腐化，使南宋朝廷一塌糊涂，终于败亡。小说作者生动地描写了这个阴谋家玩弄权术的险恶手段。

《滕大尹鬼断家私》是一篇艺术构思极其别致的小说。如果从小说题材的渊源、衍变和故事的表象来看，它似乎是一篇典型的"公案"小说，然而只要细心地开掘其生活底蕴，作品写的恰恰是封建统治集团及其家庭的内部矛盾。而冲突的焦点又恰恰是集中在一个"财"字上。小说构思的巧妙也正是用一份"遗产"做镜子，照射出官僚、地主诸色人等的心灵的肮脏和面目的可憎，从而透视出上流社会内部人与人之间关系的本质。这篇小说前半部分表现封建家庭的纷争，后半部分转向官府，归入本题，集中写滕大尹"鬼断"家私，这实质上是艺术构思的重心。滕大尹同一般贪官、昏官不同，他不仅才智双全，也肯为民事劳心，有时还能主持一点公道，因而博得了一个"贤明大尹"的名声。然而正是这位贤明的大尹，一见黄白之物就两眼出火，冥思苦想，设计占有，露出贪婪、掠夺的本相。这就创造了封建官吏中的又一种类型：既嗜财如命，又顾全脸面；多施诡计，以达到名利双收的目的。以后的"三年清知府，十万雪花银"正可以从这里找到原型。

## 四

中国传统美学和融合着这种美学的传统的小说艺术形式，是在一个与西方迥异的土壤中培植起来的。那么"三言"是怎样体现这种艺术传统的呢？这就是传奇性、传神和白描手法。这是一些烙印着民族特定历史精神生活的印迹，在长期发展的艺术传统中逐渐培植形成的。

传奇性以情节丰富、新奇、故事曲折多变为特色。在"三言"中不少篇什，常能最大限度地运用偶然来暗示必然，而不直接描写必然，这一点充分显示了我国小说家的巧思。"无巧不成书"就是传奇性。它既肯定了小说需要虚构，又揭示了小说虚构本身的奥秘。作家"巧"的艺术表现手法运用得好，就能造成故事情节的回旋跌宕，"奇"与"巧"的辩证统一。《十五贯戏言成巧祸》如果没有那一连串的巧合的情节，就很难丰富地展示陈二姐与崔宁这一对青年男女无辜被杀的冤狱，当然也就谈不上对封建官僚机构进行无情的鞭挞。非常偶然的巧合，在这里却体现出了高度生活真实的必然，显示了自然而丰富的"巧"的魅力。至于《乔太守乱点鸳鸯谱》不仅关目热闹，矛盾复杂，故事曲折，令人眼花缭乱，而且把巧合的情节写得那样腾挪顿挫宛转有致，真可称得起是"无巧不成书"的范本。

明末人笑花主人从小说赏鉴之审美趣味与审美满足的角度，充分肯定了"三言"情节艺术的意义。他说："《喻世》《警世》《醒世》三言，极摹人情世态之歧，备写悲欢离合之致，可谓钦异拔新，洞心骇目。"（《今古奇观·序》）笑花主人所说人情世态之"歧"和悲欢离合之"致"，就是指那些最动人心弦的、最典型的事件，而一经作者精心的提炼、奇妙的布局、意匠的经营，就达到了"钦异拔新，洞心骇目"的审美效果。笑花主人深谙小说艺术三昧，因此论及"三言"情节的传奇性就极有艺术见地。

"三言"把美感的民族传统贡献于世界小说艺术宝库的，除了传奇性，更为重要的是"传神"。古今中外，文艺创作共同的审美目标都是力求突破事物的外壳而把握事物精神的实质。而中国的传统美学思想更重视"体物传神"。所谓"传神写照，正在阿堵之中"。"三言"对我国传统的传神手法的卓越贡献，在于最善于抓住人物的精神气息，把最厚实的生活真实感和最深刻的思想力带进这个最讲究神清气爽、迁想妙得的艺术领域，而且达到了毫不着力、浑然天成的境界。如《崔待诏生死冤家》中秀秀要和崔宁"做夫妻"的一段脍炙人口的对话，两个人物，一个大胆泼辣，没有一点矜持和忸怩之态，更没有封建道德的负担；一个却谨慎细心，在关键时刻却显示了他对封建人身依附关系的反抗，都反映了下层市民思想意识。这样的描写所以是成功的，就在于作者用简洁有力的笔调，用以描绘人物的音容笑貌，"即通过对话和小动作来渲染人物的风度"（茅盾语）。它不仅使读者如临其境，如见其人，达到绘声绘色、传神摹态的境界，而且给读者留下想象和"再创造"的余地。

怎样才能使作品通向"传神"的艺术彼岸？"白描"就是其中一座很重要的"桥"。"三言"里的白描，并不是简单的直观形象的影写，它是用简洁、精炼的文字，通过粗线条的勾勒和工笔细描相结合的手法，赋予人物以可感的外在形态，为揭示人物的性格、气质、感情提供血肉之躯。这种形貌白描虽然着墨不多，却做到了"笔精形似"，能将人物肖像描绘得极为传神，如雕塑立体地呈现于读者眼前。比如《沈小霞相会出师表》，作者将沈鍊抱打不平的经过作了绘声绘色的描述，极简省地勾勒了一个人物的侧影，然而这一白描手法却点出了人物的神韵风貌。因此，我们说，"三言"把美感的民族传统贡献于世界小说艺术宝库里的还应有白描手法的单纯美。

"三言"以它的思想的新颖和艺术的魅力，一经出版，即震动了当时的小说界。明末清初的文坛曾经出现了一个有相当规模的短篇小说的收集和创作的热潮，且效颦之作蜂起。其中成就最显著的是凌濛初。他的初刻和二刻《拍案惊奇》就是在"三言"的直接影响下产生的。

正是由于"三言"和"二拍"的出版，促使了各种文艺样式的互相渗透和影响，特别是同说唱文艺及戏曲的关系更为密切。戏曲和小说在题材上相互借用、改编，大大促进了通俗文艺的繁荣，这也算是中国古代群众文艺的一件盛事吧！

1993 年 4 月 8 日

# 演绎新的故事①

 通俗白话小说，渊源于古代民间艺人的讲说故事"说话"。"说话"一艺在唐代已经出现，但它的兴盛却始于宋代。宋代商业、手工业的发达，造成了都市的高度繁荣和城市人口的激增。在那些工商荟萃、人稠物穰的大都市中，为适应日益壮大的市民阶层的文化娱乐的需要，一种具有特殊色彩的当时被称为"瓦舍伎艺"的平民艺术应运而生了。"说话"艺术也和瓦舍众伎一起繁盛起来。

 "说话"的"话"是故事的意思。"说话"的艺人称为"说话人"，说话人敷演故事的底本叫作话本。"说话"分四家，其中之一叫作"小说"。"小说"家的话本，经过整理，就是最初的通俗短篇小说，后世称之为话本。

 话本小说的作者，主要是瓦舍勾栏中的艺人。后来有些下层知识分子与艺人合作，组织了"书会"，由被称为"书会先生"的文人负责整理和撰写说话底本。这样，话本便逐渐成为脱离口头创作而独立的文学样式了。

 到了明代，我国的小说已蔚为大国。一些通俗文学的爱好

---

① 本文是为百花文艺出版社 1994 年出版的"二拍"所写的前言。

者，不仅将原来流传的话本加以改写和润色，汇集刊刻，有的人还模拟话本形式描写新作品。鲁迅先生在《中国小说史略》一书中把这些作品称为"拟话本"。话本和拟话本都是白话小说，不同的是，后者已经不是艺人讲说用的底本，而是供阅读的案头文学了。

"拟话本"的创作高潮出现于明代中后期。

冯梦龙编辑的《喻世明言》（又名《古今小说》）、《警世通言》《醒世恒言》的出版，震动了当时的小说界，明末清初的文坛曾经出现了一个短篇小说的收集和创作的热潮，效颦之作蜂起。其中成就显著的是凌濛初。他的初刻和二刻《拍案惊奇》就是在"三言"的直接影响下产生的。

凌濛初，字玄房，号初成，别号即空观主人，浙江乌程（今吴兴）人。生于明万历八年（1580），比冯梦龙小六岁。出身于封建官僚家庭。18岁补廪膳生，30岁寓居南京，可能因为科场失意，乃入都谒选。久之，归南京，开始编写《初刻拍案惊奇》，天启七年（1627）脱稿，翌年刊行。崇祯五年（1632），《二刻拍案惊奇》告成。他55岁做了上海县丞，63岁升任徐州通判并分署房村，甲申（1644）正月，李自成的起义军进迫徐州，凌濛初不降，进行抗拒，而力量不敌，遂呕血而死。

凌濛初受冯梦龙的影响，一直致力于民间文学及小说戏曲的研究，而着力最多、也最见功力的是短篇白话小说的创作。"二拍"就是他整理、改编和创作的《初刻拍案惊奇》和《二刻拍案惊奇》的简称。初刻和二刻各为40卷40篇，唯二刻第23卷《大姊魂游完宿愿　小姨病起续前缘》与初刻重复，第40卷为杂剧

《宋公明闹元宵》，所以"二拍"实际共收小说78篇。每篇篇目不同于"三言"的单句篇目，两篇成偶；而是采用了章回小说的骈句形式。这78篇小说中大部分是凌濛初自己的创作。由此可见，凌氏是一位了不起的、产量丰富的短篇小说家。

凌濛初的创作意旨和动机，他在《初刻拍案惊奇·序》中说得很明确，归纳起来不外以下三点：一是由于冯梦龙的"三言""行世颇捷"，于是凌濛初即在"肆中人"的要求下编撰起《拍案惊奇》了。二是宋元旧篇已被冯梦龙"搜括殆尽"，剩下的又只是些"沟中断芜，略不足陈"，于是便"取古今来杂碎事，可新听睹，佐谈谐者，演而畅之"。三是他加工创作小说是"文不足征，意殊有属"。联系他写的《二刻拍案惊奇·小引》中所说"其间说梦说鬼，亦真亦诞，然意存劝诫，不为风雅罪人，后先一指也"。这就说出了他编写小说的目的有进行说教与劝诫之意。所以鲁迅先生也认为他的"二拍"确实有"诰诫连篇，喧宾夺主"（《中国小说史略》）的一面。

"二拍"的思想内容极为复杂。其中优秀篇章对封建社会晚期，特别是晚明时期新与旧错综交织的复杂生活有生动的描绘，揭示了社会矛盾的某些方面，展现了这个特定时代的一幅幅风俗画，具有社会意义，且可读性很强。但也有部分作品品位不高，乃至有堕入恶趣者。因此，一般读者和研究者普遍认为"二拍"的审美价值略逊于冯氏的"三言"。

公案故事在"二拍"中占有一定比重，其中较好的篇目对封建统治的黑暗残酷有所暴露。《进香客莽看金刚经　出狱僧巧完法会分》写卑劣贪婪的柳太守，滥用职权，诬攀洞庭山寺僧为盗，以胁取白居易手书的金刚经。《青楼市探人踪　红花场假鬼闹》生动地勾画了贪吝阴狠的杨巡道的丑恶形象。杨巡道做官只以贪财纳贿为事，被撤职后，在乡里"设谋运局，为非作歹……私下养着驯道三十余人在外庄听用，但是掳掠得来的与他平分。"为了吞没五百两银子贿赂，竟杀害了张廪生主仆五命。作者把封建社会"官即是盗"的客观现实暴露无遗。《伪汉裔夺妾山中　假将军还姝江上》，写的同样是"盗通官""官即盗"的现实。作者竟然引用了一首元代民谣"解贼一金并一鼓，迎官两鼓一声锣；金鼓看来都一样，官人与贼不争多"，去讽刺鞭挞当时的官吏，这不能不说是很有勇气和胆识的行为。小说中还有一些揭露封建司法机构的黑暗，问官糊涂，造成老百姓的不白之冤，如《许察院感梦擒僧　王氏子因风获盗》即是。作者在篇首对主观断案的危害进行了无情的揭露。

　　天地间事，只有狱情最难测度。问刑官凭着自己的意思，认是这等了，坐在上面，只是敲打。自古道："棰楚之下，何求不得？"任是什么事情，只是招了。见得说道："重大之狱，三推六问。"大略多守着现成的案，能有几个申冤理枉的？至于盗贼之事，尤易冤人。一心猜是那个人了，便觉语言行动，件件可疑，越辨越像。除非天理昭彰，显应出来，或可明白。若只靠着鞠问一节，尽有屈杀了再无说处的。

至于贪赃枉法，颠倒黑白的官报私仇的官吏，"二拍"多有揭露。《硬勘案大儒争闲气　甘受刑侠女著芳名》一篇，则是这类小说中的佼佼者。小说叙写南宋台州太守唐仲友同陈亮一起蔑视他的上司、身居监职的朱熹，朱熹衔恨寻衅，竟题参唐仲友，诬蔑歌妓严蕊与唐有奸情，将严蕊下狱，严刑拷问。严蕊不肯无中生有，誓不招供，朱熹的阴谋终未得逞。通过这个故事，凌濛初暴露了这个"大贤"表面上道貌岸然，内里却是卑劣阴狠之徒。小说虽多有虚构成分，但作者借书中人物之口直接批判了道学，把朱熹所代表之"道学"斥为"害了风痹病，不知疼痒的人"。小说作者写严蕊身为艺妓，但"立心正直"，光明磊落。尽管被朱熹一伙严刑拷打，但始终不为淫刑所屈，一个字也不肯诬陷他人。有人对她说，你即使按照朱熹的要求招供，你的罪名也大不了，何苦不招，让自己受罪呢？严蕊回答："但天下事，真则是真，假则是假，岂可自惜微躯，信口妄言，以污士大夫！今日宁可置我死地，要我诬人，断然不成的！"这铿锵有力、掷地有声的言语，充分显示了她的刚正、高洁，和道学大师的凶残面目，恰成对比。

　　值得注意的是，在"二拍"的一些作品中还表现了市民阶层的商业活动和有关的思想意识。《转运汉巧遇洞庭红》就是一篇反映海外贸易的小说。作者写的是一个破产商人冒险出海经商的故事。主人公文若虚，在国内经商失败，而带的一批只值一两多银子的洞庭橘，在海外却赚了八百多两银子。回国时，他又捡了一个大龟壳，其中却有大量珍珠，于是意外地成了大富商。作者主观上是要宣扬"运去黄金失色，时来顽铁生辉"的命运决定论的思想。但在客观上却反映了在货币关系日益扩大的情况下市民阶层中的商人炽烈的发财幻想和对金钱的顶礼膜拜。所以文若虚的故事，并不像过去人们认为的只是"反映了中世纪商人海外冒险的美好幻想"。其实，问题的真正关键恰恰在如何暴发致富。冒险海外只是手段，暴发致富才是目的。

只要能发迹，商人是不择手段的，才不管是海外冒险，还是内陆经营。《叠居奇程客得助　三救厄海神显灵》实际上描写了商人的囤积居奇。小说中的程宰，利用市场变化之机进行投机，先后以极小的代价买下几批无人问津的滞销货，买后不久便成为市场的紧俏商品，只用了十两银子的本钱，便赚得数万两白银。这里明显的是讴歌冒险投机。总之，商品经济的空前发展带来崭新的人生态度，也带来了穷通贫富的差异，它像一股强劲的飓风在晚明的城市和乡村鼓荡，强烈地刺激着人们对金钱的欲求。原本是似乎"宁静"的世界，一下子变得躁动不安了。对金钱、私利的狂热追求，对"发迹变泰"的热切向往，不能不说是人们，尤其是市民阶层的"白日梦"。

随着人生追求的异动，当时人们的价值观念也在悄悄地变化。对商贾的态度是一个最明显、最深刻的转变。事实上，对消费意识和对金钱的狂热追求也体现了一种价值观，不同的是它表现为一种人生价值，而对商贾的态度则体现了一种社会价值，显而易见，这种社会价值的改变正是人生价值取向的一种延伸和展开。在《赠芝麻识破假形　撷草药巧谐真偶》中就说："经商亦是善业，不是贱流。"对商人的看法，也一反过去历史上那种鄙夷的态度。而徽州风俗，甚至"以商贾为第一等生业，科第反在次着"（《叠居奇程客得助　三救厄海神显灵》）。这说明在封建统治下"重本轻末"的传统思想笼罩下，社会上已经逐渐兴起了"重商"的风气。正是在这种社会历史条件下，作为新兴市民阶层重要组成部分的商人们，更加悉心关注着自身的命运，并进行着对自身价值的重新发现、认同和肯定。打开"二拍"，我们不难发现，商人们再也不是被诅咒、贬斥的承载体，而是作为被关注、歌颂甚至钦羡的正面角色而在舞台上亮相。

当我们步入"二拍"展现的婚恋世界里，我们像读"三言"一样，无疑也会获得一个新天地。在这里，不仅作品主人公正完成由"才子佳人"向市井细民的嬗递；而且无论其表现形式抑或灵魂之蕴涵，都超越以往各时代的范式，而带有鲜明的晚明社会的烙印，显示出独特的时代风采，表现了市民所特有的婚恋意识。

有一定社会意义的作品像《李将军错认舅　刘氏女诡从夫》，叙写刘翠翠和金定的恋爱故事。翠翠爱金定的意志十分坚决，迫使父母放弃"门当户对"的婚姻观念而使他们终成美眷。翠翠为了自由幸福的婚姻所作的种种努力和斗争，具有一定的反封建意义；金定远出寻妻的勇敢冒险精神也值得充分肯定。他们生离死别的凄楚遭遇，生死不渝的爱情都写得十分感人。

在以婚姻为主题的小说中，还肯定了爱情应成为结婚的基础的思想。《莽儿郎惊散新莺燕　侤梅香认合玉蟾蜍》里的女主角杨素梅，私下里爱上了凤来仪，但外婆又为她找到了一个男人，使她产生了严重的矛盾心理。她的丫鬟龙香把她的矛盾心理作了这样的解释："……我姐姐自小立愿，要自家拣个像意姐夫。而今是老孺人做主，不管她肯不肯，许了他。不知新郎好歹，放心不下，故此不快活。"当他人说"新郎是做官的了，有甚么不好"时，龙香立即表示异议："夫妻面上，只要人好，做官有甚么用处！"对以门第为准的包办婚姻给予坚定的否定，而把当事人的个人意愿强调得高于一切；封建礼教对男女结合的评价标准，基本被抛弃了。

在"二拍"中还有一部分以爱情婚姻为主题的作品，表现了一定程度的平等思想。比较有意义的是《满少卿饥附饱飏　焦文姬生仇死报》。这篇小说对男子遗弃经过恋爱而结合的爱人加以严厉斥责。小说中的满少卿，被焦文姬死后的鬼魂捉将了去，实际是写出了一切王魁式的男人的必然下场。小说作者主张对爱情必须忠笃，不能随意遗弃对方，这实质上是要求婚姻双方地位平等。值得注意的是这篇小说"入话"有一段重要的文字：

> 天下事有好些不平的所在，假如男子死了，女人再嫁，便道是失了节、玷了名、污了身子，是个行不得的事，万口訾议；及至男人家丧了妻子，却又凭他续弦再娶，置妾买婢，做出若干的勾当，把死的丢在脑后，不提起了，并没人道他薄幸负心，做一场说话。就是生前房室之中，女人少有外情，便是老大的丑事，人世羞言；及至男人家撇了妻子，贪淫好色，宿娼养妓，无所不为，总有议论不是的，不为十分大害。所以女子愈加可怜，男子愈加放肆。这些也是伏不得女娘们心里的所在。

这真是一篇时代女性的宣言书。恩格斯在《家庭、私有制和国家的起源》一书中也曾指出过中世纪家庭婚姻的这种现象，并且批评道："凡在妇女方面被认为是犯罪并且要引起严重的法律后果和社会后果的一切，对于男子却被认为是一种光荣，至多也不过被当作可以欣然接受的道德上的小污点。"[①]《满少卿饥附饱飏　焦文姬生仇死报》中能提出男女在婚姻问题上的不平等问题，而且给予妇女以较多的同情是十分难能可贵的思想。

"二拍"里还有一些有一定认识价值的小说，如《刘东山夸技顺成门　十八兄踪奇村酒肆》就是劝人不可自恃高强，要知道能人背后有能人，所谓"人世休夸手段高，霸王也有悲歌日"。当然小说中的刘东山固然不足以赞扬，而逞技夸能的十八兄等人也不是什么英雄。值得注意的倒是这篇小说写武艺出众、身有绝技的十八兄等一伙，却开始了近世武侠小说新写作技巧的先河。

"二拍"除对封建社会晚期新与旧错综交织的复杂生活有所描写，并表现了作者的一定积极思想以外，它必然存在着若干历史局限，因此，对"二拍"也必须以科学分析的态度来对待。其中对民众义军的描写有过于丑化的地方；而因果轮回的思想也充斥于小说中，其中某些篇什又混淆了真正的性爱与淫乱行为的界限，凡诸各点阅读时也应加以认清。

---

①［德］马克思、恩格斯著《马克思恩格斯选集》（第四卷），人民出版社，1972年1月，第71页。

# 小说家的文化反思①

　　他沉思着向我们走来。在他灵魂的每一次强烈的震撼里，我们看到了几百年间中国古代知识分子起伏跌宕的生活命运，看到了城乡社会复杂的现实矛盾，也感受到了历史伟大转折及前进过程中的过分迟滞。

　　这就是吴敬梓的伟大讽刺小说《儒林外史》给我们的最初印象。

　　吴敬梓虽然工诗善文，且有《文木山房集》存焉，然而从某一种意义来看，没有吴敬梓，自然没有《儒林外史》；但没有《儒林外史》也就不会有我们今天所理解的吴敬梓。吴敬梓友人程晋芳作于清乾隆己巳（1749）深秋的《怀人诗》亦云："《外史》纪儒林，刻画何工妍！吾为斯人悲，竟以稗说传。"也证明了这点。

　　列夫·托尔斯泰在《艺术论》一书中反复强调这样一个意思，即"艺术的印象（换言之，即感染）只有当作者自己以他独特的方式体验过某种感情而把它传达出来时才可能产生，而不是当他传达别人所体验而由他转达的感情时所能产生。"这段话对于

---

　　① 本文是为上海文艺出版社的《中华传统文化经典新刊》之一的多序本《儒林外史》所写的序言。

一个小说家尤为重要，因为小说家对生活必须有自己的感知和体验。无论多么丰富的现实生活（客体），不为艺术家（主体）所感知，也就没有了艺术。漫长的封建科举制度和举业至上主义不为吴敬梓所深切感知，便不会有《儒林外史》这样的伟构佳作。

进一步说，我们初读吴敬梓的小说，常为他近乎淡泊的笔调所惊异，世态的炎凉冷暖、个人感情的重创、人格的屈辱、亲人的生死离散，都以极平静的语气道出，那巨大悲苦，都在悠悠的文字间释然；然而这意蕴的产生，正是来源于吴敬梓亲自感知，即家庭中落、穷困潦倒的生活所引发的深沉的人生况味的体验和人的精义的思索。

众所周知，科举制度是隋唐以来封建统治者培养官僚的主要途径。明代以后，封建朝廷又以八股取士，更是为了强化对人们思想的控制，把人们培养成恪守封建道德规范的精神奴才。吴敬梓本人既曾是科举制度的热衷者，又是它的受害者，所以他的感知来得分外深刻，不能不使他进行历史的反思。试看作者笔下的人物，大多具有八股取士造成的畸形的变态的品格形式。因此，从政治文化的表层来看，吴敬梓出色地揭开了科举取士的溃疡面，这就势必使那些滋生在腐肉上的蛆虫，也暴露出来。然而，吴敬梓之所以伟大，绝不是停留于他感喟举业中人的利欲熏心、名士的附庸风雅和清客们的招摇撞骗、官僚的营私舞弊、豪绅的武断乡曲，以及他们翻云覆雨的卑污灵魂和丑恶嘴脸。他想到的不仅仅是知识分子的命运，而是借助于他所熟悉的知识分子群体来考虑民族精神和民族性格素质。他以自己亲身感知的科举制度和举业至上主义为轴心，开始以一种深刻的历史哲学去思考去观察自己的先辈和同辈们的民族文化心理结构和政治生涯。所以吴敬梓在小说中提出的范进、周进、牛布衣、马二先生、匡超人、杜少卿等人的命运，并非个别人的问题，而是看到了历史的凝滞。黑格尔曾指出："本质自身中的映象是反思。"（《逻辑学》下卷，第8页）又说："本质在它的这个自身运动中就是反思。"（同上书，第14页）在黑格尔看来"反思"概念所显示的运动，不仅是本质的"自己运动"，而且是向本质自身内部深入的"无限运动"，向着更加丰富和深刻的本质"演变和过渡"的"无限运动"。因此，就小说展现的社会俗相，不仅是作为一种文化心理的思考，同时更多的是进行宏观性的哲学思辨；是灵魂站立起来之后，对还未站起来的灵魂的调侃。由此我们也看到了吴敬梓的小说的一个症结：思想大于性格！

《儒林外史》在一定程度上可以看成特定历史时期内我们民族的精神现象史。它并未过多地着眼于代表经济、政治压迫的外部势力对知识界的侵袭，而恰恰是集中写知识分子的自我表现和自我感觉，笔锋所向是知识分子在举业至上主义和八股制艺的牢笼下如何冲决精神罗网的问题，这也正是《儒林外史》高于以往批判诸作的地方。《儒林外史》的创作效应，正是通过读者的体悟，对这种大量存在的社会现象进行思考：你对周进、马二先生、匡超人、杜少卿等人的精神现象作何感想？于是，这就势必触及什么才是人——尤其是作为国家精英的知识分子——的真正的思想解放和精神境界的问题。这是问题的第二个层面，也是不易为人看透的层面。只有在曹雪芹、蒲松龄和吴敬梓的笔下，才展示了民族文化的实相，才出现了活生生的心灵世界，从而强劲地呼唤人们对民族文化的积极择取和无情扬弃。

在我们当代的《儒林外史》研究中始终有"丑史"与"痛史"之争。其实，在我看来，《儒林外史》中二者是兼而有之的。恩格斯在论述美国工人状况时曾把他们称为"处在各种各样错综复杂情况下的没有自由意志的物体"。在科举制度的罗网里，知识分子也是"没有自由意志的物体"，举业至上主义造成了他们心理的变态和人性的异化。正由于此，我们在《儒林外史》中才可以明显地看到吴敬梓笔下的众生相：凄惨和得意，失败和胜利形成强烈的对比；物质和精神，现实和幻想尖锐地冲突；悲剧和喜剧，眼泪和笑声高度地交融统一，它们形成一股巨大的情感冲击波，在轰撞着读者的灵魂。作者由痛苦的沉思转为发笑；而读者则由发笑转入痛苦的沉思。

《儒林外史》作为小说文类，采用的手法应属今日小说理论中的所谓反讽模式：自嘲和自虐。书中的"忧患意识"正是对科举制度进行宏观的历史反思的结果。

吴敬梓以智者的幽默掩盖起内心的沉重，在普通人真切平凡的人生状况的描述中升华出对生命、自然、人的玄思默想。正是这些深层的意义构成了这部小说内在的意蕴，带来韵味隽永的美学效果。

《儒林外史》和《红楼梦》一样，都是一经出现就打破了传统的思想和手法，从而把小说这种文类推进到一个崭新阶段。从小说观念的更新的角度看，吴敬梓的《儒林外史》传奇色彩很少，思考是他作品的重要特色。在小说中，那一幅幅平和的、不带任何编织痕迹的画面，给我们留下了一个个深刻印象：它恬淡，同时又有苦涩。一个个日常生活中最常见和最微小的元素，被自由地安排在一切可以想象的生活轨迹中。这些元素的聚合体，对我们产生了强烈的甚至是主要的影响，它使我们笑，使我们忧，使我们思考，使我们久久不能平静，这就是《儒林外史》为我们创造的意境。这里呈现了一个小说美学的规律，即孤立的生活元素可能是毫无意义的，但是系列的元素所产生的聚合体被用来解释生活，便产生了认识价值。《儒林外史》正是通过这种生活元素的聚合过程，使我们认识了生活中注定要发生的那些事件，也认识了那些悲喜剧产生的原因。对于《儒林外史》这样近四十万字的长篇小说，这样的一部没有多少戏剧冲突的，近乎速写的生活纪实的小说，就是全凭作者独特的视角，借助于生活的内蕴，而显现出它的不朽魅力的。

　　《儒林外史》各章节之间的艺术水平是不平衡的，三十八回以后远不如前面写得深刻有力。像郭孝子寻亲、野羊塘大战等片段，不但思想内容差，艺术上也是败笔。关于它的结构，鲁迅说："惟全书无主干，仅驱使各种人物，行列而来，事与其来俱起，亦与其去俱讫，虽云长篇，颇同短制。"（《中国小说史略》）正因为全书无主干，所以结构不够紧凑，但又因为全书无主干，所以每个段落能各自独立成章，可以通过各个角度，各个侧面，各个不同类型人物，表现内容广阔的社会生活画面。再由于吴敬梓塑造人物性格的卓越技巧，他通过人物之间的辐射，前后人物和事件的呼应，呈现出纷沓的生活的本源状态，从而深刻地揭示了社会关系的本质。

1995年2月

# 心灵的绝唱[①]

　　《红楼梦》在中国小说艺术发展史上，既结束了一个时代，也开创了一个时代。它的作者曹雪芹比托尔斯泰、巴尔扎克、狄更斯等世界性的艺术巨擘要早一个世纪，就登上了全球文学的高峰。同时，《红楼梦》还是与整个中国民族文化紧紧联系在一起的，人们一提起《红楼梦》就自然想到了中国民族文化，而一提起中国民族文化，就自然想到了《红楼梦》。

　　然而，把我国古代小说发展推向顶峰的曹雪芹，在其生前与身后并不是都获得人们应有的认识，尽管他的《红楼梦》从一问世就受到了读者的喜爱，以高价争购这部令人入迷的小说，达到了"开谈不说《红楼梦》，读尽诗书是枉然"（《京都竹枝词》）的程度，但有关作者的真实情况却很少有人记述。直到20世纪20年代初，胡适考订《红楼梦》的作者为曹雪芹，又经过半个多世纪学者们的思索，才使我们对《红楼梦》作者有了一些并不详尽的了解。

　　曹雪芹名霑，字梦阮，号雪芹，又号芹圃、芹溪，生于清康

---

　　① 本文是为人民文学出版社的"世界文学名著文库"之一《红楼梦》所写的前言。

熙末年（约1715或1721）。先世原是汉族，大约在明代后期被编入满洲正白旗，身份是"包衣"。这种"包衣"的家庭，对皇帝，他们是奴才；而论其地位，则又属贵族。曹雪芹的曾祖曹玺任江宁织造，曾祖母孙氏是康熙的保姆，祖父曹寅做过康熙的伴读和御前侍卫，后任江宁织造兼两淮巡盐御史，极受康熙帝宠信。曹寅死后，其子曹颙、曹頫先后继任江宁织造。祖孙四人担任此职达六十年之久。曹雪芹自幼就是在这"秦淮风月"之地的"繁华"生活中长大的。

雍正登位后，曹家即卷入了皇室激烈斗争的旋涡之中，并遭受一系列打击。雍正五年（1727）曹頫获罪革职，第二年被查抄，后曹雪芹随全家迁回北京。曹家从此一蹶不振，至迟到1756年曹雪芹移居北京西郊，陷入了"举家食粥酒常赊"（敦诚《四松堂集·赠曹芹圃》）的贫困境地。至乾隆二十七年（1762），雪芹幼子夭亡，他陷于过度的忧伤和悲痛中。到了这一年的除夕（1763年2月12日），终因贫病无医而逝世。

据其友人的描绘，雪芹"身胖，头广而色黑"（裕瑞《枣窗闲笔》）。他性格傲岸，豪放不羁，嗜酒，才气纵横，善谈吐，能诗善画。同时代的敦诚说他"诗笔有奇气""诗胆昔如铁"（《四松堂集·赠曹芹圃》），把他比作唐代诗人李贺。但他的诗仅存题敦诚《琵琶行传奇》两句："白傅诗灵应喜甚，定教蛮素鬼排场。"

曹雪芹喜绘突兀奇峭的石头。敦敏《题芹圃画石》说："傲骨如君世已奇，嶙峋更见此支离。醉余奋扫如椽笔，写出胸中块垒时。"可见他喜画石头乃是寄托胸中郁积不平之气。这些都从某一个角度勾勒了曹雪芹的才情风貌和性格素养。

曹雪芹由锦衣玉食坠入绳床瓦灶，个人遭遇的不幸促使他对生活有了更深切的感悟，人生况味的咀嚼以及自身的文化反思，对其创作的推动更为巨大。

《红楼梦》原名《石头记》。在1754年脂砚斋重评的《石头记》中已经有了"十年辛苦不寻常"和"披阅十载，增删五次"的说法，据此推断，大约在1744年前后，曹雪芹即以饱蘸着生命的血泪，开始创作《红楼梦》。但是直到他"泪尽而逝"时，也未能完成全篇，仅以并不完整的八十回传世。现在看到的《红楼梦》后四十回，一般认为是高鹗续补的。高鹗，字兰墅，别号红楼外史，1795年中进士，做过内阁中书等官。他续补《红楼梦》是在1791年以前。后四十回可能根据原作者残存的某些片段，追踪原书情节，完成了宝黛爱情悲剧，使全书故事首尾完成。尽管后四十回的续书有不少不尽如人意的地方，但原作八十回强大严密的诗意逻辑和美学趋势，还是被高鹗不同程度地继承了下来。因此，从二百余年的《红楼梦》的传播史和接受史上来观照，仍然可以证明它是比任何续书都更具有特点和更为差强人意的续补。

《红楼梦》的艺术世界异常迷人，它的思想文化底蕴极其深邃，它对许多读者的精神生活曾经发生并仍在发生着强烈的影响。在中国小说史上，还没有像《红楼梦》这样能够细致深微然而又是气魄阔大、从整个社会的结构上反映生活的复杂性和广阔性的作品。可以毫不夸张地说，《红楼梦》正是当时整个社会（尤其是上层社会）面貌的缩影，也是当时社会整个精神文化

（尤其是贵族和知识分子阶层的精神文化）的缩影。难怪人们发出这样的感喟：《红楼梦》里凝聚着一部二十四史。是的，《红楼梦》本身就是一个丰富的、相当完整的人间世界，一个绝妙的艺术天地！然而，《红楼梦》又是一部很难读懂的小说。事实上，作者在写作缘起中有诗：

满纸荒唐言，一把辛酸泪。

都云作者痴，谁解其中味？

这首诗不仅成了这本书自身命运的预言，同时也提示读者作品中寄寓着极为深邃的意味。

如果把《红楼梦》当作人类审美智慧的伟大的独创性体系对待，而不是简单地从中寻找社会政治史料和作家个人的传记材料，就需要回到《红楼梦》的文本深层，因为只有面对小说文本，才能看到作者把主要笔力用之于写一部社会历史悲剧和一部爱情悲剧。这幕悲剧的中心舞台就设置在贾府尤其是大观园中，因此，它对社会历史的反映既是形象的，又是折射式的。而作品主人公贾宝玉、林黛玉、薛宝钗、王熙凤等绝慧一时的人物及其命运，尤其是他们爱情婚姻的纠葛，以及围绕这些纠葛出现的一系列各种层次的人物面貌及其际遇，则始终居于这个悲剧舞台的中心。其中令读者最为动容的是宝黛的爱情悲剧。因为他们不仅在恋爱上是叛逆者，而且还因为他们是一对叛逆者的恋爱。这就决定了宝玉和黛玉的悲剧是双重的悲剧：封建礼教和封建婚姻制度所不能容许的爱情悲剧，和上流社会以及贵族家庭所不容许的叛逆者的悲剧。作者正是把这双重悲剧融合在一起着笔，它的意义就更为深广了。

《红楼梦》的深刻之处还在于它使家庭矛盾和社会矛盾结合起来，并赋予家庭矛盾以深刻的社会矛盾的内容，因而《红楼梦》所描写的贾府中的种种矛盾，以及宝玉、黛玉、宝钗等诸多人物的爱情、婚姻的冲突，在一定意义上就是当时社会各种矛盾的反映。既然如此，小说的视野一旦投向了全社会，那么，政治的黑暗、官场的腐败、世风的浇漓、人心的衰荼，便不可避免地会在作品中得到反映。书中所着力描写的荣国府，就像一面透视镜似的，凝聚着当时社会的缩影。这个封建大家族，也正像它所寄生的那个将由盛转衰的清王朝一样，虽然表面上还维持着煊赫的豪华场面，但那"忽喇喇如大厦倾"的趋势，却已从各方面掩饰不住地暴露出来。而这一切也正符合全书以盛写衰的创作构思的特点。

《红楼梦》一经出现，就打破了传统的思想和手法，从而把长篇小说这种文体推进到一个崭新的阶段。如果从小说美学要素和典型意绪加以观照，曹雪芹是偏重于感觉型的小说家，甚至可以说，曹雪芹作为小说家的主要魅力，非常清晰地表明，他是凭借对活生生流动的生活，以惊人准确绝妙的艺术感觉，进行写作的。或者说，曹雪芹小说中的思想精灵，是在他灵动的艺术感觉中，在生活的激流中，作急速炫目的旋转的。在《红楼梦》中，让你看到的是幽光狂慧，看到天纵之神思，看到机锋、顿悟、妙谛，感到如飞瀑、如电光般的情绪速度。可以这么说，出于一种天性和气质，从审美选择开始，曹雪芹就自觉偏重于对美的发现和表现，他愿意更含诗意地看待生活，这就开始形成了他自己的特色和优势。而就小说的主调来说，《红楼梦》既是一支绚丽的燃烧着理想的青春浪漫曲，又是充满悲凉慷慨之音的挽诗。《红楼梦》写得婉约含蓄，弥漫着一种多指向的诗意朦胧，这里面有那么多的困惑。那种既爱又恨的心理情感辐射，确实常使人陷入两难的茫然迷雾。但小说同时又有那么一股潜流，对于美好的人性和生活方式，如泣如诉的憧憬，激荡着要突破覆盖着它的人生水平面。其中执着于对美的人性和人情的追求，特别是对那些不含杂质的少女的人性美感，所焕发着和升华了的诗意，正是作者审美追求的诗化的美文学。比如能够进入"金陵十二钗"正册、副册、又副册者，据说将有60人，这些进入薄命司册籍的妇女，都是具有鲜明个性的美的形象。作者正是以如椽之笔，将这样一大批红粉丽人，一个一个地推到了读者的眼前，让她们在大观园那座人生大舞台上尽兴地表演了一番，然后又一个一个地给予了她们以合乎逻辑的归宿，这就为我们描绘出了令人动容的悲剧美和美的悲剧。

在具体的描绘上，正如许多红学家研究所得，小说作者往往把环境的描写紧紧地融合在人物性格的刻画里，使人物的个性生命能显示一种独特的境界。环境不仅起着映照性格的作用，而且还具有强烈的感染力。作者善于把人物的个性特点、行动、心理活动和环境的色彩、声音融合在一起，构成一个个情景交融的活动着的整体。而最出色的，当然是环绕林黛玉的"境"与"物"的个性化的创造。可以说，中国古典小说的民族美学风格，发展到《红楼梦》，已经呈现为鲜明的个性、内在的意蕴与外部的环境，相互融合渗透为同一色调的艺术境界，得以滋养曹雪芹的文化母体，是中国传统丰富的古典文化。对他影响最深的，不仅是美学的、哲学的，而且首先是诗的。我们把《红楼梦》称之为诗小说或小说诗，或曰诗人的小说，它是当之无愧的。

《红楼梦》证明，曹雪芹创作态度极为严肃，构思缜密精心，章法有条不紊，语言字斟句酌。作者不以叙述一个故事并作出道德裁判为满足，甚至不十分注意他的读者的接受程度，他真正注重的是表现自我。而《红楼梦》恰恰是作者经历了人生的困境和内心的孤独后，对生命的感叹。他不仅仅注重人生的社会意义、是非善恶的评判，而且更加倾心于人生生命况味的执着品尝。他在作品中，倾心于展示的是他的主人公和各色人等坎坷的人生道路，他们的种种甜酸苦辣的感受和体验。我们的读者千万不可忽视和小看了这个视角和视位的重新把握，以及精彩选择的价值。从写历史、写社会、写人生，到执意品尝人生的况味，这就在更宽广、更深邃的意义上，表现了人性和人的心灵。

从《红楼梦》的接受史来观照，体验和体现人生况味，是这部伟大小说的艺术魅力所在，也是它和人们对话最易沟通、最具有广泛性的话题。读者面对小说中人生的乖戾和悖论，承受着由人及己的震动。这种心灵的战栗和震动，无疑是《红楼梦》所追求的最佳效应。因为对于广大读者来说，他们之所以要窥视不属于自己的生活流程和生命体验，不只是出于好奇，而更重要的是通过与书中的世界各种殊异的心灵相识，品尝人生的诸种况味。所以从小说发展史角度来看，小说从写历史、写人生到写人生的况味，绝不意味《红楼梦》价值的失落，而是增强了它的价值的普泛性。一种摆脱了狭隘功利性而具有人类性的小说，即使在今天，仍有巨大的生命意义和魅力，这就是《红楼梦》迥异于它以前小说的地方。

人民文学出版社出版《红楼梦》校注本，最初在1953年（用作家出版社名义），以"程乙本"做底本，由俞平伯、华粹深、启功（后又加入李鼎芳）诸先生注释。20世纪60年代和70年代初，启功先生重新注释出版。今次出版，以俞平伯先生校点《红楼梦八十回校本》（附后四十回）为底本，仍用启功先生的注释，并略作修订。

《红楼梦》校注本出版社付印之前，嘱余撰写《前言》，至为忻幸，试作如上，并祈读者指正。

1998年3月2日

# 追寻心灵文本

## ——解读《红楼梦》的一种策略

1998年秋天由天津师大中文系牵头，《红楼梦学刊》杂志社、天津市红楼梦文化研究会等单位参与发起的"全国首届中青年《红楼梦》学术研讨会"在津举行。会前大会组织者向我征求研讨主题的意见，当时我也只是从自己教学经验和一般感觉出发，提出还是"回归文本"①好！大会组织者经研究认为这个问题可以作为诸多问题中的一个进行讨论。以后我又接受市红楼梦文化研究会的委托，在大会开幕式上宣读了祝词并顺便谈了我个人对《红楼梦》文本研究的意见。

其实，中国小说研究界熟悉我的都知道我对《红楼梦》没有过深入研究，只是在学习红学专家诸多研究该书的论著后，确实觉得对《红楼梦》的解读，"回归文本"并非是一个过时或不必再絮叨的策略，质而言之，我认为它起码是一个重要的研究策略。于是我才把自己的一贯的学术追求即文本实证和理论研究相互应照的思路作了扼要的陈述。当时的心情只是想为朋友们的讨论提供一个参照，希冀在碰撞和交流中引发更多的思考。后来听

---

①这里所说的"文本"指的是言语作品，即由文字组成的实体。这包括历史与现代的一切文字材料。

说我的意见果然引起了一些争论，反对者有之，也不乏赞成者，我认为这是学术争鸣的正常现象，也必定对我今后思考这一问题大有助益。现在陈维昭先生有大作发表①，正式对我的想法提出商榷，拜读后非常兴奋，也引发了很多思绪，只是由于我身体状况欠佳，又杂务缠身，难以抽出较多时间就此再作进一步研究，现在只能凭大会录音和部分记忆，把当时的发言，大致整理如下，以求教于陈先生和广大爱好、研究《红楼梦》的朋友们。我思忖，对《红楼梦》的解读，永远是一个不会终结的对话和潜对话的过程。

无论从宏观小说学角度看还是从微观小说学角度看，小说文本都是一切读者关注的对象。这是因为，无论古今，小说家得以表明自己对社会、人生、心灵和艺术的理解的唯一手段就表现在文本之中；同时也是他可以从社会、人生、心灵和艺术中得到最高报偿的手段，所以一个小说家真正需要的，除了自身的人格与才情之外，那就是他们的文本本位的信念。而对于读者来说，读懂文本这是最起码的基本功，至于对于任何一个真诚的小说研究者来说，细读文本和尊重文本都是第一要义。

可以作为参照系的是西方文学史中的作家本位和作品本位之争。人们知道，19世纪法国批评家圣伯夫是作家本位论者。他认为作家生平是作品形成的内在依据，因此，绝不能把人和文本分开，必须收集有关作家的一切资料，其中包括家族史、书信、知

———————

①即《红楼梦学刊》2000年第3期发表的《红学与二十世纪学术思想》。

情人的回忆等。而文本本位论者是后来的代表人物普鲁斯特。他认为，作家的真正自我仅仅表现在文本之中，而且只有排除了那个外在自我，才能进入写作状态。据说所有第一流作家都本能地站在普鲁斯特一边。像海明威这样的大家就明确地说："只要是文学，就不用去管谁是作者。"而福克纳更干脆地告诉他的传记作者：我的雄心是退出历史舞台，死后除了发表的作品以外，不留下一点废物。

我还发现，德国伟大诗人和思想家海涅原来也是一位坚定的文本主义者。他在评论莎翁的剧作时，捎带发表了一段精彩的文字，现摘抄少许，以飨读者：

> 艺术作品愈是伟大，我们便愈是汲汲于认识给这部作品提供最初动机的外部事件。我们乐意查究关于诗人真实的生活关系的资料。这种好奇心尤其愚蠢，因为由上述可知，外部事件的重大性和它所产生的创作的重大性是毫不相干的。那些事件可能非常渺小而平淡，而且通常正如诗人的外部生活非常渺小而平淡一样。我是说平淡而渺小，因为我不愿采用更为丧气的字眼。[①]

海涅还有很多刻薄的言辞，我不再征引了，以免伤害持不同看法的朋友。总之对这两种持之有故又截然不同的意见，我似乎更偏

---

[①] 转引自《莎士比亚评论汇编》（上）《莎士比亚的少女和妇人》，中国社会科学出版社，1979年12月，第328页。

重于海涅和普鲁斯特一边。当然，由此也可以看出史学与文学之差异。历史学如不研究人物的行状、根脚就无所谓历史；而文学除了作家的研究，他们的研究对象绝不会比历史人物留下的文本更少，这也许是一个史学的门外汉说的地道的外行话。

我在上面所说的话，不外是要表达这样一个意思：无论是文本主义还是作家本位以及其他的主义，我想任何人都可择善而从，似乎不存在谁是谁非的问题。我们不必由此就悲观地认为《红楼梦》研究会无所适从。在任何时代，任何社会，任何意识形态的影响下，对《红楼梦》的研究，就如同对其他伟构的研究一样，肯定有着省略些什么，遗忘些什么的可能，而且这个"陷阱"是研究行为本身天然地带来的，属于无法清除之列。在此意义上，我有理由认为，《红楼梦》研究，在一定意义上就意味着有些"遗忘"。我相信，这是我们有可能对一个时代的文学进行描述的大前提。

说到《红楼梦》研究，从对它的艺术的理解和审美追求来说，我这个"潜"研究读者，也是在兜了一个圈子以后，才又选择了回归文本的策略，这里是有三点可以说明的原因。

第一，我之所以选择回归小说文本的策略，是和我近二十年来对"心史"特别是知识分子的审美化心灵史抱有浓厚的兴趣有关。我可以坦诚地告白：我从不满足"文学是人学"这一过分笼统的命题和界定，而更看重文艺实质是人的性格学、灵魂学，是人的精神活动的主体学。是心灵使人告别了茹毛饮血的生存方式，是心灵使人懂得了创造、美和价值观，也是心灵才使人学会区分爱与恨、崇高与卑鄙、思考与盲从。而一切伟大的作家最终关怀的恰恰也是人类的心灵自由。<sup>①</sup>他们的自救往往也是回归心灵，走向清洁的与美善的心灵。具体到曹雪芹，谁又不承认他是以纯真的真、善、美的心来写作的呢？而事实上，文学史上一切可以称之为伟大的作家，哪位又不是做着"我心"的叙事？时至今日，我们几乎都把《红楼梦》文本看作是曹雪芹心灵独白的外化，是他心路历程的印痕，即使文学史家也逐渐把重心置于"发皇心曲"之上。于是对于《红楼梦》，我们再看不到对它只有"一种"解释了；而"一种"解释也在逐渐从研究论著中消失。《红楼梦》心灵文本的追寻，使这部旷世杰作的多义性成了它艺术文化内涵的常态，而对《红楼梦》任何单一的解读都成了它艺术内涵的非常态。事实上，对《红楼梦》心灵文本的追寻，极大地调动了读者思考的积极性。每一位读者都有可能根据自己的生活经验和审美体验，思考《红楼梦》文本提出的问题并且得出完全属于自己的结论。基于此，我的审美追求才使我更愿与凝聚为文本的作家心灵进行对话与潜对话。因为这种对话，其实也是对自我魂魄的传达——对人生、对心灵、对小说、对历史，当然也对《红楼梦》进行思考。

　　长期以来我不断思索一个问题：文化史曾被大师称作心理史。因此文化无疑散落在大量典章制度中、历史著作中；但是，它是不是更深刻地沉淀在小说家们的活动环境中，沉淀在众多作家的身上，尤其是沉淀在他们的心灵中？所以要寻找文化现场，是否应当到作家们的心灵文本中去勘察？令我们最感痛心的和具

---

　　① 窃以为曹氏的《红楼梦》的全部旨趣就在于他关怀的是人的心灵自由。

有永恒遗憾意味的是，历史就像流沙，很多好东西都被淹没了，心灵的文化现场也被乌云遮蔽得太久了。中国人是幸福的，我们毕竟还拥有《红楼梦》这样难以超越的心灵文本。在追寻曹雪芹的足迹时，首先去追寻他的心灵文本不是每一位热爱《红楼梦》的读者的当务之急吗？

　　第二，选择回归文本的策略，必要的步骤当然是亲近名著和拥抱经典。在名著与经典的多重含义下，我特别看重"划时代"这一点。从外显层次看，"划时代"是指在文学史或小说史上起过重大作用的作品，这些作品标志了中国文学史、中国小说史发展的一个特定时期，具有"划时代"的意义。但从深隐层次来观照，名著与经典在某种意义上都具有艺术探险的意味。从志怪志人、唐宋传奇、宋元话本，一直到明清章回小说，哪一个艺术现象不应看作有史以来作家小说家在精神领域进行最广泛最自觉最大胆的实验？而凡实验又是以大量废品或失败为代价的。但经过时间的磨洗，必然有成功的精品存留下来，成为人类艺术发展长河在这个时代的标志或里程碑而载入史册。所以像《红楼梦》这样真正走进文学史的伟大小说家的精神产品，就具有了如下的品格：由于其不可复制性和不可替代性而具有永恒的魅力。因此小说文本从来不以"古""今"论高下，而以价值主沉浮。正是在这个意义上，像《红楼梦》等小说巨著是永远说不尽的。歌德在谈到莎士比亚的不朽时说：人们已经说了那么多的话，以致看来好像再没有什么说的了，可是精神有一种特征，就是永远对精神起着推动作用。是的，名著和经典也必将不断对我们的精神和思维空间起着拓展的作用。进一步说，像蒲松龄、吴敬梓、曹雪芹这些可以称之为伟大的小说家都具有创造思想和介入现实的双重使命感，这充分体现于他们的小说的字里行间。他们的每一部名著都是他们严肃思考的内心笔记。尽管每部名著都是他们个体生命形态的摹本，然而对于我们来说，它们的文化蕴含确实会随着时间的推移而富有更为广大的精神空间，乃至后世的每一个解读者对它们都不可能作出最终的判定。事实是，解读像《红楼梦》这样的经典小说本身就具有动态的特征，这是由于知识本身就是流动的。它不可能是小学中学乃至大学课本上那几行已经变得发黑的字体和干巴巴的结论。我们不妨借用古希腊先哲赫拉克利特的一句名言："灵魂的边界你是找不出来的，就是你走尽了每一条大路也找不出；灵魂的根源是那么深。"虽然我深知找不出，但我们会锲而不舍地追寻，并变换着方式去追寻，我们毕竟有可能逐步接近那些伟大名著其中当然包括《红楼梦》深邃的灵魂边界。

解读《红楼梦》是提升自己的灵魂的一剂良药。我认同这样一种观点：要解读《红楼梦》就需要一个开放而智慧的头脑，自然也需要一颗丰富而细腻的心灵。进一步说，它还需要营造一种精神氛围、一种人文情怀，这样才真正觉得《红楼梦》是永远不会读完的。不可否认，面对大师，那是要求有与之水平相匹配的思想境界的。在研究或阐释大师的思维精神和隐秘心灵时，你必须充当与他水平相当的"对手"，这样庶几有可能理解他的思路和谋略。有人把与大师、名著对话比喻为下棋，那么我得承认，面对《红楼梦》我自己就永远不会是称职的对手，因为棋艺相差太远，常有捉襟见肘的困窘，这当然也绝非故作谦虚，而是不容否定的事实，然而提出这个问题，我仍然认为有其现实意义。

我也深知《红楼梦》所体现的美学价值其意义重大，不作整体思考不行。而一旦经过整体思考，我们就会发现曹雪芹给我们最大的启示是如何思考人生、思考艺术、思考文化。而文化的最深厚内涵是不分时间、不分地域的。而文化的内在层次所以不同于外在层次，更在于它不因时间与地域的变化而变化。所以对《红楼梦》文本的生命力必须以整体态度加以思考。在我走进生命后期时，我才有了一个"宏愿"，想努力地从宏观思维与微观推敲相结合上入手解读《红楼梦》这部经典文本。

第三，我的选择文本策略和张扬细读文本乃是研究《红楼梦》的第一要义，绝无意排斥占有史料和必要的考据。过去在这个问题上我的一些言论曾招致某些误会，这次借机会再加必要的说明。

文史之学是实学，不能离事言理。因此充分占有史料，乃是从事研究的必要手段。一些文史家长于以检验师的敏锐目光与鉴别能力，审视着历史上和古籍中的一切疑难之点，并以毕生精力对此做精细入微的考证，汰伪存真的清理，其"沉潜"之极致乃有乾嘉学派大师的余韵。但是我也发现，个别小说研究者囿于识见，只见树木，不见森林，用力虽勤，其弊在琐屑苍白。无关宏旨的一事之考，一字之辨，尽管可以竭研究者之精思，但重大的文艺现象和文本之真谛往往被有意无意地置于脑后。比如关于曹雪芹祖籍的考证，我就觉得并非很容易与《红楼梦》文本挂上钩。这说明，只凭对作者的一星半点的了解，类似查验户籍表册，那是无以提供对这些名著和经典文本作出全面公允的评价的。因此，长期以来，我在教学时，在面对作家与作品时，我是宁肯从作家创造的艺术世界来认识作家，从作家给人类情感世界带来的艺术启示和贡献，来评定作家的艺术地位。

如果进一步允许我直言不讳的话（而且我也看到了自己的"偏颇"），真的，如果整天埋头在鸡零狗碎的"史料"中，对《红楼梦》的研究并非幸事。因为它最容易湮灭和破伤研究者自身的性灵，使审美体验迟钝，使文笔不再富于敏感性和光泽。也许它仅有了学术性而全然失去了《红楼梦》研究必须有的艺术性。如果真到了不动情地审视着那发黄的旧纸时，我想那就成了今日多病的学术的病症之一了，或者应了一位学者的明智之言：学问家凸现，思想家淡出。然而，学者的使命毕竟是在追求"有思想的学术和有学术的思想"这一层次的。

学术研究是个体生命活动，生命意志和文化精神是难以割裂的。学术研究中的"无我"是讲究客观；"有我"则是讲究积极投入，而我们的理想境界则在物我相融也。过去，考据与理论研究往往相互隔阂，甚至相互排斥，结果二者均得不到很好的发展。我们的任务是把二者都纳入历史与方法的体系之中并加以科学的审视，只有这样才能体现考据、理论研究与文本实证的相互应照、互补相生、互渗相成的新的学术个性。如此，《红楼梦》研究庶几可以得到健康的发展。

上面的意见大致表达了我在1998年那次研讨会上发言的主要内容，也是我在各种场合和文字中经常述说的观点。时至今日，如果还需要补充什么的话，那就是以下的两小段文字。

每位研究者对一部作品和一种文学现象的解读总是从某一个角度和采取一种策略出发。研究者不能不受研究者自身的主客观条件的影响。不同的人由于不相同的生活经验和审美感受而形成互相差异的思维定式，这就是本不应该忽视而恰恰被长期忽视了的理性的个性——虽然理性恰恰是重在共性的发现。一般说来，认识总是一种主观活动，人的知觉总是有选择性。这种选择性在人的经验和习惯的层次上被固定下来，更多地处于潜意识形态，因此人的认识总会自觉不自觉受到主观因素的作用和个性特征的影响。特殊说来，对文艺现象、小说文本的认识，更是掺杂着审美体验的影响和受着审美情趣的制约，更容易形成个性化的倾向，因为对美的判断包含着比对真与善的判断更复杂的心理因素。当丰富多彩的审美意识直接或间接地与物质生活联系在一起时，人们之间的争论一时可能难分难解。在此情况下，对于同一作品同一作家形成悖反之争是常见之事。鉴于多年的经验教训，对于已经开展起来的关于《红楼梦》的争鸣，最好不要简单地下结论，不要急于"一锤定音"。非此即彼的选择很容易使我们的美学思维方式走回头路。

　　有鉴于此，窃以为，要建构"红学"，就应经常进行对话和潜对话，就要创建一个和谐的学术文化氛围。一位勇于开拓的研究者不是在自我封闭的心态中进行思维的，而是在与外界对话的过程中不断摄取新的信息并调整自己的理论意识中进行的。我常常觉得对《红楼梦》研究实事求是之心难求。而批评家与研究者的思维方式中某种单一的要求则往往给作品和别人的理论文字带来过多的损伤。其实对峙是一种必然，但不一定必然转化为对立，这里就需要一种现实的学术的宽容。学术宽容当然不意味着掩饰意见分歧，在学术上也提倡"好好先生"，行中庸之道。而是说，都应体现于彼此在坚持从自己的思维角度、学术立场发表见解时，努力倾听对方的声音，并从中汲取对自身有益的东西。认识彼此的局限是一种明智，而把自己表现得毫无局限，这才是真正的局限。

2000年5月8日

# 渴望真诚

## ——《果戈理是怎样写作的》读后感言

早在1935年，鲁迅先生就建议把《果戈理是怎样写作的》（魏列萨耶夫著）这本小书译成中文。然而，时隔四十五年的1980年，这本小册子的中文译本才得以与读者见面[①]。在我看来，鲁迅和译者介绍这本小书的重点几乎都放在了果戈理的写作经验上："应该这么写"和"不应该那么写"。也许是由于着眼点不同，这本小册子给我的却是另一种启示：关于文学研究者（评论者）的真诚和作家的真诚的问题。

一位文学研究者面对一位世界性的著名作家，完全做到不虚美不隐恶，并非易事，这需要一种理论勇气，或者说，有了这理论勇气，才能真正显现其真诚。你只要抽空翻翻这薄薄的小书，你立即会感到惊讶。魏列萨耶夫，这位苏联卓越的果戈理研究专家，对他的研究对象却如此"大不敬"。请看："果戈理在生活中的表现常常既像赫列斯塔科夫，又像乞乞科夫，又像罗士特来夫，又像玛尼洛夫。""在他身上汇集了各种龌龊的东西，应有尽有，并且种类如此繁多。"他列举几项说，果戈理永远是个食客，从来分文不付，并公开向他的朋友们宣告这一点。不仅

---

① 蓝英年先生译，天津人民出版社1980年8月出版。

如此，据说果戈理还是个眼睛只朝上看的势利小人，结交达官显贵对他有一股无法抗拒的吸引力，而对于他曾经要好的穷朋友季姆钦科却"冷若冰霜"。乍一看，作者似乎在有意揭果戈理的老底。如果不通观全书，人们真的会从这些文字中感到曾经给过我们那么美好印象的俄罗斯文学大师竟然是一个无赖。

不过，稍一沉思，我们就会发现，这位著名的果戈理研究专家始终没有在这位文学巨擘、自己民族的骄傲的果戈理面前失去理性，他没有去神化这位小说大家。在魏氏看来，这位文学巨人毕竟有着凡夫俗子的一面，而这一面正是魏氏要全面描述果戈理的心灵辩证法的重要一面。由此，让我想起了宋代两位大家对唐朝"一代宗师"韩愈的批评。苏轼和朱熹对韩愈都很尊重，但是他们谁也没有掩盖自己的观点，苏轼曾坦率地说："韩愈之于圣人之道，盖亦知好其名矣，而未能乐其实。"而朱熹更不客气地揭穿韩愈，"只是要作文章，令人观赏而已"。事实也正如此，这位古文大师确实有极庸俗的一面。他口头上高喊周孔道统，一本正经地强调仁义道德，而他自己的生活、爱好却非如此，贪名位、好资财，耽声色、谀权势……一句话，干的是另外一套，这使当时和后世的真诚的卫道者们（从王安石到王船山）颇为不满。这些都可以说明，如果站在我们面前的是一位严肃的评论家，他是不会把一位伟大的作家廉价地当作偶像崇拜的。他们都有一种可贵的实事求是的态度，他们总是能出之于赤诚，衡之以客观，无加罪语，无溢美辞。这种研究或评论的态度本身就是一种科学的精神。正是有了这种精神，魏列萨耶夫也没有轻率地附和别林斯基那封具有高度权威性的《给果戈理的信》中的一些过激言词。仅在"果戈理主观上的诚意"方面，魏氏就公开表示，别林斯基的指责是绝对不公正的，因为"他若想从上司那儿得到好处，又何必要在《死魂灵》的续篇上如此煞费苦心，痛苦熬煎呢"？

魏氏这种敢于向权威挑战的真诚率直的精神是可敬的。

说到这里，我认为还有更重要的一面，即研究和评论者之真诚，特别需要作家为他们提供使其真诚地进行研究的材料。果戈理之所以伟大，就在于他那言之凿凿的坦白，所以魏氏才能那样有根有据而又无情地解剖果戈理的全部灵魂。果戈理就是这样昭告世人的："坦率地说出一切，所有我最近的著作，都是我的心史……对我的这些人物，我除了赋予他们以自身的龌龊行径外，还把我本人的丑陋行径也赋予他们了。"果戈理把自己的作品统称为"心史"，说得极其确切。因为构成作家本人精神文化的基础的感情、情绪、伦理模式和思维习惯等等都为研究者提供了第一手的研究材料。而且他的坦率更在于明白无误地说出了他笔下的人物的龌龊行径就包含着作家本人的丑陋行径。在这里，果戈理的惊人的坦率决不是要来一次"灵魂深处爆发革命"，而是对自己不洁灵魂的无情解剖。当然，这更是一种伟大的心灵告白。这不能不使我联想到我国当今的文坛景观。说句心里话，我并不认为我们当代的每位作家的心灵世界都像他们所写的作品那样圣洁！不客气地说，迄今我还很少看到我们当代的哪位作家敢于承认他笔下的"反面人物"就有他不洁灵魂的影子在，我也很少看到哪位作家在创作经验谈中能那样无情地解剖自己的灵魂。

果戈理的坦率告白，不是要在作品中展览自己的丑行，恰恰相反，他是"要同它们战斗，一定要把它们清除掉"。果戈理之所以不朽，正在于他对他自身和他看到的卑劣所采取的决裂精神。这种决裂精神同那种无情地解剖自己灵魂的真诚态度是来源于果戈理作为一个作家的使命感。在他还很年轻的时候，就曾把他辛苦写成的长篇小说《执政》付之一炬，其原因就是他感到这部小说没有很好地履行作为一个作家应有的使命；继而，他还烧毁了喜剧《三级符拉基米尔勋章》；《死魂灵》的第二卷大约也烧过两次（不算他死前烧的第三次）。这对于解开果戈理灵魂之谜是最有说服力的根据——文字的和精神的。

果戈理在离开人世前，以"焚稿断痴情"，深深地打动了法国的杰出诗人皮埃尔·让·贝朗瑞（1780—1857）。他在自传中说："再没有什么东西能比勇敢地投入壁炉中的手稿的火焰更能启发一个作家的了。"是的，果戈理的全部创作生涯都被这种崇高的火焰所照亮。我想，这火光何尝不能照亮我们当代作家的创作心灵呢？

1996年1月改定

我和名著

# 《关汉卿》四十年祭

　　我在南开大学历史系和外文系教了四年中国文学通史以后，到了1958年由于我的导师许政扬先生患肝病，系里才决定把我调回中文系教中国文学史宋元部分。正在我紧张地备这门新课时，令人振奋的一个消息是，世界和平理事会将关汉卿定为世界文化名人，并决定当年6月为这位中国元代伟大的戏剧家举行世界性的纪念活动，而且还要演出当时中国剧协主席田汉的话剧《关汉卿》。这个消息对我这个即将要讲授元杂剧的教师来说是太重要了。我渴望能参加这个纪念会，更渴望能看到当代舞台上的关汉卿。我终于硬着头皮找到了我的授业恩师华粹深先生。经过华先生的争取和努力，我们的愿望果然得以实现。1958年6月28日晚，我们一行三人终于走进了首都剧场。我们看到了田汉先生在前排陪同国家总理周恩来和副总理兼外交部长陈毅观看演出。由欧阳山尊执导，刁光覃饰关汉卿，舒绣文饰珠帘秀，这真是珠联璧合。当大幕拉启，整个演出大厅鸦雀无声。刁光覃与舒绣文的台词，连我们坐在最后的观众也听得十分清晰。我记得分明，当剧情进入第八场时，舒绣文似吟似唱地朗诵出《双飞蝶》：

　　将碧血、写忠烈，作厉鬼、除逆贼，

这血儿啊，化作黄河扬子浪千叠，

　　长与英雄共魂魄！

　　……


　　此时此刻，我用泪眼看到华先生也已热泪两行了。戏结束时，全场爆发了雷鸣般的掌声，久久不停，而我们师生三人是最后步出剧场的。当时的景象，我至今记忆犹新。

　　田汉先生最推崇的是真挚，他最爱的也是真挚的人，他深信"一诚可以救万恶"这句话。田汉始终保持着艺术家的气质，而更重要的是，他时时不忘为演员请命，社会的、文化的、心灵的良知始终没有在他心中泯灭！就在他创作《关汉卿》的不到两年前的时间里，他就接连发表了《必须切实关心并改善艺人的生活》和《为演员的青春请命》这样至今看来不失现实意义又令人振聋发聩的文章。这也许就是他能在两年后通过关汉卿形象概括出中国历史上有骨气的文人的憎恶黑暗、蔑视权贵、坚贞不屈的优秀人格和斗争传统的。《关汉卿》中"玉可碎而不可去其白，竹可焚而不可毁其节"的品格与气节，是永远具有生命力的。

　　李辉先生在《落叶》一文中这样说道：《关汉卿》绝对不是那种没有作者思想的历史剧。田汉也不是那种完全让政治磨钝了艺术感觉的艺术家。田汉的性情使他自己很容易沉浸在历史提供的关汉卿这样一个人物的命运之中。于是在埋头于史料的时候，在解读《窦娥冤》的时候，他是以自己的生命感受着历史。他在关汉卿的体察民情、为民请命的性格里，感到了性格的共鸣。因共鸣而动情，也因动情而笔墨酣畅①。

岁月匆匆。然而今天以新的阅读心态走进《关汉卿》这部经过时间磨洗的名著时，我仍禁不住思绪万千。《关汉卿》应当是属于那种走进了文学史、艺术史、戏剧史的优秀作品。随着田汉的含冤辞世，《关汉卿》已然定格在不可复制、不可替代、具有永恒艺术魅力的精品艺廊中了。是的，艺术从来不以"古""今"论高低，而是以价值主沉浮。歌德在谈及莎士比亚的不朽时说："人们已经说了那么多的话，以致看来好像再没有什么说的了，可是精神有一个特征，就是永远对精神起着推动作用。"正是在这个意义上，田汉先生的《关汉卿》是经得住我们从不同方位不同层次进行阐释的。

从田汉创作《关汉卿》来说，它至少证明了这样一点：真正属于人民的剧作家，都具有创造思想和介入现实的双重使命感，这已充分体现于他的剧作中的字里行间。《关汉卿》就像田汉的另一部杰作《谢瑶环》一样，是他严肃思考的内心笔记，是他进行历史文化反思的见证。

尽管《关汉卿》仅仅是田汉先生个体生命形态的摹本，然而，对于我们来说，它的文化蕴涵，以及厚重的历史感，确实随着时间的推移而富有更广大的精神空间，而后世的每一个解读者对它都不可能作出最终的判定。因为解读像《关汉卿》这样名著的本身，就具有动态的特征，这是由于我们知识结构本来就是流动的。它不可能是教科书上那几行已经变得发黑的字和干巴巴的

---

① 参见李辉著《沧桑看云》，上海远东出版社，1997年1月，第14页。

结论。这里我不妨借用古希腊先哲赫拉克利特的一句名言："灵魂的边界你是找不出来的，就是你走尽了每一条大路也找不出；灵魂的根源是那么深。"

我能认同这样一种观点：要解读名著就需要一个开放而智慧的头脑，同时还需要一颗丰富而细腻的心灵。进一步说，它还需要营造一种精神氛围、一种人文情怀，这样才真正让人觉得名著原来是永远不会读完的。不可否认，面对大师的名著，那是要求有与之水平相匹配的思想境界的。在研究或阐释大师的思想精神和隐秘心灵时，你必须充当与他水平相当的"对手"，这样庶几有可能理解他的思路和招数。

如果我能拥有一座剧院，我会毫不迟疑地重排上演这部为民请命、为演员青春疾呼、敢爱、敢恨的《关汉卿》的。因为它已走进了我的灵魂整整四十年了，它至今都在启示我如何思考文化、思考人生！

1998年6月

我和武侠

# 心灵花园的导游

## ——《古龙小说章评本》总序

在20世纪即将降下帷幕之际，我读到了我的精神同道们撰写的古龙武侠小说章评本，于是我又有机会向20世纪武林文坛闪烁最明亮的巨星之一古龙走近一步。

古龙之于我，说他像头顶上空的一颗恒星绝非妄言，因为至今他的武侠精品仍向我们辐射出精神的热能。一遍遍阅读过程也就是一次次地从他的小说话语中听到他的也是自己的内在深沉的心声，感受到一种向上的冲动，一种热力，领悟到自身生命不息的搏动。事实是，多少个读者，每读一次他的杰作，都是对真善美的一次重新发现，一次人格精神的重塑，当然也就是一次"自我发现"——将现有的"自我"同应该的和希望的"自我"在潜意识层中做一比较。我想这就是古龙小说中的精品所具有的文化哲学意味之内蕴所在吧！

多年来，我读古龙的内在感受一再反复告之我：古龙之所以那样激越，那样神气，那样富于魅力，原在于他充满了中国哲学家所说的"三气"，即"一气为天，一气为地，一气为人"。古龙之所以不朽，正在于他的侠义人物的意象符号的系列呈现，把这"三气"传导给了我们。我们的心，我们的每一根神经，每一条血管，才深深地受到了震撼。这是很多武侠小说难以企及的。

在读古龙的武侠小说时，常常伴随着我的情绪。因为在那丰富的武侠世界中，你尽可以随着自己的理解和爱好来品味其中的蕴涵。

如果说，文化哲学之于古龙的武侠小说，首先启示我们的是对命运的思考。"命运"历来都是个最严峻的字眼，人们对它的思索和抗争的历史几乎是同人类自身一样悠久与古老，一样的神秘莫测。然而每个人对命运的理解和采取的行动是截然不同的。英雄和懦夫的分界线往往就表现在各自对命运的态度上。英雄的信条是：没有宿命，你要成为什么人，全在于你自己的选择。而一个心灵坚强的人即使跌倒了也比一个站着但软弱无能的人要高些。古龙小说中堪称杰作者，正是鼓舞你在困境中站起来拼搏的一声响亮号角。我们眼中的理想英雄之所以伟岸，是因为我们自己还在跪着。"站起来！"这便是我们从古龙精品杰作和他的小说诗学中听到的最本质的东西。正因为如此，读古龙的小说文本，总是使我们联想到世界上众多名著，在一贯的狂放和天纵中总有着一贯的一丝温情和阴柔风韵。而这正是古龙在用自己的语言系统向我们揭示灵魂受到压抑和发生冲突时的境况。它令我们惊愕，也迫使我们领略到人生宇宙的神秘。它们的共同特点都是表述人与命运永远处于绝对矛盾之中。《天涯·明月·刀》中的傅红雪就是一位始终和命运抗衡的人物。他虽然生活在永恒的痛苦与寂寞中，但生命的意志与韧性使他在面对罪恶势力时也仍然充满战胜黑暗的理想与精神信念。《多情剑客无情剑》中阿飞最终战胜荆无命也是贯注着古龙这一贯的思想主旨。

是的，人是需要不断用自己所创造的理想世界来推动、激励和补充现实世界的。富有智慧和浪漫气质的古龙和他建构的武侠世界的最大功能正在于推动、激励和补充。所以我读古龙，才逐渐读出和体味出他的杰作乃是对荒诞命运的挑战、报复和抗争。事实上，多少读者只要一听到："天涯远不远？""人就在天涯。""明月在哪里？""就在他心里，他的心就是明月。""那是柄什么样的刀？""他的刀如天涯般辽阔寂寞，如明月般皎洁忧郁，有时一刀挥出，又仿佛是空的！"……真的，我们一旦听到这些声音，我们的心就会壮美地为之颤动、共鸣，就会因受到一种崇高审美力量的猛然袭击而暗暗落泪：眼泪和心泪一块儿流。人们读古龙经常出现的现象是，在泪花交融中意识到了人的价值、人的尊严和人的一生的使命。我想，这就是读者和古龙的生命意识的沟通吧！因此，我们可以设想，古龙地下有知，当会感到幸福的。

我读古龙的书是由领略其文进而认识其人的。古龙善于用细致入微的笔调描摹各色人等的心态，又用缠绵细腻的情感去充溢整部小说。而人性关怀则弥漫在古龙的小说中，他不时通过他的人物表达人与人之间相知相惜的感情。我想这是和他的内心体验有着太多的联系。事实也正是这样，如从人生旅途来观照，古龙乃是一个创造性的根本的孤独者。古龙至今也没能完全逃脱世俗之见，至于简单化地把他列入一般俗文学的创制者的行列，也是到处可见。但是，当你面对他的武侠精品文本时，他确实是精神现象史上的俊杰之士。作为一种心灵文本，它们明晰地体现了古龙这位"浪子班头"顽强而又猛烈的自我意识，都体现了他孤寂的生涯。在他生存环境中，作为一个独有的生命意识，古龙面对的只能是永恒的孤寂和寂静的永恒。作为一个思想者，酒与色对他来说都是表象的。为了打破这个不堪忍受的命运悲剧框架，他只有既欢乐地而又悲剧性地低吟。武侠文学之于他，就是超脱，就是解放，就是灵魂的自由和归宿。他笔下最成功的典型李寻欢和第一快刀傅红雪以及构成系列的楚留香，在他们的地位上展示了人性光辉以及那人生的隐痛，我几乎把这理解为作者的自况。

古龙的杰出之所在，是他把自己身上那么众多的烦忧、痛苦、压抑、搏击和孤独感都转化迈出审美的人生，转化成了小说本体意象，转化成了内省意象符号与情感空间。这正如众多读者与研究者早就意识到的，古龙的武侠小说都是没有具体历史背景的故事，不仅它的内容不包括历史的背景和线索，而且在形式上也不再拘泥于原先那些武侠文学的古雅韵致和风格。从小说美学层次来观照，古龙应属于那种用自己的心灵回答人生和灵魂世界重要问题的作家。因此，古龙用他的生命创构了一种独特的既是历史又是现代的中国武侠世界的诗学体系。它犹如一面镜子，照鉴出的乃是当下时代的面影和精神，他的有情之人必定战胜无情之剑的信念，就是那永恒的贯通于古今的人性光辉和人的不朽的尊严。这又是一般平庸的小说无法达到的境界。

如果说梁羽生、金庸和古龙是武林文坛的三大盟主，并且他们的小说又都表现出人性透视下的东方伦理的话，愚以为，古龙异于梁、金两位巨擘之处，还在于他的作品更多体现了最典型地陈述心灵和心灵处境的小说艺术。古龙的作品有时几乎直接针对灵魂，它直接打动了我们的，也是我们自身最内在的精神生活。其实，古龙一生中的49个岁月的精神进展，他的内在生活，他的心路历程，其中包括由他画出的曲线，本身就是一部雄浑、伟岸和悲壮的交响诗。古龙的小说诗学的曲线只不过是他的灵魂、他的心路历程曲线的回声、映象和投影折射罢了。我们这些当代人的灵魂和内心世界同古龙武侠世界及其诗思能够得以发生如此强烈的共鸣，其实也是两条曲线的共振和大致上的重叠。换而言之，古龙只不过是用他那千变万化的小说思维和小说美以及心灵律动在一种广阔的中华文化背景上壮美地、深沉地表述了人类中智慧阶层整个心胸的起伏和波动而已。

古龙的魅力又是与他的现代意识分不开的。如果说历史意识是我们通常所说的尊重历史的真实和厚重的历史感的话，那么现代意识实质上是作家具有的当代科学精神、悟性和思辨力，包含了对真理的信仰与追求以及作为一个作家所应有的独立品格和人文尊严。现代意识是那种消除今人与古人之间距离的一种取向。古龙明快地坦言："武侠小说写的虽然是古代的事，也未尝不可注入作者自己的新观念。"而古龙的小说正是把"古人"的诗情和自己的激情融为一体，于是读者的心，随着作者一起激荡，一起进入那自由、开朗、奔放的意境中去，而历史与现实都未丢失其本相。比如楚留香在无花败于他手下时，楚留香说："我只能揭穿你的秘密，并不能制裁你，因为我既不是法律，也不是神，我并没有制裁你的权力！"又说："等到许多年以后，这样想的人自然会一天天多起来。以后人们自然会知道武功并不能解决一切，世上没有一个人有权力夺去别人的生命！"这种观念对于江湖世界简直是不可思议的，然而这却是古龙的现代阐释。因为只有在今天，即具有当代法律意识并身体力行者才能得以那样思考。

武侠小说在古龙的手中，不仅仅是一个个江湖中的武林事件，也不仅仅是武林人物和历史场景的工笔细描。我认知的古龙以及对他的武侠文学的解读乃是着眼于作家的人格、良知和学识的结合，是他跋涉在人生旅途中对现实与历史以及贯穿其中的人情美人性美的拥抱，质而言之，是他借现实洗刷而变得深邃的目光对逝去了的日子的扫描。没有现实性的渗透，无所谓武侠文学的全部价值；没有现实的灵性感悟，无所谓武侠小说家的深刻和气韵生动。

人生，就两个字，距离很短。从生到死，中间的那一片开阔地，往往丛生着令人困惑的荆棘。其实，我们无须惊诧于古龙的生前困顿和孤独，用今天的话来说，古龙活得还是蛮潇洒的，而且有声有色。他在当时实际上是比别人更早越过了那片困惑之地，到人间走了那么一遭，玩过了，累了，如鸟雀倦而知返，归去也，何其快哉！

古龙的武侠小说精品已经成了一座纪念碑，一座武侠小说史乃至中国小说艺术发展史上的里程碑。我们已经而且将不断地从中得到更多审美的认知和体验，对它包孕的文化意蕴至今也未能说尽。随着人们体验和感受的加深，审美力的提高，它是永远也说不尽的。

当然，读古龙的小说也有好几种读法：竟夜废食手不释卷，一气呵成地读，是一种读法；细细品味，"不妨卒读"也是一种读法；至于舔一口再包进糖果纸放入口袋里焐上半天，拿出来再品味又是一种读法。然而我们也发现，古龙的小说已经有了如果不是太多的重复也是不少雷同的评论。比如一般地说他是新派武侠小说的革新者；比如对他的武侠意象世界、特异的结构布局，还有那独创性极强的对话艺术的称道等等。可是，如何另辟蹊径地解读古龙的小说文本这是一项众人祈望的学术性和审美性工程。

无须回避，在"知人论世"的前提下，我是一个文本本位的主张者。在我看来，无论古今，从事各种小说类型的作家，得以表明自己对社会、人生、心灵和文学的理解的主要手段就表现在文本之中，同时也是他们可以从社会、人生、心灵和文学中得到最高报偿的手段。因此，窃以为，只有从作家创造的艺术世界来认识作家，从作家对人类情感世界带来的艺术启示和贡献，去评定作家的艺术文化地位。

我常说，我不满足"文学是人学"的命题或界定，而更看重文学实质上是人的心灵学、性格学，是人的精神活动的主体学。是的，是心灵使人告别了茹毛饮血的生存方式，是心灵使人懂得了创造、美、理想和价值观，心灵使人学会爱与恨、崇高与卑鄙、思考与盲从。而一切可以称之为作家的最终关怀，恰恰是人类的心灵自由。他们的自救往往也是回归心灵，走向清洁的、尽美尽善的心灵。所以对一个真正作家来说，他都是用心来写作的，即"我心"的叙事。如果这一观点得以认同，我们就可以把古龙创造的武侠世界，从整体意识来观照，那就是一个心灵文本的世界，或者说古龙为我们建构的乃是一个心灵的花园。人们在游览和欣赏这一独特的"心灵花园"时将是一个最大的艺术享受。好了，现在我的精神同道们开始了对古龙建构的心灵花园进行了一次系统的而又庞大的导游，这是一个非常了不起的举措。

古龙的小说已经历经岁月沧桑，穿透时空极限，走进千家万户。但是大众的文化品位仍需培养和引导。因此，为名著作嫁，是每位从事名著研究的专家学者义不容辞的责任。为了名著（包括古龙的精品）之树常青，任何导读都是广大读者需要的。无论是传统的评点，还是现在的章评、回评都是解读与导读的一种形式。而解读就有了重读的意味。解读与导读者的重读又意味着不断的遭遇和对话，视域的不断融合，效果的不断深化，这是避免误读和成见的有效手段。当然名家的解读、评析和解构、阐释也可能出现某些片面性，但是如果是"深刻的片面"，也许同样给我们以启示。因为既然是深刻，就在某种程度上意味着突破和创新，就是寻求意义的实验，就是对以往的解释系统的合理延伸和校正。所谓"放言无惮，为前人所不敢言"（鲁迅语）也。而我理解的"放言"正是成果的结晶，正是这个偌大章评本工程的完成。

需要补充的意见是：古龙的武侠精品已经和正在调动着广大读者思考的积极性，而每一个读者都可能根据自己的生活经验、审美感受，思考古龙的每一部书的问题，并会得出完全属于自己的结论。在这个意义上，正如先哲所言："趣味无争辩。"回过头来说，古龙的小说存在的多义性和多层次意旨乃是名著的常态，而单一性的文本，在今天倒反而是非常态了。古人有言："言有尽而意无穷。"对于名著的解读和评析越富有多义性越是阅读空间拓宽的表征。而导读与评析如能调动读者的积极性思考就是成功。

进一步说，任何解读和寻求意义，其方法都应是开放的、多种多样的。但窃以为将心比心、以心会心或更准确地说以心灵读解心灵则是一个最重要也最普通的方式。这是因为对他人的理解来自对自己的理解，心理的洞察来自自我意识。解读者的功力体现在透过字里行间，穿透纸背去体验，把握作家的强悍和脆弱，愤激与孤独，真诚与虚伪，爱与恨。将心比心，以心灵解读心灵是一种真切的体验，是一种平等的对话关系。它既能贴着自己的人物，逼真地复述出他们的心理流程，又始终与他们保持着根本的距离。这就是中华传统审美学中的"静观"的审视态度。

我希望于读者的是，当您打开这套章评本的古龙小说精品集时，您将开始的，是一次愉快而又神圣的阅读。

末了说几句题外话。敝人早已年逾花甲，世事沧桑，白云苍狗，目击身经，也颇不寂寞；然而，踽踽尘世，渐见暮色苍茫，故交零乱，人事萧条，也真令人感慨万千。但读书读报则又是不敢须臾离开的，这可能就是一种心灵的安慰。所以锐意搜求好的武侠小说以及对武侠小说的阐释之作，在日夜耽读中，以为晚年一乐也。

至于上面写的六千字，希望不至于一偏万里，伊于胡底。鹊桥难度，心源可接，妄言多失，读者谅之。

1997年10月

# 卧龙生印象

## ——《卧龙生真品全集》总序

金秋北京，首届海峡两岸武侠小说研讨会在西山卧佛寺举行。中国各地的著名武侠小说作家、评论家和出版界人士齐集一堂，共同探讨中国武侠小说的地位与价值，探讨20世纪90年代武侠小说创作的趋势和走向，这无疑是一次全国性的学术盛会。它不仅是近年来武侠小说创作和武侠文学理论建设的一次大检阅，也是继往开来，为今后武侠文学的进一步繁荣和健康发展所实施的一次促进大会。

根据大会组委会的安排，决定由我来做开幕词，尽管我知道这是一般学术研讨会的通例，但它还是"逼"我思考了一些问题，所以我的发言一开始就提出了这样的看法：

侠和儒的文化心理在中国社会生活中具有悠久的精神影响，并渗透于中国文化的深层结构中，前贤和时俊大多认为：中国知识分子心灵中多潜藏着儒的影子，而民间社会中的平民百姓又多闪动着侠的影子。其实，在众多知识分子中间，对侠也同样独有深爱，所谓"欣赏其斑斓的色彩与光圈"也。事实上，侠的精神与对侠的崇拜，已积淀成中华民族的"一种寄希望于痛苦之中的遗传基因"了。而武侠小说的生成，可能就是这种"基因"的物化。

　　这段话我确实是有感而发。在我任教的大学中，无论文科还是理科的学生中都拥有一大批武侠小说的读者群。而博士和硕士诸生中更有同好。至于教师群更不分老中青，都能找到同道。我个人的欣赏趣味固然不足为凭，但武侠小说拥有一个较高文化水准的读者群，这是一个客观存在。武侠小说并非如一些宣传文字所言，都是格调不高，乃至导人向恶的坏书，并非只能对无知青少年"卖卖野人头"。当然，谁也不否认，武侠小说中也有高下之分，也有把"武"渲染成血淋淋的暴力，把"侠"写成恶棍等等劣质品。然而一个不争的事实是，喜看高水平的武侠小说的热潮却长盛不衰，这，就自有其社会心理方面的诸多原因了。所以在我那篇即兴的"开幕词"中我说出了我读那些武侠名篇的审美感受，而目的仍然是为还武侠小说以应有的文学地位大声呼吁：

　　　这种英雄文字最有价值的魅力，不仅在于它的想象力的丰富和情节的传奇性，更在于那文字背后蕴含的精神气质，如重然诺、讲气节、轻生死、蔑视封建王法、救人厄难、惩办奸宦、热爱祖国河山等等。因此，在传世的武侠小说的杰作中，我们看到的是一个刚毅、蛮勇、有力量、有血性的世界。这些小说中主人公可能不是文化上的巨人，但他们却往往是性格上的巨人。这些刚毅、剽悍、勇健的斗士，富于个性，敏于行动，无论为善还是作恶，都是无所顾忌，至死方休。他们几乎都是气势磅礴，恢宏雄健，给人以力的感召。

它让人读后，心在跳，血在流，透出一股逼人的热气。它们往往诱发读者十分强烈的感情：或促人奋发昂扬，或迫人扼腕悲愤；或令人仰天长啸，或使人悲歌慷慨。这正表现了杰出的武侠小说作家的一种人生气度，即对力的崇拜，对勇的追求，对激情的礼赞。它使你看到的是刚毅的雄风，是男性的严峻美，是巾帼的豪情。这美就是意志、个性、热情和对理想境界的不断追求。这无疑是另一种价值准则的判断，而这恰恰表现了我们中华民族精神面貌的壮美的一面。

我对武侠小说作如是观，难免带有个人爱好的感情色彩，但是，面对武侠小说流传如此之广的现实，进行认真的清理，进行有分析的导读，理应是武侠文学出版界、学术界义不容辞的职责。

令人十分快慰和兴奋的是，1995年北京武侠小说研讨会暨首届武侠小说创作大奖评比活动刚刚结束不到两个月，我就确切地听说太白文艺出版社决定出版卧龙生先生的武侠作品集，这无疑是继海天的梁羽生作品集、三联的金庸作品集和珠海的古龙作品集后的又一庞大的工程，这对于喜爱武侠小说，特别是对卧龙生先生情有独钟的读者来说不啻如一件功德无量的举措。为什么要这样说呢？

略熟悉出版界情况的读者，大都知道，武侠小说出版发行的混乱无章，真是海内外同慨。其中尤以卧龙生先生著作最有代表性。作为武侠小说作家中早期即著名的"三剑客"之首，他的大名当然具有强大的诱惑力，所以盗用"卧龙生"之名出版的武侠小说真是络绎不绝，甚至有越演越烈之势，以至真正的卧龙生饱受声名之累。武侠小说研究专家陈墨先生对此感慨万千，疾言"笔者对此，老实说，是无能为力的。除了极少数质量十分低劣的作品大致可以看出是'伪卧龙生'之外，对大量流行于大陆的卧龙生作品的真伪，实在不能辨别清楚。"①此次1995年北京武侠小说研讨会上，陈墨先生进一步坦言，他的《新武侠二十家》中的"卧龙生作品论"中就有"打眼"之处，如不经卧龙生先生的指点，竟连一位有相当造诣的武侠研究专家也被蒙骗了。由此我才真诚地说，太白文艺出版社此次经过认真清理又经卧龙生先生亲自认定，出版这样一套卧龙生真品集，真乃是功德无量的事。从客观意义上说，这是在武侠小说出版领域的一次打假活动，也必然是对一切"伪卧龙生"的一次大曝光。

很惭愧，我接触台湾新派武侠小说比较晚，可能那已是20世纪70年代末80年代初了，我从我教的学生手中借来了梁羽生、金庸和古龙等诸大师的部分作品来读。由于需要迅速周转，所以我读得很草率。然而我很快即为这些作品在反思历史、剖析世情、赞颂民魂与侠魂，又能托物寄兴所折服。诸大师的洞察之细密，视野之开阔，题材开掘之深邃，更令我有茅塞顿开之感。至于美学风格，豪放、灵秀、粗犷、婉约，各擅胜场，恰与彼时大陆文坛出现的小说风光互相映照。后来我通过各种渠道，读到了卧龙生先生的《铁剑玉佩》《天马霜衣》《神偷小千》《金剑雕翎》《铁笛神剑》等作品。小说的魅力使我很快就进入了卧

①陈墨著《新武侠二十家》，文化艺术出版社，1992年6月，第387页。

龙生的武侠世界，自此对卧龙生的作品锐意搜求耽读，以为晚年一乐，我直觉地感到卧龙生的小说是继梁、金、古之后的又一奇峰。

卧龙生作品的整体基调仍然是呈现中国人的灵魂——大勇、大智、大德。正直、真诚、博大、傲岸、深沉、热情仍然是他笔下人物的生命核心和人格力量之所在。卧龙生善于把他的人物置于死神紧紧地盘踞在喉头的生死边缘，或是感情危机的白热点之中，或是与环境剧烈冲撞难以自拔的瞬间，然后去刻画或讴歌他们的搏斗、追求、夺取，直到人物战胜对手和战胜自我，从而登上精神新岸。读者也正是从人与人的较量和自身人性的冲突的艰难竭蹶、惊心动魄的过程中，体悟出作品升腾起的那股逼人的豪气和血性，一种错刀切不断、浪涛冲不垮的力度。他的《铁剑玉佩》《天龙甲》等作品几乎都显示出把豪气、血性、气度、力度与温情融合为一体的风格特点。在这里，有的是情感上的挣扎、呼号，一度的绝望，又有九死一生的拼搏、命如悬丝的危局，然而最终还是展现了不可思议的惊人的感情和意志的力量。总之，在卧龙生的武侠世界中，有豪气与无豪气，有血性与无血性，有力度与无力度，关键并不在于场面和环境的描写是否火爆，是否有气势，又多么九转回肠，而在于他笔下人物的心灵深层结构中有没有克服迷惘、犹豫和软弱的力的激流。如果我们能深入到卧龙生先生的创作心境中去，我们会感知到，在浑融而蕴藉的艺术风度里，表现出这位著名小说家的一种人生气度，即对人性的称赞，对正气的渴望，对智性的欣赏，对勇与力的追求。

每一个成熟的作家都有其艺术地把握世界的独特方法。卧龙生先生善于以心与人生的交融达到对一则传奇故事的生动展现。他的作品多贯穿着对人性的有意味的描述，面对如白惜香、李中慧这样的女性，他的笔触能极准确地把握那回肠荡气的情愫，并顺水推舟地把它变成推动情节发展的关键动力。同时这也就决定了他的作品的节奏富于变化：时而金戈铁马，雷震霆击，时而凤管鹍弦，光风霁月，紧张杀伐之际，插入抒情短曲，即使着墨不多的几笔粗线条的勾勒，也能摇曳多姿。这种不简单地追求传奇之奇，而写出心灵的真实，是极见匠心的。至于卧龙生先生独有的蹊跷、迷离的表象中蕴含的解读不尽的寓意，更为人提供了驰骋想象、恣意解读的广阔天地。

凡熟悉武侠小说发展史的读者，大都了解，旧武侠小说多偏重情节的设置，或多或少忽视了艺术形象的塑造，人物刻画多有粗疏、虚浮之弊。而新派武侠小说则有意识地注意人物性格的多角度多侧面多层次的创制，从而描绘出不少有鲜明个性的形象。金庸先生谈及自己笔下的人物时就说过："小说的主角不一定是'好人'。好人、坏人，有缺点的好人、有优点的坏人我都写，但是作者写一个人物，用意并不一定是肯定这样的典型。"古龙先生在他的《天涯·明月·刀·序》里也说："情节的诡奇变化，已不能算是武侠小说中最大的吸引力。但人性中的冲突，则是永远有吸引力的。"卧龙生在他设置的善恶并存、光影交错的大千世界，也总能打破一刀切的常规，而写出人物性格的组合性。他的小说人物最成功之处是把人物的内心矛盾、性格中的冲突、心理上的扭曲综合地表现出来。《试马江湖》中的秦快，就很难以本质、表象等来简单划分，在他身上，冷、热、刚、柔、邪、正乃至更多的品格特征混迹一身。我特别喜爱卧龙生笔下的不少男子汉形象，他们都被写得十分真切。因为作者能把笔触深入到男子汉气概的内部，揭示内在善与恶两种人性的交锋，粗犷的外部性格和深沉忧郁的心理特质、外部生活的缺憾和内在心灵的冲撞，交织起大生命的苦痛与欢欣，充满了原始的质感，读后令人心灵为之震撼。总之，对卧龙生小说中的人物多不能以好坏、邪正截然划分，他们几乎都是在正反、对立、渗透、转化之中，互为生发，千姿百态，能使读者领略到人物内心世界的感情波澜，这就与不少武侠作品中那种单线型的人物模式迥然有异了。

卧龙生深受中国传统文化影响，国学根底深厚，学识渊博，但他从不把中国文化看作一个封闭的系统，他对新潮极敏感，不知不觉地对八面来风的新鲜气息已有所吸收。他当代意识极强，因此在说传奇故事的同时，有意识地运用了现代小说的某些技法，使作品在顺美匡恶、除恶扬善的传统立意中，浓淡相宜地融入和泼洒了不少现代生活的哲理色彩。仅就小说技法来说，卧龙生已不满足于情节单一的故事，而喜欢采用多条线索，对列式结构组织素材，由单向审视变为立体审视，变封闭式叙事为开放式、辐射式的布局。众多的人或事的交替穿插、时序错位的叙述以及空间经纬的展示，不单纯追求情节发展的连续性、因果性，所以反而使小说的传奇性更加浓郁。仅从这角度来说，卧龙生的一些优秀代表作完全可与世界高品位的通俗文学读物和畅销书媲美。

总之，我读卧龙生先生的作品总体感受是：他是以智者的沉思与幽默掩盖着心的沉重，在侠和平凡的人生状况的描写中，升华出他对宇宙、自由、生命、人的玄思默想，正是这些不易一下子为人发觉的深层意蕴，才是他给予他的读者最有价值的审美感应，他的独特贡献也许正在这里。

当然，卧龙生先生的作品并不都是成功的，即使成功之作，也如研究者所说"因为其经常涉及杂学的解释而枝蔓较多，略显杂沓。"另外，卧龙生有时在追求量时而忽视了质的标准，粗疏、简陋之作也有一些。当然任何作家都有得意之笔，也有失意之笔，不过不尽如人意的瑕疵，毕竟不能掩盖卧龙生先生的实力和成就。人们毕竟从他的作品中感受到认知到了他的襟怀、道德、学问、才气和文章。

写到这儿，我这篇小文本可收煞了，但是，我还想回到这篇序言开头的话题上去。在1995年北京武侠小说研讨会上，我第二次见到了卧龙生先生。卧龙生先生身患严重的心脏病，但他还是抱病万里迢迢地来北京参加这次盛会，这着实令我既感动又感谢。然而，真是天有不测风云，就在卧龙生先生到达西山卧佛寺的当天深夜，他的心脏病突然发作。也正是这天晚上，大自然似乎有意要为这次武侠小说研讨会创造点肃杀的气氛，竟陡然狂风大作，继而是电闪雷鸣，暴雨突然降临，一道狰狞的闪电过后，一声炸雷，竟又击穿了变压器，于是整个西山卧佛寺陷入一片漆黑之中，夜的威严，大自然的伟力，为大会的前夕平添了几分神秘色彩。此时此刻卧龙生先生又发现他用于急救的德国药丸丢失了。我和两位服务员以及大会副秘书长仅凭着最后的半支蜡烛，里外搜寻那小小的药瓶，在我们趴在地上摸索时，我已感到涔涔的汗水湿透了我的衬衣。后来这"救命"的药丸虽然找到了，卧龙生先生服药后却留给我们一个悬念："看看半个小时以后怎么样？"作为会议的负责人之一，人们完全能想象我当时的心情：这是深夜两点钟了；这是远离市中心的西山；通过抢救，明天开幕式，卧龙生先生能否参加？能否讲话？

感谢上苍！会议第一天，我看到了卧龙生先生、柳残阳先生和后来的于志宏先生端坐在会议室的前排，他们都在认真听与会者的发言。后来主持人请卧龙生先生发言时，使我深深感到他的朴实亲切、谦逊有礼的大家风度，而发言内容无锋芒，无豪言，简短而富哲思。我的一切担心得到了些微的缓解，随之而来的是我的无尽的思绪：不少学者、诗人、戏剧家、报人学贯中西，有很高的文化涵养，他们在各自的领域可以有更大作为之时，却将大量心血、灵性和智性付于武侠小说，并将武侠小说作为主要艺术追求，乃至毕生事业，这不是颇令人深长思之的吗？

另外，撇开每一位具体作家各自的独特性不谈，世界各地的汉语武侠小说，也是同中有异，异中有同，千姿百态。社会、政治、经济、文化、教育、宗教、地理、风习不同，文学创作历程和处境各殊，造成了武侠小说的丰富斑斓、情调迥异。寸有所长，尺有所短。多元多样就有互补互济的价值。而共同的语言和文化基因，则会产生天然的亲和力。只要破除人为的隔绝，不仅能互补互济，也便于互相接受、吸收和滋养。

此时此刻，我们终于坐在一起了。我想，如果把我们共同创造的这些精神财富加起来，不但数量可观，而且不乏精品佳作，令人大有"天涯何处无芳草"之感。如果汇集起来，将是世界文学中一个非常壮观的现象。

最后，我想到了一句话："你要做世上的盐"比"你要做世上的光"更好。因为光还为自己留下形迹，而盐却将自己消融到人们的幸福中去了。作为一个普通学人，我钦敬一切争做中国文化建设之光的人，但我更赞美那些甘为中国文化建设之盐的人。卧龙生先生是我心目中后一种作家，他的武侠小说精品已像盐一样消融到我们的幸福之中了。

祝愿卧龙生先生身体健康！

**作者补记：**

和卧龙生先生在中国武侠文学研讨会上分别仅一年余，就惊悉先生不幸仙逝的噩耗，心中万分悲伤。记得当时在北京西山讨论武侠小说创作走势时，我们坐得很近，而每当我面对他那略显浮肿的脸庞时，不知为什么，我就有一种沉重的担心，而且似乎在冥冥中还有一种特殊感应：先生还能坚持多久？但是他又往往给人一种"假象"，每当进入武侠小说创作世界时，每当谈及武侠小说的美好前景时，他那憔悴的目光立即显出异彩，语言极富机趣，思路缜密，旁征博引，如历数家珍，侃侃而谈，真是满腹珠玑，无垠的小说空间，任其恣意游行，我和我的朋友们的心也为之神往，以至完全忘记心脏病在折磨着他。卧龙生先生终于走了，但是，纸张寿于金石，卧龙生先生，您的杰作已流布海内外广大华人世界中，凡爱好武侠小说的读者心中都有您在。倘先生地下有知，当亦欣然瞑目矣。

1997年12月24日

# 《新派武侠精品评点丛书》总序

中国的小说理论批评自成格局，独标异彩。散见于明清小说的序、跋、述、引、凡例、读法、导语，尤其是最富特色的评点，就如零金碎玉，营造成中国小说美学的主要框架。它似不像那些"正规"理论文字那样有条有理、体大思精，但却能评出许多大块文章和大部头专著所说不到的精彩之处，甚至能于活泼文字中提出一系列丰富复杂的课题，这就在一定程度上体现了我国传统艺术哲学和小说美学的民族特色。

回顾中国小说艺术发展史和小说出版史，小说以评点形式广泛流传既是一个普遍的现象，又是一大特征。我国的一些经典性和著名的古代小说几乎部部皆有评本传世，而且每一部小说还有多种评本。其中如钟伯敬、叶昼和毛氏父子等的《三国演义》评本，李卓吾、叶昼、金圣叹等的《水浒传》评本，陈士斌等的《西游记》评本，张竹坡、李渔、文龙等的《金瓶梅》评本，以及何守奇、但明伦、冯镇峦等的《聊斋志异》评本，脂砚斋、护花主人、黄小田等的《红楼梦》评本，卧闲草堂本、齐省堂本、黄小田、张文虎等的《儒林外史》评本……一直到当代还有著名教授、作家的《儒林外史》《红楼梦》和《三国演义》等名著的新评本。它们成了几百年来最具代表性的本子。相比之下，那些无评的白头本的影响，远不能与之颉颃。因此，是否可以这样说：对小说加以评点，这是中国小说史产生了巨大影响的一种独具特色的传统的文学批评形式？它的历史的、社会的、心理的、审美的效应，似不能低估。

去年金秋时节，首届武侠小说研讨会暨首届武侠小说创作大奖颁奖活动在北京隆重举行。中华各地的武侠小说的作家、研究者和出版界齐聚一堂，可以说这是武侠文学界群贤毕至的一次盛会。在此期间，中国武侠文学学会几位理事和云南人民出版社负责同志共同提出一个构想：即不妨试验性地陆续地出一套武侠小说精品评点本以飨读者。此一设想立即得到与会朋友的大力支持。几位有识之士和武侠小说研究者和鉴赏家更表示要积极参与此项工程，云南人民出版社以其特有的效率和远见卓识立即着手进行策划，并付之行动。

完全出乎我之所料，竟然不到一年的工夫，四位评点家几乎同时拿出了他们的第一批成果，计：

陈墨评点金庸的《天龙八部》；

罗立群评点梁羽生的《萍踪侠影录》；

刘国辉评点古龙的《多情剑客无情剑》；

陈墨评点卧龙生的《绛雪玄霜》；

曹正文评点温瑞安的《四大名捕会京师》。

在我浏览各家的评点以后，我产生的总印象是：他们评点的总体特色是，通过审美鉴赏，锲入心灵的路数，更注重批评个性的表现，直观、即兴的意味颇浓。由于理论批评和审美感悟结合得相当紧密，所以审美主体对客体的观照就呈现出绚烂多姿的个性色彩。通过这一面面透视镜显示出来的评点世界，充满着活力和灵气。我想，读者一定会从几位评点者的慧心点拨中驰骋想象，并同评点者在艺术生命的搏动中产生共鸣，从而得到审美情趣上的沟通，并逐步地获得充分的领悟。这可能就是袁无涯在《忠义水浒全传发凡》所说的："通作者之意，开览者之心也……于一部之旨趣，一回之警策，一字一句之精神，无不拈出，使人知此为稗官史笔。"

当然，这是和几位评点者十分真切的艺术感受、广博的历史知识和穿透力极强的剖视力分不开的。事实上，这几部评点本，几乎都涉及了这几部武侠小说名作的多义性和多层次的意旨，都触及了艺术辩证法的诸多问题，比如，情与理、形与神、虚与实、真与假、分与合、起与落、伸与缩等等。而且他们的审美判断和价值判断，既有智性的推理活动，也有灵性的直观活动。一些具体深微的审美感受，更与这些精品佳作相得益彰，使作品具有了整体性的生气与丰赡，深精与蕴涵。

基于以上的认识，我认为这套《新派武侠小说精品评点丛书》必会对武侠小说爱好者和广大读者带来以下几点好处：

首先，这些评点者原本都是小说理论批评家，同时又都是清一色的武侠小说的爱好者和鉴赏家。他们对这些作品本身都曾下过很大功夫反复研读、揣摩和品味。他们都有有关武侠小说的专著流行于世，因此在评点名著精品时驾轻就熟，底气极足。由于他们对几位武侠小说名家的创作特色谙熟于心，理解和把握准确、真切，这就有了一种可能，即对作品的内在气韵有相当精彩的真知灼见。所以它和那些大而无当的脱离具体文本的空洞的、先验性的大块理论著述不同，也与那些毫无艺术感受力和鉴赏力的人所搞的那种僵化的教科书式的批评文字有所不同。他们的评点都带有智性和灵性，而且善于把握瞬间的审美感受，这就必然有助于提高武侠小说爱好者的鉴赏能力和把握文本深层内蕴的理性能力。同时，对初读武侠小说的青少年来说，既可进行一定的导读作用，又可以通过细部的具体艺术点拨，提高其理解力和审美趣味，了解作品的得失等等。

其次，我一直认为评点与赏析的要义在于将心比心。将心比心是以自己的心去捉摸作家的文心，评点者要透过字里行间，穿透纸背去体验、把握作家的创作心态、爱与恨等等。因此，将心比心是一种真切的内心体验，是一种平等的对话关系。只有通过这种对话，评点者才能贴着小说中的人物，把握着他们的心理流程，同时这种将心比心又始终与文本中的人物命运保持着一定距离。这就要求评点者既不能与他的评点对象悖谬，又不能与他的对话之心重合，这就是我们通常所说的"史笔诗心"。现在我们看到的五部评点名作，都体现出评点者深邃的透视力、洞察力和强烈的感受力。

第三，从评点的形式讲，评点大多和文本的叙述交织在一起，或者说它们就夹在作品当中。因此，读者在阅读这些武侠小说时，在艺术欣赏过程中，可以随时听到评点者共同参与阅读时的声音，看到评点者的读后心得以及他们的各种观点。当然，这种参与在某种程度上也可能把读者的注意力从故事情节、人物命运的发展中拉了出来，多少会影响故事的连贯性，但其优点则又是很多的。比如，它可以提醒你欣赏小说时注意容易忽视的细节和它包含着的关键意义；它可以点拨你的智性，注意到小说的思想旋涡和潜流；聪明的评点者还会在你兴趣盎然地阅读时，告知你小说作者用词用语的精彩处。总之，这一切都会在阅读过程中提高读者审美感受力和领悟其内在的深层的思想艺术蕴涵的能力。

另外，武侠小说的读者，特别是初读者往往存在一种猎奇心理，或急切地想了解作品的结局和人物的最终关系和命运。这种普遍的阅读心理往往促使读者匆忙、草率、被动，难于思索作品的人生况味和艺术魅力。评点者的一两句切中肯綮的指点，虽然在某种程度上"阻碍"了阅读速度，但在品味和思索上起了重大作用，它会在读者阅读中更深一层地提高审美感受和拓展阅读空间。再有一点是，评点可以不断提高读者从一般的兴趣和感性认识逐步升华到理性的思考。而这又从根本上提高和强化了读者读武侠小说时的趣味层次。

当然，话又说回来了，哲人有言："趣味无争辩。"任何一位读者都有自己的阅读方式、路数和习惯。而且，在认识上和评价的侧重点上也必然是仁者见仁、智者见智，不可能完全按照评点者指点的目标走。但是，作为一种平等的对话关系，作为一种参照系，我认为对一些武侠小说中的精品做一些高水平的评点，这对读者来说还是一件大好事。

1996年7月22日

# 后记

我在整理这部书稿时，脑海里首先浮现的是1954年大学毕业后旋即登上讲台的情景。那时青年教师讲课真的不容易，这一点我在《书生悲剧》一文中有较为详尽的叙述，我想今天大学的青年教师可能少有这种"过五关"的经历了。不过，令我至今无怨无悔的是，那时的"刻板"的教学训练还是造就了我们这一代学人对教学工作的认真态度和严谨的学风，即使今天翻阅一下那一厚本一厚本的旧讲稿，总还是要感慨系之一番的，因为那一页页已黄了的纸本毕竟凝聚着老师给予的、精神同道启示的、自己感悟的、学生质疑的知识和思想。

在2000年底，人们普遍地愿意回顾过去展望未来，我也是这样。掐指一算自己从北京到天津南开大学，从当学生到做教师已整整五十个年头。在感慨之余，又有一种冲动，一种像恩格斯说的那种企望"将头伸到下世纪探望一下"的冲动。在2001年的钟声敲响时，我也恰好正式地进入了古稀之年。这一天，我想做的第一件事是把自己的教学人生总结一下，不管是有形的还是无形的，我都想把它整理整理。无形的东西似难于一下子表达，那有形的就是自己在五十年教学生涯中积累的文稿。这些文稿大部分已经以各种形式出版了，而近三四年的文稿却还散落在各处，于是就想围绕教学人生这个主题编一本小书，一是想奉献给我们这个"行业"的朋友，二是也有点自祭的意思在。于是在我的书稿构想的札记中就有了这样几行字：

一、我执着于教学与写作，那是因为它可以给我带来安慰。我现在希冀的是把知识——想象——思想——创造，转化为过程而存在。

二、作为一名中国文学的教师，我可以打动人心的是从历史、文化的知识中认识人生与自我，从古人的漂泊中寻找自己的栖息地，从前世的衰朽中发现今世的复兴与衰朽的迹象。

三、司汤达说他喜欢"重读自己"。我认为任何谈及心灵的写作都带有强烈的回忆与反思的色彩，它是一种对自己的"重读"，因为当一个人提起笔来进行叙事时，他首先需要面对的就是自我。教学的体验、感悟、想象以及观察，包括对文学世界的评判等等，都包容在我这个教学人生的"自己"里面了。"自己"既是起点也是终点。

四、我渴望自己在我们这代人的特异时光中留下属于自己的文本。

五、我的书稿的"目次"所列六项大致可以说明我在这些方面的思考，它也大致包容了我的教学人生的方方面面："教学手记"是我应北京一家文史杂志社之邀写就的一系列治学手记，这些文字多是申明自己的学术立场和长期积淀的学术研究心得；"我和老师"一组，其意甚明，那是希望问道于灵界，他们生前或勤于修身，或慎于立言，所以我清醒地知道，即使到了我这个岁数，要真的寻得真传，只能不断地细细品味他们的整个生命；

"我和学生"一组是我和同学在学术平台上进行交流、对话的结晶；"我和同道"一组是我在学习众多师友大作时的笔记。鲁迅之所以伟大是因为他善于多元吸纳，一元凝聚。我辈不可能做到一元凝聚，却可以有多元吸纳的愿望；"我与名著"一组文章是因为要当一名文学史教师必须走进名著，拥抱经典，而恰在此时，人民文学出版社、上海文艺出版社、百花文艺出版社、文化艺术出版社、岳麓书社、齐鲁书社、中州古籍出版社、河南人民出版社为出版经典名著向我约稿，我趁此机会陆续写了一些新序和导读性质的文字（关于我对古典小说与戏剧的研究论著一律不收入本书）；至于"我和武侠"，当然是教学之余的"休闲"之作，但我却不敢用"休闲"的态度待之。

现在，这部书稿终于得到出版社的理解和支持，我心中的激动是难于表达的。我希望我的文字能对得起我的老师的在天之灵，对得起我的在世的不在世的朋友和学生，我希望我的书稿也不给出版社和责编添太多的麻烦。

对于泽华兄的赐序，我应当多说几句。泽华兄说他一直想给我"画像"，而且还要"画"出点神来。本来一篇三千字的文章，对他来说可以倚马立就，可是听嫂夫人说，他却为此序花费数日之功，他不仅认真地思考了，而且还进行了调查研究。这就让我既感动又产生了歉意。请泽华兄赐序不是出于他是国内享有盛名的史学家，而是因为他在我心目中是一位有思想的学者。他的著作如：《中国传统政治思维》《中国传统政治思想反思》《中国的王权主义》等等，是符合"有思想的学术和有学术的思想"的要求的，它对我的教学与研究产生过很大的影响。所以在这篇后记里提及此事，一是记录我们的友谊，同时也不避相互"打托儿"之嫌，道出了几句本应道出的真心话。